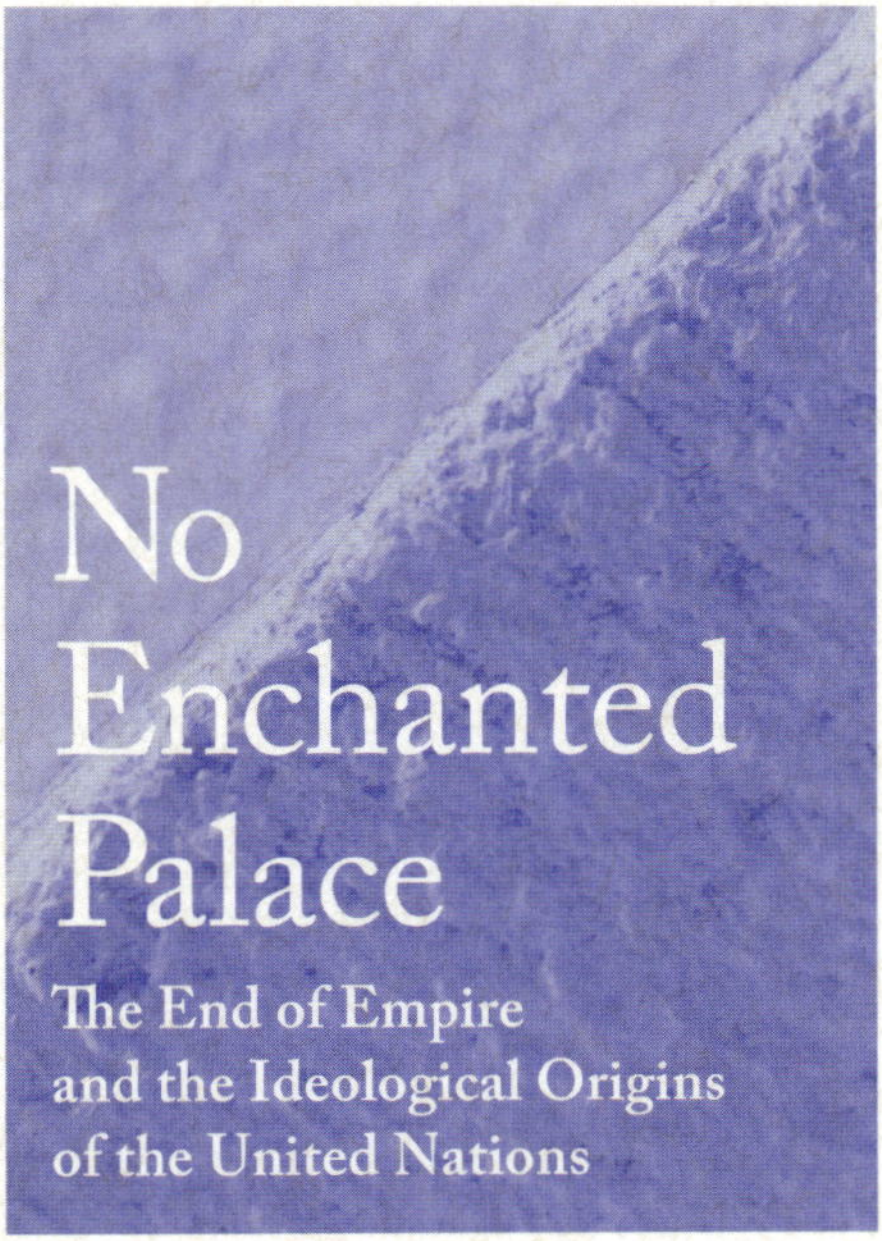

国連と帝国

世界秩序をめぐる攻防の20世紀

マーク・マゾワー
池田年穂 訳

慶應義塾大学出版会

NO ENCHANTED PALACE:
The End of Empire and the Ideological Origins of the United Nations

Japanese translation published by arrangement
through The Sakai Agency(Japan) Ltd.

国連と帝国　目次

凡例

1 本書は Mark Mazower, *No Enchanted Palace: The End of Empire and the Ideological Origins of the United Nations*（Princeton University Press, 2009）の全訳である。

2 原註（*で表示）は原著にあるとおりに、巻末に一括して載せた。訳註（†で表示）は側註として奇数頁の左側に掲げた。

3 固有名詞の表記については、徒に現地音主義に固執せず、文脈から判断して好ましいと思われるものを採用した。

4 国際連合、安全保障理事会などについては、本文中で国連、安保理などのよく使用される略記も用いている。とりわけ、国連総会、国連憲章などにおいては例外なく国際連合でなく国連を使っている。ただし、国際連盟は略記を用いていない。これは四字からなる言葉の省略形が、しばしば戦後は一字目と三字目をつなげたものであるのに対し、戦前は下の二文字を使用したため略記が「連盟」となり、一般名詞の連盟と混同されやすいためである。なお、国連決議（United Nations resolution）は国際連合のすべての機関が発することができるが、実際にはほとんどが国連総会、安全保障理事会によって採択されたものである。本文中では、国連総会決議、国連安保理決議と表した。

謝辞

著者は、ギアン・パカシュ、プリンストン大学のシェルビー・カロム・デービス歴史研究センター、そして同大の歴史学科にたいへんお世話になった。本書のかなりがそれに基づいている二〇〇七年度のローレンス・ストーン連続講演にお招きいただいたうえ、温かいもてなしを受けた。著者は幸いにもプリンストン大学で教えておられた晩年のローレンス・ストーン[†]の知己を得ることができた身であるので、ささやかとはいえ、本書を彼に献げられることを光栄に思う。著者は、連続講演のサポートと本書の出版でお世話になったプリンストン大学出版局に礼を申し上げたい。とりわけブリギッタ・ヴァン・ラインバーグは次々と届く原稿に目配りを利かせながら読んでくれたし、洞察力に満ちた示唆を与えてくれた。第2章は元々コロンビア大学で二〇〇八年度のツァコプウラス講演として行ったものである。お招きいただいたキリアコス・ツァコプウラスに感謝したい。著者はこうした問題をとくと考えるうえでいろいろ助けを受けたが、その方々にも感謝したい。コロンビア大学での学生たちとの議論、また同大の国際史研究センターでのセミナーにおける議論が何より役立った面があったことも記しておく。

† 一九一九年生まれ、一九九九年没。一九六三年から一九九〇年までプリンストン大学で教鞭をとった。

序章

われわれの編み出したものは完璧だとも、平和を揺るぎなく保障するものを創造したとも、私たちは口にすることなどとてもできません。なぜならわれわれの編み出したものは、ひとたび魔力や神秘的な力が加われば「すぐさま目の前に飛びだしてくる」魔法の宮殿（Enchanted Palace）、というわけにはまるでまいらないからです。けれども、われわれは試行錯誤の末に一つの道具を作り上げたのであり、人類が真剣に平和を望み、平和のためなら犠牲を払う覚悟があるのなら、その道具を使って平和を獲得する手立てを見つけうる、そう私は確信しているものであります。

——駐米イギリス大使にして、サンフランシスコ会議のイギリス代表団長代行を務めたハリファックス卿の一九四五年六月二六日の発言より。サンフランシスコ会議はこの日に幕を閉じた。

「国際連合の歴史に新たな章が始まった」。この自信に満ちた表現で、ブトロス・ブトロス＝ガーリ国連事務総長は冷戦の終結を歓迎し、それが彼の機構にもたらした「とてつもない好機」を賛美した。数十年にわたる超大国同士のにらみ合いは、彼の国連を蔑ろにしてきたが、ソ連の崩壊は、国連にやりがいのみならず、新たな意味合いをもたらしたのである。今や、国連の平和維持の役割を拡大させることができるし、国連軍兵士に付与する権限をより強いものにすることができた。戦争で荒廃した国々から難民を新たな地に定住させるだけでなく、政治的和解の調停、官僚機構の再建、選挙の監視といったことにおいても能動的な役割を果たせるようになった。そのうえ、全世界の社会的・経済的発展を管理し、世界中の貧しい人びとに援助や助言を与える任務までもが、国連の肩に掛かってくることになった。加えて、人権を強力に保護し、広く人類を代表して加盟国の政《まつりごと》に介入する合法性を有するのは国連だけであった。一九九二年の国連による報告書『平和への課題』(*Agenda for Peace*) は、「国連が、まさに過ぎ去った時代にそうであったように無力にされることが、二度とあってはならない」[*1]と高らかに宣言した。

そこには新たな創造の時来るという夢があった――まるで希望に満ちた一九四五年に時計の針が戻ったかのように。もっとも、そのような機会が実際に訪れていたとしても、あっという間に消え去ってしまった。バルカン半島やアフリカにおける内戦、とりわけ一九九四年ルワンダでのジェノサイド[†]は、国連の無力さを批判する者たちの怒りに火に油を注いだ。それを起点として国連の改革を企図した首脳部による一連の計画があったが挫折してしまっているし、一方では、新たな、以前には考えられなかった程の国連内部における汚職の積み重ねが明るみに出た。ビル・クリントン政権にせかされて、NATO(北大西洋条約機構)は安全保障理事会の承認なしにコソボを空爆し、人道的介入を名目に国連を無視するという先例がつくられた。二〇〇〇年代に入ると、ジョージ・W・ブッシュ政権は、新たな国家安全保障戦略を推進したが、そのなかの予防戦争の提唱は、国連創立の基本原理を平然と拒絶することを意味していた。アメリカ合衆国は以前にもロナルド・レーガン大統領の下で国際司法裁判所との結びつきを弱めたことがあったが、今や二〇〇三年創設の新しい国際刑事裁判所にも背を向け、生物兵器に関する法的拘束力のある協定を合意に至らせる努力だけでなく、国際的な兵器管理体制をも損なったのである。イラク攻撃の準備をしている間は、口先だけ国連に気を遣っていたが(それも主として同盟国であるイギリス政府を助けるためだった）、ブッシュ大統領府は国連に対する侮蔑をほとんど隠そうともしなかった。国連が何を言おうとも、何をしようとも、イラク戦争へと進むことは明白だった。しかし、そのことによって国連を恃《たの》むに足らずと思ったのは、ひとりワシントンの単独行動主義者だけではなかった。というのも、イラク侵攻を行うという考えに圧倒的に反対していた他の多数の国々にとって、国連もまた、多国間主義や集団安全保障という原則を守る点で失敗を味わったからである。一つ明らかになったことがあった。新たな世界秩序の中心として、ほんの短い間かけられていた国連への大きな期待が完全に消滅してしまった、ということである。*2

今日、国連の改革を訴える声には事欠かない。ならず者国家や他の国際的な無法者集団に対し、迅速な軍事行動を取れるよう国連が効率化されることを望む者もいる。おそらく、安全保障理事会の拡大、常任安全保障理事国の拒否権の弱体化、有名無実化した存在の軍事参謀委員会に息を吹き込むこと、といったところが考えられるだろう。かと思えば、人権侵害を犯した加盟国に対し、国連はより強力に働きかけ、手遅れになる前に（それと、滅多に口にはされない恐れだが、中国に乗っ取られる前に）いくつかの価値観、たとえば自由や民主主義などを世界中に刻み込むためにより多くのことを為すべき、と考える者もいる。国連に、開発目標と人権を融合させた「人間の安全保障」と呼ばれるものを促進せよとか、政府が自国民を虐待するような際には「世界市民」を保護するために介入する権利を主張せよ、などと求める声もある。しかし、国際情勢における中心的な役割を国連に取り戻させようというどんな改革案

---

† 第3章一三五頁に出てくるように、ラファエル・レムキンの造語で genos（種族・民族）+ cide（殺）からなる。

も、根本的に極端過ぎるという疑いが蔓延している。国連がなくなれば世界はより良いものになる、と思っている者はまずいまい（もっとも、アメリカのある保守系シンクタンクは、一九八四年に『国連なき世界――国際連合が閉鎖されたら何が起きるか』（*A World Without a U.N.: What Would Happen If the U.N. Shut Down*）と題された研究を公にしたが）。しかし、国連に大きな信頼を抱いている者もまたほとんどいまい。安全保障理事会が独裁国家によって窮状に追い込まれたり、国連総会が独裁者のために立ち往生したりする国連が「民主主義的平和」[*3]と呼ぶものを支持するために行動を起こせぬ場合には、何かを実行するためには国連に頼らずに民主主義国家間で同盟を構築した方が早い――そんな風に影響力ある外交政策の専門家たちは語っている。

こうしたことは国際体制において国連が将来占める位置についての議論である。しかし、当然のことながら議論は国連の過去についての認識に基づいている。実際のところ、現在の国連に対する激しい幻滅というのは、創立者たちが想定していたと思われる水準に遠く及ばない、という絶望感と密に結びついている。ブトロス＝ガーリ事務総長は、「国連憲章が元々想定していた……高潔な目標」を遅まきながら実現する手段であるからとして、国連が為すべきことについての一九九二年の己の拡張主義的なヴィジョンを正当化していた。評論家たちもそれに同意した。国連が定めた規則は、長い間機能を停止していた。だからこそ、二〇〇三年春のアメリカ合衆国の政策を擁護していたある時事評論家は、「国連は長の年月まるで進歩してこなかった」と口にしたものだ。続けて彼が述べるには、国連が時代遅れだとか、あるいはよく言っても「もたついている」とか非難できるほどに、世界の体制は端的に言って進展してきたのだ。ブッシュ政権はさらに辛辣だった。国連がサダム・フセインに厳しい姿勢で臨むことができなければ、両次世界大戦の戦間期の国際連盟と同じように、完全に蚊帳の外に置かれると予言していたのである。ブッシュ政権は、イラク侵攻は、一九三〇年代の轍を踏まないためだ、三〇年代のアビシニア危機、それだけでなくミュンヘン会談の轍をも踏まないためだと主張した。*4

しかし、この論争全体において暗黙のうちになされた歴史認識というのは、驚くほど幼稚なものである。国連の過去については、支持者、批判者双方とも、基本的な文書《もんじょ》をぞんざいにしか読んでおらず、かなり多くの思い込みがある。また、文書の草案作成に伴っていた雑多な動機に対する認識がきわめて乏しい。こうした文書の誕生の過程がわかる利用可能な学術論文でさえも、特殊な立場からの擁護や甘い考え方の度合いが通常よりも多いために価値が損なわれている。そうした学術論文では、インターナショナリズムは一般的には肯定的なものとして描かれるし、グローバリゼーションは現代史のまさに潮流として書かれる。それらによって誘導される思い込みは、地球共同体のようなものの出現は、望ましいのみならず必然的なものであるというものだ。出現に至るのは、諸国家の営為を通してかもしれないし、国家レベルとは離れた営為を通してかもしれない。あるいは公平で気高い公僕が配置されている国際的な機構・機関そのものの営為を通してかもしれないが。*5

こうした欲目にはもっともな理由がある。長年にわたり、戦後の国際秩序を研究する歴史家は、国連というテーマをあっさりと無視してきた。とりわけ冷戦の、そしてアメリカ外交政策の研究者にとって、国連は本筋と無関係ではないにしても、あまり重要ではないように思えたからである。*6 ふたたび国連を注目の的へと引き戻したのは、まずはジョージ・H・W・ブッシュ大統領が冷戦終結時に宣言した「新世界秩序」だった。次いで、それより遥かに大きな緊迫感をもってまるで異なる雰囲気のなかで生じたものが、その息子のジョージ・W・ブッシュ大統領の外交政策に衝撃を受けた知識人の反発であった。多くの歴史家をして、国連が重要なのはなぜか——あるいは少なくとも、かつてはアメリカ合衆国にとって重要だったのはなぜか——について明らかにしようという気にさせたのは、誰でもないブッシュの息子の方だった。こうして歴史家たちは、ブッシュの内閣のなかにいるナショナリストのウルカヌス(バルカン)たちを批判する手段として、アメリカのインターナショナリズムや先見性のある多国間主義者の政治的手腕についての記事や学術論文を送り出すことが、自分たちの仕事であると見なすようになった。よって話しはおおむねこのように進むのだが、フランクリン・デラノ・ローズヴェルトが、一九四〇年代前半にアメリカ合衆国が世界的な指導力を得られるよう道筋をつけ、同時に国際的な支持を取り付けるためにアメリカ的価値観の好ましい面を押し出したのだった。現在にとって価値ある教訓を引き出すためには、ゆえに二一世紀初頭の視野の狭い単独行動主義者と、一九四五年の賢明で分別のあるインターナショナリストとの対比を強調することとなった。まもなくこれらの記事や学術論文の主人公たちは、未来を見通せる人物、英雄となった——当時より面白みがなく活気のない現代にインスピレーションを与えてくれる存在となったのだ。エレノア・ローズヴェルトやラファエル・レムキン、ルネ・カサンなどなど、国連、とりわけその人権に関わる制度が出現するなかで指導的役割を果たした人物たちは、個人的な献身や行動主義が何を為しうるかを思い起こさせるものとして、今では決まって引き合いに出されている。*7

ユートピアは無視されるべきではないし、国際連合やその前身である国際連盟のような国際機構と結びついたユートピア思想は、間違いなくユートピアの魅力を力強く伝えるものであった。ユートピア思想はそれら国際機構に活力と支持とを与え、状況次第では政治力の貴重な源泉となった。しかし、歴史家たちが研究テーマであるユートピア思想と、自分自身のユートピア思想とを混同すると、簡単に惑わされてしまう。歴史から自分が望むものを読み取るというのは昔から行われてきたことであり、今日の人権活動家や人道主義的介入の提唱者が初めてというわけではない。しかし、ここ数年の間に出現してきたのは、国連が何をするために創立されたのかについて、きわめて偏った観方をしたり、国連の創立者たちがけっして応えるつもりのなかった期待を生じさせるような、大量の研究成果である。その結果は、むしろ国連が直面する危機を深め、国連が為し遂げてきたことや潜在能力の実態を、明らかにするどころか曇らせているのである。

今の時点でわれわれに必要なのは、国連の創立者たちが実際には何を胸中に抱いていたかをもっと醒めた目で見ることであり、国連がどのように一歩を踏み出したか、どのような機構になるはずだったのか、ということについてあまり当然のものと決めつけないことである。われわれが一九四〇年代に遡ってみさえすれば、警報のベルが鳴り響くことだろう。というのも、当時の論者たちは新たな国際機構に対して、今日の歴史家の傾向に比してより慎重な見解を表していることに気づくからである。実際に、加盟を要請されている新たな国際機構は偽善に貫かれていると考えながら、一九四五年のサンフランシスコにおける創立会議†を後にした参加者もたくさんいた。彼らは、その国際機構の自由だの権利だのと

† 四月二五日から六月二六日まで。正式には「国際機構に関する連合国会議」。国際連合原加盟国五一ヶ国の内ポーランドを除く五〇ヶ国が参加。

いう普遍主義的な修辞を、遺憾なほど不公平なものと見なしていた――つまり、世界の弱い者、貧しい者をどう支配するかについての短兵急な態度においては、枢軸国と所詮同じ穴の狢《むじな》であり、普遍主義的な修辞も、強大国からなる理事会の団結を覆い隠すものに過ぎないと見ていたのである。思慮深くも当事者たちは、それと同じような意見を打ち明けるのはお互い同士、書き記すのも日記という人の目に触れぬものに止めた。国連憲章の起草に深く関わったイギリスの歴史家で当時外務省のために働いていたチャールズ・ウェブスターにとって、国連とは「世界規模の機構にはめ込まれた強大国間の同盟」であり、その達成した最たるものは、強大国同士の関係を管理する機構を刷新したことだった。ウェブスターの上司で、国連事務総長が決まるまで代行を務めることになるグラッドウィン・ジェブは、アメリカ人の同僚が、サンフランシスコ会議で人権活動家たちを「欺き」、「今回の憲章で自分たちの目的が達成された」と思い込ませたその手腕を、皮肉を込めて賞賛した。これから見ていくように、こうしたことは話しの半面に過ぎない。強大国同士というのはごく稀にしか団結しないので、今も昔も強大国だからといって、いつでも自分勝手に振る舞えるわけではない。それでもこの話しは、過去数年間において歴史的分析としてまかり通ってきた甘い考え方を是正するものとしての価値を持っている。*8

国際連合の成立への今日《こんにち》の関心を解釈しようとするいかなる試みにとっても、上の話しの持つ含蓄は深いものだ。テクストが自ずと語ってくれるわけではないし、国連の起源に関わる文書のようにひどく議論を呼ぶテクストの場合にはなおさらである。国連憲章、特にその前文は、世界人権宣言やジェノサイド条約とともに、ナチズムとの戦いのなかで確立された新たな世界秩序の基本命題を証するもの、と見なすことができる。あるいは、国連の創立者たちがけっして換金するつもりのなかった約束手形であるとも読み取ることもできる。そうした曖昧さは等閑《なおざり》にされてよいものではない。実際、新しい理想主義的な編纂資料について最近テクストクリティクをした者のいくたりかは、現在の人道的な行動主義の源を一九四〇年代半ばにまで遡ろうとするのは真実味を欠くと指摘している。一九四〇年代半ばと言えば、人権について語ることは、重要な政策立案者にとっては、しばしば無策でいるための、そして真剣に介入に踏み切るのを「避ける」ための方便であった。たとえば、A・ブライアン・シンプソンは、力強い人権保護体制が最初に出現したのは、世界人権宣言(一九四八年一二月に第三回国連総会決議二一七号として採択)や国連によってではなく、それより後の一九五三年発効の地域が限定されたヨーロッパ人権条約を通じてである、ということを示している。サミュエル・モインは、現代の人権保護運動は、早めに見積もっても一九七〇年代より前に遡ることはない、と示唆している。著者もまた別のところで、初期の国連の人権に関する修辞は、まるで異なる種類の人権保護体制へのそれまでの真摯にして本質的な取り組みを、米英ソ三強大国が意図的に放棄するのを覆い隠していたのだ、と主張したことがある。権利というものはいろいろな人がさまざまな意味に取ることができる。国連憲章の感動的な前文に賛同し、起草に誰よりも尽力したのは、南アフリカ首相にして白人入植者のナショナリズムのために青写真を引いたヤン・スマッツであった——そのことを思い起こせば、われわれ自身の抱く希望や夢を、われわれが語る過去の物語に依存させ過ぎてはいないかと気遣う必要があるのは明白なことなのだ。*9

国連の背後に隠された複雑に絡み合った理念やイデオロギーを正当に評価してこられなかったのは、歴史家に限るわけではない。それどころか、国際関係を専門とする学者の方が、その務めを果たしてこられなかったのである。そうなったのは、もっとも根本的な方法論のレベルにおいて、自分たちの学問分野、国際関係論は国際政治の包括的な理論を生み出すことができるものであり、他の学問分野を援用する必要のない分野だと彼らが誇示したがったせいだったのかもしれない。極端な科学志向――科学こそ彼らの学問分野が到達したものだったのだから――が、彼らをしてゲーム理論や合理的選択理論といった抽象概念を理想化せしめ、イデオロギーの役割を軽視させることになった。貧弱な知的成果を細かくみてゆくのはこの場にふさわしくない。ここで心に留めておく必要があるのは、そうした研究手法をとっていたがために、国際情勢において理念や哲学について真剣に議論する可能性を排除してしまった、ということである。たとえば二〇世紀半ばのナチズムとコミュニズムと自由民主主義との全面的で壮大な闘争が、費用対効果のリスク分析に基づいて説明できてしまう、と言わんばかりであったのだ。[*10]

しかし、この問題はますます深みにはまっている。出発時点から、国際関係論という専門分野は、現実主義として知られている学説の姿をとって、一九四〇年代に理想主義的なインターナショナリストの主張に「対抗して」出現したのだし、ウォルター・リップマン、ジョージ・ケナン、ハンス・モーゲンソーのような当時の論者でさえ、国際機構などという考えはキマイラのようなものだとけなしたものだ。今日の左派の論客のいくたりかと同じように、彼らは国際機構を、せいぜいがとこ、強大国の利益のための合法的な組織に過ぎないと見なしたのである。もちろん、国連は「グレートパワー・ポリティックス」が生み出し、主としてその道具として利用された、という考えには大いに真実味がある。かといって、よって全貌が見えるというわけではけっしてない（何せそうなるのをあてこんでいたウィンストン・チャーチルは失望させられたのだ）。抽象的に聞こえるだろうが、たとえその考えが事実であったとしても、歴史のある時点でいくつかの大国が、自国の安全保障上必要なこととして国際機構の一員となるのも止むをえまいと捉えていた理由を知るのは、今でもやはり重要なことであろう。[*11]

一九七〇年代、ブレトン・ウッズ体制が崩壊しアメリカ合衆国の覇権に影が差した後、国際関係の学問分野はようやく真剣に「制度」というものを視野に入れ始めた。学界でネオリベラルな新制度論として知られる新しい研究手法は、ＩＭＦ（国際通貨機関）、ＷＢ（世界銀行）、ＷＴＯ（世界貿易機関）のような機関が加盟国のために何を行っているかを分析し、それらの機関がアメリカ主導による戦後の資本主義復活にどの程度支えになったかを議論した。その結果をもって、今日の学者たちは、国家がなぜ単独行動主義的政策ではなく多国間主義的政策を選択するのかの説明を与えている。ただ、上述したような理由によって、彼ら学者たちは普通、イデオロギーや文化を背景にした多国間主義の理念や哲学の分析ではなく、駆け引きの当事者たちの「選択」を念頭にしてそうした説明をしている。けだし、すでに遠回しながら言及した九・一一以後の歴史家に似て、彼らの狙いは、ジョージ・Ｗ・ブッシュ政権が追求したような単独行動主義は、戦後アメリカ外交における合理的な多国間主義の伝統にそぐわないことを論証することにある。ただ、そうした学問分野がアメリカの政策立案者を含んだ読者に向かって国際機構が「現実的な」利益を提供できる理由を示すことを意図しているにも関わらず、われわれの客観的観察から明らかになるのは、国連に関しては具体的にほとんど述べていないことである。この学問分野は、単純なことだが、国連を極めて重要な組織とは見なしていない。最近バラク・オバマ政権における国務省の政策立案責任者に任命された政治学者は、国連ではなく、政府間の国家の枠を超えた接触や、ＮＧＯが、現実的な「新世界秩序」を構成していることを示唆したが、彼女は「中央集権型の国際制度を伴わない国際的な法治」[*12]なるものを待ち望んでさえいる。

国連への疑念のなかには、アメリカのリベラルたちの、国連がイデオロギー的に雑多であることへの不信感から生じているものもあるだろう。国連では、独裁者が民主的に選ばれた政治家と、また独裁主義とか共産主義の代表団員がリベラルや社会民主党の代表団員と親睦を深めたりもするが、これは人権の普遍化に関心を持つ時代において、けっして好ましいものではないこととしてアメリカのリベラルを悩ましている。社会科学は、ガヴァナンスだの、ベストプラクティスだのといった概念や、マネジリアリズムの用語を駆使することによって、政治にあからさまに言及するのを避ける無菌化された専門用語をますます使うようになっているが、そうすることによっても、書き手の胸の奥深くに根づいた価値観をなかなか覆い隠せはしない。民主主義国家同士であればおそらく戦争にまで至らないという趣旨の議論に基づいた、いわゆるリベラルな「民主的平和論」というテーゼは、現代に共通する標準的な志向を反映している。このテーゼにおいて、リベラリズムというものは市民権を得ているし、現代世界の難問に対処しうる政治的合理性を持った唯一の形態として提示されている。民主国家が一致団結することを通して平和を広めようという――さらにおそらくは、人によっては世界中に民主主義を広めようという――議論をする際に、(真の先駆者はジョン・スチュアート・ミルであるが) イマヌエル・カントが引き合いに出される。こうした傾向から解釈すると、アメリカ合衆国のリベラリズムは非暴力的で実用本位なものにされており、そこにイデオロギー的要素はまるでなく、帝国や支配といったより強圧的な伝統からは心休まるほど超然としている。政治学者のG・ジョン・アイケンベリーの言葉にいわく、「つまるところ、アメリカ人は世界を支配《ルール》するより、規則《ルール》に則った世界を創る方により関心があるのだ」。そのうえ、アメリカ人は、「畢竟するところ近代的なるものに至る一つの道があって、しかもその道は本質的にリベラルな性質のものだ」というアイケンベリーの言葉にふさわしい歴史を持っている。オバマ政権のアメリカはジョージ・W・ブッシュ政権のときとかなり異なる価値観を内包していようが、少なくとも外交政策の一部の大物理論家の胸の裡《うち》では、オバマ政権のアメリカも依然ゲオルク・ヘーゲルばりの「世界精神」を体現しているのだ。*13

よって、多国間主義や民主主義国家の結合はアメリカ政治において党派を超えて通用するようになってきたインターナショナリスト的見解であるが、それだからといってアメリカ人を国連に融和させるどころか、現在の国連が人権拡大路線の民主主義国家の同盟関係のあるべきモデルとかけ離れているからこそ、アメリカ人はいっそう国連の存在価値に疑義を挟むようになってきたのである。世界を、ウッドロウ・ウィルソン大統領の名高い明瞭な発言であるが「民主主義にとって安全」にしたいという願望が、ブッシュの単独行動主義で実現されたのか、それとも否定されたのかについては議論の余地もあろう。しかし、ブッシュの単独行動主義で否定されたと考え、なおかつ国際機構の価値を信じている者でさえ、国連は自由を投影する手段としてはひどく貧弱な媒体だと見なしている。そして、いずれにせよ、こうしたことはすべて根本的にアメリカ外交政策の方針はどうあるべきかという議論につながる（その議論は、似非《えせ》歴史学的、似非科学的用語で言い表されているが）。国連のイデオロギー上の起源がどこにあるのか、ということに関心のある者にとって、この議論から得られるものはまずあるまい。*14

ブッシュの単独行動主義で否定されたと考える者にとって、ウィルソン主義は明らかに出発点の一つであり、現代的なインターナショナリスト的思想が基準として依拠すべく立ち寄る最初の港となる。とはいえわれわれはウッドロウ・ウィルソンに、その死後に負わされた今一つの役割、より良いアメリカを象徴するという重荷まで押しつけては酷であろう。後述するように、ウィルソンの場合名声があまりにも高かったので、彼の待望した「権限を備えた国際的な共同体」のきちんとした計画を名声に釣り合うように明瞭に表現しようにも、力量が追いついていかなかったのである。彼は新たな民主的な世界秩序を目指していたのか、あるいはヨーロッパに平和をもたらすのに必要なものに傾注していたのか？民族自決が世界中で適用できると信じていたのか、もしそうだとしていつできるようになると考えていたのか？　実際に存在していたような形での、輪郭のはっきりしたアメリカ流のインターナショナリズムを――急進的な平和主義であれ、テディ・ローズヴェルトの力任せの帝国主義的な文明化の使命であれ、国際法を通して仲裁するという発想であれ――（現在ウィルソンを甦らせようとする者たちも同じだが）ウィルソンは無視する傾向があったし、彼自身の思想の曖昧さは、故意ではなかったにせよ、その後の時代の論者たちが彼がなしたいくつもの言明のなかから選《よ》り抜くのを許すという結果を残した。[*15]

国際連盟、ひいては二〇世紀における国際機構の全体的な体系の成立過程において、少なくともウィルソンと同じくらい重要だったが（またウィルソン自身にとっても重要だったが）、間違いなく彼より軽視されているのはイギリスの帝国主義的思想の寄与である――そう著者は指摘したい。アメリカ合衆国がまだまだ二級の大国であった一九世紀終わりに、イギリス帝国は世界の最強国《ヘゲモン》であり、国際機構についての考えが世に出た重要な場所の一つであった。これ以降のページで提示するものは、一つの主張の概略に過ぎない。国際連盟や国際連合のイデオロギー上の起源に関する話を、そっくり提供するのが目的でないのは確かである。けれどそれは、起源にまつわる話しのなかで軽視されてきたが有用な部分であり、人によってはいくつかの点で決定的に重大な部分だと主張するかもしれない。なぜなら、結局国際連盟と国際連合双方に対する世界の歴史学的関心のかなりの部分は、イギリス帝国の最終段階にそれらがどんな影響を与え、どのように抜き差しならぬ関係になったかにあるからである。

そういうわけで、具体的に言うと本書では、関連しあう二つの歴史上の定説に異議を唱えたい。一つ目は、アフロディテが泡から生まれたのと同じ様に、国際連合は第二次世界大戦のなかから生まれたのであり、純粋であって、大戦前の失敗作の国際連盟とのいかなる重要なつながりにも毒されていない、というものである。そして二つ目は、国連がなによりアメリカのものであり、公開の討議の場でも秘密の話し合いにおいても他の国々はほとんど役割を果たしていないところで生み出された、というものである。そうではなく、著者としては国際連合を次のように描写したい。国際連合は国際連盟から始まった国際機構の歴史の本質的には続きの章であり、国際連盟を通じて「帝国」という問題や、イギリス帝国のとりわけ最後の数十年間の話しだがそこで生まれた「世界秩序」というヴィジョンと結びついていたのだ、と。

というのは、国際連盟が一九三〇年代終わり頃までには政治的に有害になっていたということは第二次世界大戦中も大戦後もけっして公には認めるわけにはいかなかったが、国際連合がさまざまな点でその前身の国際連盟の延長線上にある、というのが事実だからである。一九四二年春、新しい戦後機構の概要を作成するためのアメリカ国務省高官会議においては、一九一八年にヤン・スマッツが国際連盟の輪郭を記した小冊子を「今日でも驚くほど適切」と見なしたのだが、何のことはない、その会議に関わった専門家には、地理学者のイザイア・ボウマンや委任統治領の権威のベンジャミン・ゲリグのように、前回の試み、国際連盟の創立にも深く関わっていた者たちがたくさんいたのだった。影響力のあるアメリカの政策提言グループのＣＳＯＰ（平和機構研究委員会）は、ワシントンにおいて、戦時下での将来政策の立案を促進するのに重要な役割を果たしたが、実はこの委員会は一九三〇年代終わりの時点ですでに「国際連盟協会」†（League of Nations Association）と提携するウィルソン主義のインターナショナリストによって実質的に立ち上げられていたのである。ＣＳＯＰのメンバーの一人であるジョン・フォスター・ダレスは、アメリカ合衆国での議論の白熱ぶりに慣れていたが、戦時下のロンドンでは「事実上国際連盟の復活についてはまったく考えられていない」のを知った。しかしそれは誤りであった。というのは、ホワイトホールで新しい国際機構の計画を持ち込む政策立案者には、前にも国際連盟設立に関わっていたのと同じ人物がたくさんいたからである。チャールズ・ウェブスターは、一九四六年のクレイトン講演で、国際連盟が「国連憲章の起草に関するあらゆる議論を支配していた」ことの実例について言及している。*[16]††

したがって、第二次世界大戦後に誕生したものが、当時流布していたどの代替モデルともまるで似ていなかったのは、驚くべきことではない。ことごとく盛り込まれなかった例として次のようなものがあげられよう。ローズヴェルトの構想の「四人の警察官」†††が調整の労をとる小さな核となり、強力な地域ごとの評議会を運営するというシステム。公共心に富む人権活動家ないしはテクノクラートによって運営される世界政府。一時アドバルーンをあげられていた民主主義国の同盟、など。よって第二次世界大戦後に誕生したものは基本的に、諸国家の連合であった国際連盟の焼き直しであり、新機軸と呼べるほどのものは、一九四四年にチャールズ・ウェブスターが概説しているが原則に付随してまず優先すべきこと、つまり「機構そのものの精密な形態よりも、アメリカ合衆国とソ連が恒久的な国際機構に加盟することこそが重要だ」というものだった。ダンバートン・オークス会議††††の後に、『ニューヨーク・タイムズ』紙は「国際連合（United Nations）と称されるであろうが、国際連盟という考え方への回帰*17」を歓迎したものだ。

三巨頭の戦時中の同盟関係を平和時にまで持ち込むために必要なことを行ったのが、国際連盟と大きく異なる点だった。拒否権を発揮する権限が三大国と他の二つの安全保障理事会常任理事国に与えられたのは、その成り行きだった。むろんここから重要な結果が生じた。強大国は、国際連盟の時よりは進んで国際連合を支持し（国連の側は強大国に逆らって活動することはできないのだから）、同時に国際連合を喜んで無視した（これまた同じ理由からである）。また他にもいくつか違いがあった。すなわち、国際連合は国際連盟にあった「集団権」を廃棄した。国際連盟よりも国籍をはじめいろいろな意味での「ナショナリティ」を尊重した。そして文明世界の公平性の表れとしての「国際法」に対する信頼は下火になった。

† American Association for International Cooperation と League of Nations Non-Partisan Committee が一九二三年に合同、翌年に League of Nations Association と改称。

†† 「国連憲章の成り立ち」（The Making of the Charter of the United Nations）という演題で講演している。クレイトン講演は、キングス・カレッジ・ロンドンで一九〇七年から続いている。

††† 一九四二年一月一日に亡命政府を含めて連合国二六ヶ国により署名された連合国共同宣言では、第一次世界大戦での連合国の呼称 Allies の代わりに United Nations をローズヴェルトが使用した。また、ローズヴェルトはイギリス、ソ連の反対にもかかわらず中華民国をも四大国＝四人の警察官に加えた。

†††† 一九四四年八月から一〇月にかけて、ワシントン郊外のダンバートン・オークスで行われた。一度目の会談は米英ソ、二度目の会談は米英中で行われた。

けれども、国際連盟と国際連合は互いに良く似ているので、アメリカ連邦議会において国際連合の支持者として創立にも関わり指導的立場にあったアーサー・ヴァンデンバーグ上院議員が国際連合を「新しい国際連盟」と呼んだことも、おそらく二〇世紀前半では最も権勢を振るったイギリスの官僚モーリス・ハンキーが、新しい国際機構についてのモスクワ宣言†を「国際連盟にそっくりな」*18響きがすると評したことも理解できる。

国際連合の創立においてアメリカ合衆国が中心的な役割を果たした点についてはどうかというと、これも錯覚の類であった。戦時中ワシントンがこの件で推進力にならなかったというわけではない。強制的な軍備撤廃や軍縮によるヨーロッパの安定という見地からの思考をまだ捨てていなかったチャーチルのお膝元のホワイトホールも、大国間の合意形成のためにイギリス、アメリカに主導権をおおむね委ねていたモスクワも、関わりにおいても重要性においても到底アメリカの比ではなかった。したがって、当然のことといくつかの権威ある研究書では、戦時下での政策準備については歴史をアメリカ合衆国へと辿って調べ、アメリカの官僚が新たな国際機構を整合のとれたものにするのに用いた精力と努力とを証明している。しかし、第二次世界大戦中のアメリカ合衆国の政策立案者が多くの労力を国際連盟の制度修正に費やしていたという見解に与《くみ》し、加えて下っ端のインターナショナリストのアメリカ人政策立案者が提出したたくさんの提案がローズヴェルトやトルーマンに無視されたり否認されただけで誕生した機構の形成には活かされなかったことを考え合わせると、最終的に行き着いたところを理解するには、それよりもずっと時間を遡る必要があるのだ。この点から、イギリス帝国主義の規模大なることを、二〇世紀初頭のインターナショナリズムにおける重要な要素に含める運びとなる。この「序章」でも論じられているが、国際連合が後に反植民地主義を包摂したことで、これまで次の不都合な事実が曖昧にされがちだった。つまり、国際連合は国際連盟と同様に帝国の産物であり、それどころか、少なくとも当初は、維持すべき植民地を抱えた諸帝国から、国際連合は帝国防衛の適切な機構として余りあるものと見なされていた、という事実である。つまるところ国際連合は、既存の考え方や機構、また第二次世界大戦、第一次世界大戦、さらに遡れば世紀転換期のブール戦争（本書ではブール戦争といえば、一八九九年から一九〇二年までの第二次ブール戦争を指して用いる）といった戦争に晒されて露見したそれら考え方や機構の成功や失敗から生じてきたのであって、革命《リヴォルーション》でなく進化《エヴォルーション》の賜であったのだ。したがって、国際連合がどのように始まったかを理解するには、ワシントンの、それも一九四〇年代前半まで遡れば良いのではなく、世界で主役を演じていたイギリス帝国の中心で二〇世紀初頭に生じていた、国際秩序とか共同体とか民族とかについての議論にまで遡る必要があるのだ。[*19]

本書が、国際連合や戦後世界秩序のイデオロギー面での前史について厳密に精査した結果を提示しているのは、そうした観点に由来している。戦時下での計画と国際連合誕生をめぐる外交についての包括的な考察や、国際機構それ自体の制度面での歴史を知りたい読者の期待に応えるものではない。著者は、たくさんの鍵となる人物や彼らの思想を探るところから進めることにする。本書は、イギリス帝国末期における二人の著名な政治家、南アフリカのヤン・スマッツから始め、インドのジャワハルラール・ネ

† 一九四三年一一月一日に米英ソの三巨頭により発表された宣言。国際連合創立へ向けての「第二歩」を記したとされる。

ルーで締めることになる。ブール戦争の余波のなかにあったスマッツによって提唱され、一九四六年から一九五〇年代半ばにかけての一連の政治的な動きの最中《さなか》にあったネルーによってはっきりと覆された「帝国主義的インターナショナリズム」の考えの消長を明確にするものは、その間の彼らの国際連合体験による。間に挟まる、中堅どころの思想家たちについての二つの章が、彼らの著作がその時代におけるたくさんの仮説をはっきりとさせた様子を示し、矛盾の方もいく分か明らかにする。第2章で扱うのは、戦間期のインターナショナリズムの理論家のなかでおそらく最も著名なアルフレッド・ジマーンである。その経歴を見ると、ブール戦争から始まり朝鮮戦争において国連軍としてのアメリカ軍展開に至るまで一貫してリベラルな姿勢をとっており、彼の考えを辿ると、国際協調を支持するリベラルが折々の結末に幻滅しがちである理由の的確な説明となっている。第3章では一九四〇年代半ばに焦点を当て、二人のユダヤ人社会科学者、法曹家のラファエル・レムキンと人口統計学者のヨゼフ・シェクトマンの戦時思想を探求する。第3章の目的は、二人の戦争についての分析が、民族自決、国際法、マイノリティの権利に対する大戦後の姿勢——新しい国際機構の活動に反映することになる姿勢——が急激な変貌を遂げたのにどのように貢献したかを説明することである。著者は、外交の世界と知的・文化的な歴史の世界とを繋ぐこれらの二章を併せて、われわれがなじんでいるものとはかなり違った国際連合の成立過程についての概説にもなろうかと信じ、頁を費やした。

＊

著者の出発点は一つの疑問からである。南アフリカの政治家であるヤン・スマッツが、国連憲章の感動的な前文の起草に貢献したという事実をどう考えたらよいのか、という疑問である。新しい国際機構が普遍的権利に真摯に取り組むのが、よりによって、自国でのその人種隔離的政策がアパルトヘイト国家への道を開いている人物によるところが大きいとは。人種的優越の提唱者で、白人によるアフリカ大陸の支配を正しいと信じていたスマッツのことは、第二次世界大戦終結時の新しい国際連合機構(UNO)[†]の創立にいまだ得体の知れない影を投げかけている。もっとも、その当時に、その影にたくさんの者が注意を払っていた様子はない。注意を払っていたのは、老練なアフリカ系アメリカ人活動家、W・E・B・デュボイスで、彼は早くから「現代の世界で最悪の人種問題」[*20]を統括しているのはスマッツだとこきおろしていた。しかし、彼以外のほとんどの者は不自然だとは思っておらず、間違いなくスマッツ自身もそうであった。スマッツは国際機構という考えの熱心な支持者であり、国際連合を信奉していた。

スマッツの国連との関わりは、ナショナリズムを、意識、忠誠心、利害といった面での広汎な国際連携と両立させる仕方を長年考え続けたことから生じていた。新たな南アフリカを創り上げる際にスマッツが果たした役割は、実際に決定的に重要なものだった。一八世紀末に北米の植民地がどのように離脱

---

† United Nations が複数形であることから、文法的な理由からしばらくの間 United Nations Organization も用いられたが、今ではほとんど使われない。United Nations organizations とした場合には、国際連合を構成する六主要機関と補助機関、および国際連合と連携関係にある国際機関の総称となる。

したかを念頭に置きつつ、白人入植植民地（とりわけ彼自身の南アフリカ連邦）を安全なイギリス帝国の懐のうちに留まらせることを望んでいた。スマッツをはじめとするイギリス帝国主義の理論家たちは、民主主義のためという共通の大義に則って諸国民を統合する方法を思い描いて「連邦」という構想に目を向けた。スマッツの見るところ、南アフリカは、自身の安全のためだけでなく、暗黒大陸に文明をもたらすという責務を成し遂げるためにも、イギリス帝国に留まる必要があった。連邦構想はこうした観方に枠組みを与えるだけでなく、新たな国際機構を思い描く道筋をも提示したのであった。

イギリスは第一次世界大戦に参戦し、アメリカの積極的な支援を確保しようとあがいていたので、帝国の打算はウィルソン主義の修辞に接ぎ木された。スマッツ自身が国際秩序について戦時下での理論家として先頭に立つようになり、国際連盟の形成や、ウィルソンとホワイトホール間の合意を取りつけるのに少なからぬ役割を果たした。[†] 彼は白人の人種的優越を確信しており、国際機構というものは世界における白人の指導的地位が（もっとあからさまにいえば、後にフランクリン・デラノ・ローズヴェルト大統領の下で二七年ぶりに一九四〇年に陸軍長官に復帰したヘンリー・スティムソンが守ろうとした「ヨーロッパの白人文明」が）継続するのを確実にするものでなければならないと信じていた。国際連盟自体が、強大国の優位性の観念に基づいたきわめてヴィクトリア朝的な機構で、国際法の執行を通じて世界を文明化する使命を果たすための道具であると同時に、イギリスの帝国主義的な世界支配を補強し、アメリカ合衆国との協調関係を強固にする手段でもあった。一九三〇年代に国際連盟が崩壊すると、次回はアメリカ合衆国が同種の国際機構に必ず加盟するよう計らうことが、イギリス帝国の優先事項となった。アフリカの文明化というイギリス帝国の使命は支援してくれるし、アメリカ合衆国とソ連を同じ機構に繋ぎ止めたのだから、スマッツは国際連合のことは国際連盟が改善されたものとして満足していた。彼の脳裡には、帝国の差し迫った崩壊の兆など少しも浮かばなかった。ファシスト軍国主義が打倒されたのと同時に国際連合が設立されたおかげで、民主的な帝国の秩序は維持されていた。劣等人種を文明化させ、かつ取り締まるという務めも続けることができた。*21

スマッツの見解は、(われわれの生きる現代はさておいて)彼の生きた時代を特徴づける道義的公正さに溢れていた。実際に、より高い道義性に訴えることこそが、国連憲章の前文への彼の主たる貢献であった。第1章で、著者はこの道徳的な表現を真面目に取り上げ、その背後にどのような思想形態が存在するのかを問うてみる。なぜなら、まずイギリス、次いでアメリカに登場したインターナショナリズムの根本的特徴は、力強いがおおむね無自覚な、権利という言い回しを使った「呼びかけ」だったからであり、それは今日にまで至っている。この問題を理解するにあたって、探求に値する見解を持つ思想家は大勢いる。第2章では、そのうちの一人で、古典学者にして政治理論家、かつホワイトホールで戦時中に国際連盟の青写真を描いた人物である、アルフレッド・ジマーンに焦点を当てる。彼の見解を通して、法や制度のどちらかによりも教育や人間の頭脳と精神の変容に信を置く、こうした「国際志向」が生じた過程を追ってゆく。古代ギリシャ、ヘーゲル、世俗化したキリスト教を難なく混ぜ合わせ、ジマーンは「文明」とイギリスのリベラリズムの価値観を信奉したし、善意ある人間ならばそれ以外のイデオロ

† ロンドンの官庁街の「ホワイトホール」は、いわゆる首相官邸の「ダウニング街一〇」と並んで、イギリス政府のメトニミーとして用いられる。

ギーを選択することはありえないと信じていた。しかし、この未来に向けた賭けは、ファシズムの出現によって破綻してしまった。戦間期のヨーロッパの危機によってイギリスの世界での指導的役割は終わる運命にあるということを示されると、すぐにジマーンや彼と似た傾向の者たちは、海の向こうにある若い民主主義国家に新たに世界に対する責務を負うよう教え込もうとし、ロンドンに代わってワシントンに目を向けた。ジマーンはアメリカ人に、自由の指導者としての自覚を促し、また国際連合をその偉大な目的を達成するための手段と見なすよう述べた。彼はそうなるよう脇役も演じた。ジマーンは、第二次世界大戦前は国際連盟の国際知的協力機関（ＩＩＩＣ）†の重要人物だった。一九四五年に短期間だが、彼はＵＮＥＳＣＯ（国際連合教育科学文化機関）の創設において重要な役割を果たした。これは、思想や教育の有効性を信じる者たちが、一九四五年以降の文明を守る国際精神を育み、新しく出現した全体主義的な敵から自由という価値観を守るための「道徳再武装」に貢献するだろうと望んだ組織である。しかし、国際連合はそうした計画を実行するように作られてはおらず、ジマーンがユネスコで生物学者のジュリアン・ハクスリーに取って代わられたのは（結局ハクスリーが初代事務局長になった）、ヴィクトリア朝のエリート社会の価値観に基づく「文化」の観念にジマーンのような形で訴えることが、国際連合内部で、異なったモデルの普遍主義の主唱者に圧倒されたことの兆しであった。こちらは、冷戦というイデオロギー上の境界線を越えて人類のために科学を用いるというモデルであった。はじめ彼を国際機構に向わせたジマーンの道徳的な普遍主義は、それら国際機構にもどかしさを覚えさせるかたちで終わった――その点では、今日アメリカ合衆国にいくらか残っている彼の政治的後継者もよく似ているが[*22]。

第二次世界大戦前は、帝国が永続することを当然と考える世界のなかで、帝国主義的インターナショナリズムは堂々と提唱されていた。アフリカやアジアのナショナリストの独立要求が真剣に表明されたのは、あったとしてもほんのわずかだった。国際連盟は、民族自決というウィルソン主義の空論めいたものをほぼ完全にヨーロッパ内に限定しており、勝利した側のヨーロッパの帝国主義列強が、非公式な形態で帝国を他の地域へ拡大するのを許していた。しかし、帝国主義的インターナショナリズムの実現の可能性は、即座になくなったわけではないが、一九四〇年代に急速に狭まった。ドイツや日本との戦いによってイギリスや他のヨーロッパの帝国主義が力を低下させてゆくにつれ、世界の指導的地位はアメリカ合衆国の手に移った。アメリカ合衆国では、その命運がナチスの戦争の渦中に置かれた民族集団であるユダヤ人について戦時中に議論されていたが、その姿勢に変化が表れていた。ユダヤ民族は国籍の喪失という危難の図抜けた象徴であり、彼らの戦後の命運に関するアメリカの議論は、民族についての考え方がどう変化したかを示していた。一九一九年、東ヨーロッパにおける彼らの窮状に対する懸念が、国際連盟のマイノリティの権利保護の体制《レジーム》の創設を促した。国際連盟は、マイノリティを適切に扱い、国際連盟自体が監視する国際法の下での新しい権利を与えるという誓約をするかどうかで、新国家承認を決めたものだった。第二次世界大戦中、この体制《レジーム》は断固として拒絶された。ナチスによる新秩序

---

† UNESCOの前身と言える機関は、一九二二年に国際連盟の下に設立された国際知的協力委員会（ICIC）とされているが、この委員会には、アンリ・ベルグソン、アインシュタイン、キュリー夫人などの錚々たる有識者が出席していた。事務は、その当時国際連盟の事務局次長であった新渡戸稲造が担当していた。さらに、一九二六年に、フランス政府の財政的支援によりICICが立案する事業の実施機関として国際知的協力機関（IIIC）がパリに設立された。

が体制の侵食を促し、地球規模での対応を要する地球規模での難民危機を生み出した。パレスチナ委任統治領を維持し、ユダヤ人の移住制限を約していたイギリスは、難民や無国籍の人間についての問題のリーダーシップをローズヴェルト大統領に譲ったが、彼は長い間、世界の人口統計学的危機は、戦争にゆき着く潜在的な要因の一つと見なしていたのだ。

第3章ではこの問題を掘り下げる。二人の亡命ユダヤ人、ラファエル・レムキンとヨゼフ・シェクトマンをとりあげ、ユダヤ人の戦後の運命とその国際的な影響とについての二人の熟慮の内容を考察する。おそらくナチスの占領について戦時下の研究としては最も卓越したものを著した二人は、広汎な争点につき正反対の結論に達していた。問題は、レムキンが望むように、国際連盟の後継機構によって、マイノリティの権利を回復しさらには国際法による保護の及ぶ範囲を広げられるか、それとも、反対の方向に向かい、加盟国の内政には一切干渉せず、強制的人口移動についての研究書のなかでシェクトマンが示唆しているように、マイノリティ自体を根絶することで安定をもたらすか、であった。今日《こんにち》の国際連合を改革しようとする者たちが「保護する権利」と呼ぶものは、つまるところ初めから公に議論されていたのである――それどころか実際にはそれ以前も国際連盟のなすべきことのなかで中心的な課題であった。けれど、一九四五年には、それは拒否された。マイノリティの権利について唱導する者たちは議論に敗れ、東ヨーロッパやパレスチナでのできごとが示したように、マイノリティ保護は国際連合の方が国際連盟より減じてしまった。しばしば大きな前進として高く評価されるレムキンの一九四八年のジェノサイド条約は、実際には、一九四〇年代末になると許容されなくなった程の比重が過去に国際法に与えられていたことへの、最後の阿《おもね》りであった。国際連合は国際連盟よりも強烈な国家主権の擁護者になったし、国連憲章のなかの厳密な国内管轄権の条項は、その当時の反対者が指摘していたとおり、「いかなる将来におけるユダヤ人迫害に対処する任務もずっと難しく」した。その点においては、他のマイノリティも同様だった。権利として民族自決を扱うのは、解放を意味するだけではなく、他の民族の権利を踏みにじる理論にもなるのだった。[*23]

かくしてマイノリティは東ヨーロッパから消えたのだし、その地域の諸国は、一〇〇万単位の人間の追放により民族的にははるかに均質なものとなった。そして同じ原則はヨーロッパの外にも拡大された。一九四七年に、国連総会はパレスチナ分割とユダヤ民族国家の樹立を僅差で承認した。けれどもこれは皮切りに過ぎなかった。一九五〇年代、一九六〇年代に、民族自決の原則は驚くほど急速に地球規模に広がり、国際連合は帝国の道具から反植民地フォーラムへと転換した。国際連盟の設計者でありかつ国連憲章の前文を記したうちの一人であったスマッツは、こうした劇的な変化に突然周りを固められているのに気づいた。早くも一九四六年には、南アフリカはインド系マイノリティの処遇について被告席に立たされていたし、国連総会は南アフリカはその政策を正せというインド人の要求を支持していた。反植民地主義が勝ちを収め、そうした事柄は国際連合の与《あずか》り知らぬことだろうという南アフリカの主張は黙殺された。その結果は、「人種的ヒエラルヒーとヨーロッパによる支配」に対して植民地世界が突きつけた、初めての断固とした宣言となった。

国連総会がインド代表団を支持したのは南アフリカにとっては衝撃だったし、新たな国際機構はそのなかに、萌芽的とはいえ、戦時の強大国によって思い描かれたものとはかなり異なった機構となる可能性を持つことを示した。サンフランシスコ会議では国内管轄権の条項に関わる権限は国際法による判断を免れると定められていたのだから、却って法的検討の足枷を外された国連総会は、政治が法に優越することをここに刻したのだった（パレスチナの運命について国際司法裁判所に裁定を下させなかった一九四七年の国連総会決議は、同じ論理によっていた）。アメリカ合衆国もイギリスも等しく南アフリカを批判したくなかった。それにもかかわらず、国連総会の場での競合する投票団の間で身動きが取れず、両国とも南アフリカへの批判を阻めなかった。*[24]

一九四六年におけるインドの勝利は本物であったが、両様の解釈が可能だった。一方で、それは同時代人が「アジア」と呼ぶものの勃興を示した。他方では、それで南アフリカそのもののなかで変革できるところはほとんどなかったし、新たな国際連合機構（ＵＮＯ）は、証明して見せたように柔軟なのだが、そこに付託された膨大な要望にことごとく応えるようには意図されていないのではないか、ということを再度思い起こさせた。一九四八年に南アフリカで国民党が政権を握ると、非白人すべてにとって事態はひどく悪化した。わかったのは、総会は安全保障理事会の抵抗の前には為す術《すべ》がないも同然ということだった。

もう一つの要点もある。ひとたび諸国家が独立を勝ち取ると、反植民地主義と反人種主義は急進的な痛烈さを失う。なぜなら、その時点でそれらの国々は現状維持派になるし、インド政府はかつて南アフリカがしたのと同じように強硬に国連の内政への干渉に反対することになるからだ。国連は、規模においても速度においても、その創立者たちが可能だと思ったよりも拡大を続けた。しかしそれは、仲間うちの言葉で遣り取りする強大国のグループと、世界中の民族自決を鼓吹するグループという、対をなす機能の間で宙ぶらりんの状態の儘であった。ますます民族主義的になる時代に帝国を擁護し適応させるための機構として発足したものが、第三次世界大戦を防ぐというほとんど忘れ去られた目標を超えての実体ある戦略的目標を欠いた、世界中の国民国家のクラブと化してしまった。第二次世界大戦終結時の権力構造は手つかずのままにしておきながら、国連は、現在までのところは徒労に終わっているが、時代のニーズに応える政治的なレゾンデートルを求めている。

第1章

ヤン・スマッツと帝国主義的インターナショナリズム

第二次世界大戦も終わろうとする頃、ナチズムに勝利を収めたなかでも三つの強大国の米英ソに率いられた五〇ヶ国が、恒久的な平和時の機構である国際連合を創立するためにサンフランシスコに集うた。南アフリカの首相ヤン・スマッツ元帥はその会議で最年長の代表の一人だった。出席したなかでも、二〇数年も前に国際連盟の創立に中心となって関わったという点で、他の代表のなかで異彩を放っていた。そこに出席した者の例に洩れず、スマッツは今や、新しい機構は国際連盟がそうなったようには失敗させてはいけない、そう心に期していた。ヒトラーが自死した翌日の五月一日、スマッツはサンフランシスコ・オペラ・ハウスで代表団を鼓舞した。「人類にとって」と彼は抑揚をつけて話した。「まさに決断の時が来ました。人類はその運命の危機に、文明化された世界としての運命の危機に瀕しています」。戦争の勝利は、「死への行脚を止めること」で有終の美を飾らせねばならない。想うだに恐ろしいことだが、そうでなければ第三次世界大戦という大きな災厄となるほかない。スマッツは、「それをとかく貶《けな》すどころか冷笑さえする風がある」ことを批判しながら、国際連盟を賞賛した。けれども、七ヶ月前にダンバートン・オークスで国連憲章の原文を起草した者たちを突き動かしていた「現実主義的精神」

にも着目していた。彼らがしたように強大国の特別な責務を認めるのは理にかなっていたし、国際連合が新世界秩序を支えるべく必要なことは何でも盛り込んだのは正しいことだった。スマッツはたった一つ留保をつけた。「新たな憲章は戦争を避けるための単なる法的文書《もんじょ》であってはなりません」。否、むしろ、辛く長い戦いの間連合国国民を支え続けてきた高邁な価値観を、最初から明瞭に宣言するものでなければならない。このたびの戦争は、「正義への信念と、人間の基本的権利を保護するという決意」に関わる、とりわけて道徳的な戦いだった。スマッツの言葉遣いは高揚していった。ナチズムに対する戦いは「光明に向けての前向きな戦いにおいて人類の精神を支えてきた永遠《とわ》の価値のために」[*1]遂行されたのだから。

追々見てゆくが、結びの言葉は、スマッツの長い期間にわたる国際情勢においての法律尊重主義や官僚主義への疑念と、国際連盟の以前の多数の支持者たちと共有していた「世界平和は基本的に人類の魂のための倫理的な戦いなのだ」という確信とを、よく表していた。もっとも、いささか紛らわしくはあった。スマッツは、彼呼ぶところの「強固な人道的意図」と、それに伴う自身の国家南アフリカについて気まずい思いをさせられる可能性とを携えて、落ち着かぬ気分でサンフランシスコにやって来ていた。彼の心の平安にとっては幸いなことに、その疑念はすぐに消えたし、晴れがましくも祝宴が張られ、パリ講和会議にも出席した唯一の指導者として歓迎され、委員会の一つの長にされるという栄誉も与えられた。七五歳の元帥はいまでもすらりとして姿勢の良い体つきだった。背筋を伸ばし、タマルパイス山の勾配を颯爽と歩くことで意気軒昂だった。四〇年前に、イマヌエル・カントを一冊ナップサックに忍ばせ、イギリス軍相手に自らのコマンド部隊を率いていた姿を彷彿とさせるものがあった。

スマッツは何と言っても帝国を、それも全世界を支配しようかというイギリス帝国を体現する人物だった。ブール戦争が終わったときから南アフリカの政界では傑出していたスマッツこそが一九〇九年に南アフリカ連邦の「憲法」にあたるものを起草したのだし、戦火で荒廃した国家をイギリス帝国に新たに編入するのに尽力した。一九一〇年から一九二四年まで、かつてのブール側の指導者はつねに要職に留まり、一九一九年から一九二四年までは首相を務めた。その後スマッツは二度目の首相として第二次世界大戦に自国を参戦させることになるまでは司法相を務めていた（一九三三年から一九三九年まで）。奇妙な運命のめぐりあわせから、かつてのゲリラはイギリスのエスタブリッシュメントの胸にしかと抱き留められたのだった。スマッツは第一次世界大戦時にはイギリス帝国戦時内閣の信頼すべき一員となり、イギリス空軍の生みの親とされ、なかんずく新たなイギリス連邦のイデオローグとなった。

そしてスマッツが二〇世紀のインターナショナリズムの広がりでも等閑《なおざり》視された側面に関わりがあると人びとが見なし始めるのは、まさにこの点にあった。すなわちスマッツがイギリス連邦と、世界にイギリス連邦が持つ広汎な意味合いとを考えた点である。仮に、歴史学者ウィリアム・ロジャー・ルイスが示唆したように、近代植民地帝国が一九世紀末の一世代の産物だとしたら、スマッツはそれに次ぐ世代の代表格であり、この世代は国際的協調を通して白人支配の帝国の命を永らえさせようとしたのだった。大雑把に言えば、最後の数十年間のイギリス帝国の構造的な再編成から国連へと繋ぐ、学問的には未開拓だとしても真っ直ぐな線があるのだ。つまるところ、国連が、植民地主義を終わらせるための道具としてでなく、むしろ――少なくともスマッツのような人物の胸の裡《うち》では――植民地主義を維持せんがための手段として産声をあげたということはありうるだろうか？

ブール戦争から後になると、だんだんと「インターナショナリズム」として知られるようになってきたものへの傾倒が、大西洋の両側ではっきりしてきた。実際たくさんの種類のインターナショナリズムがあった。ある一派は、国際法を法典に編みそれに照らし合わせ、外交面でも国際法へ付託する比重を高め、諸国家には国家間の諍いを調停し戦争の脅威を未然に防がせようと法曹家に目を向けさせた。そうした考え方はとりわけヨーロッパの大陸部と、アメリカ合衆国とで強かった。アメリカ合衆国では、一九一四年までの歴代の国務長官が、インターナショナリズムはアメリカのリーダーシップを要求するものだとみなしていたからである。ただ、法曹家の判断や中立性に信を置くことで、こうしたやり方は、広汎な政治的な支持を集めるには政治性が乏しくエリート主義に走り過ぎた。第一次世界大戦勃発というショッキングなできごとは、そうした考え方を置き去りにした。二〇世紀初頭のインターナショナリズムの真に知的な意味での将来は、参政権の拡大こそが戦争挑発者の手から権力を奪い、一般大衆の平和愛好的な本能の発露を許すのだと信ずる自称「民主主義者」の手中にあったと言ってよかろう。イギリスとアメリカ合衆国における急進的な平和運動は、ナショナリズムにとって代わり世界平和を保証することになるインターナショナルな「公民主義」を求めていた。今日《こんにち》ならそれをコスモポリタニズムと呼ぶかもしれない。ずっと古くからある福音主義的な考えを焼き直して、社会主義者レオナード・ホブハウスのような人物たちは、人類は国家のような「人工的な忠誠の単位」を超克して「世界連邦」に加

＊

わるべきだと主張した。アメリカの平和主義者のクリスタル・キャサリン・イーストマンは、趨勢は、人民が政府を通さず、カント的発想で直に行動する「非ナショナリズム」へと向かっていると予見した。

かと思えばこうした一派もあった。上のようなやり方にはまるで同意せず、同じ目的に達するのに異なった道筋を辿ろうとした。彼らによればナショナリズム自体が悪いわけでなく、単純に担い手の問題だというのだ。「帝国主義」を強烈に批判していたイギリスの急進派、ジョン・アトキンソン・ホブソンは「民主的ナショナリズム」を「インターナショナリズムに通じる平坦なハイウエイ」とみなしていた。一九一二年にはホブソンは、「文明国家の連邦」こそ世界の秩序を守るのに足るほど強力なものになりうるのではないか、と論じていた。実際にホブソンは、そうした連邦が永久に力になりうるのか、それとも人類の利益に沿って行動するのでなく、根本は寄生的な「パクス・エウロパエア」(pax Europaea)を世界に押しつける単なる「古くからの帝国の変型」となってしまうのかを、「現代文明のこの上ない試金石」とみなしていた。ホブハウスはホブソンのこの帝国連邦計画を賞賛した。細部に相違はあるが、イギリス帝国連邦は世界にとっての雛型になるだろうとホブハウスもまた示唆したのだ。「物理的に世界は一つだ」とホブハウスは述べた。「よって、その一体性は最終的には政治制度にまで反映されねばならない」。イギリス帝国のなかの連邦主義は究極的には「世界国家」にゆきつくだろう、と。驚愕すべきは、イギリスのインターナショナリストのなかでも最も過激な人物でさえ、国際政治における帝国主義的枠組をかように簡単に受け容れていることである。*2

別の場所の英語圏の知識人層のなかで、まるで異なったグループが驚くほど似通った考えを辿っていた。世界の調和のためというよりも、イギリス帝国自体の状態への懸念からだが。イギリスの論者の間でも、一八八〇年代以降白人入植国家の連邦という考えはあったが、これは実現不可能という非難の嵐のなかで世紀末までには勢いを失った。しかし、まずはブール戦争、ついで第一次世界大戦が、イギリス帝国の構造的な脆さを暴露するにつれ、この話題は再浮上した。ブール戦争が終わると、たくさんの新たな連邦主義者が、南部アフリカのいくつもの植民地、ひいてはアフリカ全体の将来をとくと考えた。[*3]高等弁務官のサー・アルフレッド・ミルナーは、「ケープタウンからザンベジ河までの、巨大で進歩的な社会」を打ち立てようとして、ある種「明白な使命《マニフェスト・デスティニー》」の観点から南アフリカの将来について精緻な計画を立てた。ミルナーの取り巻きの聡明な若者たち、世に言うミルナーの「幼稚園《キンダーガルテン》」は、この新しい政治体制を生み出すのに国家の力を強く信じているオクスフォード大学出身のヘーゲル学派だった。彼らは、非ヨーロッパ人に対しては強硬路線を促す反面、とりわけアフリカーナとイギリス系(英語話者)の間の分裂を癒やしながら、白人の連合を最優先した。よって、文明化の使命という言葉は、今や誤りなく人種の色彩を帯びた。一九〇七年に、ミルナーの最も影響力のある若い弟子の一人ライオネル・カーチスはこう述べた。「事実として、われわれは挙《こぞ》って、白人・褐色人種・黒人を混ぜ合わせヨーロッパ文明の尺度に厳重に沿ったさまざまなグレードの文化を発展させるというケープの考え方から、黒人には白人と離れて、自分たちの路線としてバストランドで始めているように独自の文明を発展させるようできるだけ促す、というまるで反対の概念へと着実に移行しているのだ」。ミルナー自身も「人種愛国主義」を唱え、「血」というものを帝国を結びつける膠《にかわ》のようなものだとみなしていた。そうした表現には、なるほど、同化への信頼の放棄や、いちだんと強まった人種主義的政策が見て取れる。いっそう重要なことは、植民地支配のこの新たな人種偏重は、この当時出現してきた帝国主義的インターナショナリズムの基本要素だったということだ。原住のアフリカ人の権利など顧みず、ホワイトホールは白人入植植民地の政治的要求やナショナリズムの意識にばかり関心を持ったが、一九〇七年に白人入植植民地に自治権を持つ自治領《ドミニオン》の地位を与えた際にホワイトホールはそのナショナリズムの意識を容認したのであった。その三年後、これも新たな「連邦」精神の発露である南アフリカ連邦が形成され、ヤン・スマッツが統合された南アフリカのナショナリズムの主唱者として指導的立場に躍り出た。[4]

スマッツがブール戦争のトラウマを克服し、南アフリカでの新たな国民意識を創造しようともがいている際には、彼は当然のこととして、「ナショナリストであるからという理由でインターナショナリズムを推し進める連中」と提携した。ナショナリズムこそ世界で実際的な力を持つものであったし、スマッツの見るところでは、ナショナリズムが暗黒大陸で白人を糾合し文明化の使命を果たしてゆくというアフリカの状況下では、ナショナリズムは素晴らしいものであった。問題は、南アフリカで次のようなことをどのようにしてやってのけるかだった。ナショナリズムを穏やかなものに止めること、ナショナリズムゆえに不安定な状態、戦争、あるいはスマッツ呼ぶところの「帝国主義」——言葉を換えれば、他のヨーロッパ列強の筋の通った要求を犠牲にしても野放図に土地を求めて殺到してゆくことだが——につながるのを避けること、である。答えの一つは、イギリス連邦のような「連邦」という発想に着目することであった。

ミルナーのもっと理想主義的で現実を見ない門下生のなかには、強力な国家への信念を、「帝国政府」や、後には強力な「世界政府」をも唱導するところまで持ってゆく者もいた。けれどスマッツの観方は国への忠誠心に敏感であり、結局はより効果的であった。スマッツも、イギリスがリーダーシップを発揮するという考えにはまったく同調していた。けれど、スマッツは帝国の構成国が容認される必要を主張していた。そのために、第一次世界大戦中スマッツは、自治領の自治権・自主性がはっきりと容認されることを求めたのだった。帝国の防衛を統一化し、植民地の政治家にもっと肩代わりをさせようと願って、ホワイトホールは第一次世界大戦前からその方向に動いていた。一九〇七年のイギリス帝国会議ではホワイトホールはカナダとオーストラリアを植民地と呼ばなくなっていたが、一九一〇年には自治領という語はニュージーランド、南アフリカにも拡大された。自治領側の観方は特別なものであった。ますます人種的になった入植者政治家連中は結束する必要をよく理解していた。ホワイトホールに疑念を抱きつつも、自治領の政治家たちは独力でやってゆく自信がなかった。たとえば、オーストラリアとニュージーランドは、アジア移民の「黄禍」に援助もなしで対抗することはできなかった。*5

新たな南アフリカ連邦についていえば、その地域を文明化するというミルナー精神の具現化においてヨーロッパ人の使命にとっての最大の脅威は、黒人のナショナリズムではなく、白人間の不協和であった。ブール戦争がその危険を示していたのだが、一九一四年にヨーロッパで第一次世界大戦が勃発すると古傷をまた暴いてしまった。イギリス系住民はイギリスに与《くみ》して参戦するという政府の決定を支持したが、ほとんどのアフリカーナは支持しなかった。スマッツは何とか国を一つにまとめ続けたが、戦争が高い理想の名の下に行われると示すことによってようやくそれを為し遂げたのだった。昔からの同盟関係とかパワーポリティックスだけでなく、より良い世界、ヨーロッパ文明の優勢をかたちにし維持する世界を創ろうとする道義的な戦いなのだ、と。スマッツにとって、第一次世界大戦は、ヨーロッパ内部の旧来の同盟関係政治がいかにやすやすとヨーロッパの外での文明化の使命を中断させるか、を示すものだった。戦争が終結したら、何らかの新しいかたちの国際的な取り決めがなされなければならなかった。

スマッツは第一次世界大戦とイギリス帝国戦争会議の形成†とを利用して、自治領とロンドンとの構造的関わりを、基本的には非公式な機構という枠組みのなかで自治領の力を押し上げながら変えていった。けれど、スマッツの観方からは、イギリス連邦の出現は連邦をまとめておくためにはずっと広汎なかたちの国際連盟を必要とするようになるだろう。スマッツは、オーストラリア人、カナダ人、ニュージーランド人よりも、それどころかイギリス本国の大多数の人間たちよりもずっと、そうした観方を強く持っていた。世界秩序を管理し、リーダーシップ確保にどうしても必要となるはずのイギリスとアメリカ合衆国との間の同盟関係を固めるための国際機構、つまり国際連盟があった方が、イギリス帝国は衰退するのでなくもっと上手くやっていけるのだとイギリス人に信じ込ませるのが不可欠だ、そうスマッツは確信していた（二〇年以上経っても、スマッツは依然としてその確信を捨てていなかった。彼は、イギリス連邦の諸国家は、それらの国々が単に旧来のバランス・オブ・パワーを擁護するよう要請されるのでなく、共通の国際機構の加盟国同士なら、イギリスを支援するだろうと主張していた）††。もっとも、イギリス帝国だけでなく世界もその方がもっと上手くやってゆけるのだった。一九一七年にスマッツは、仮に「軍事的帝国主義」、つまり「われわれの現代の社会に怪物めいた氷山のように過去から漂ってきた」*6帝国主義が未来永劫破壊されるべきなら、軍事的勝利の後には「道義的勝利」が続かねばならないと情熱を込めて主張していた。平和を維持するには力の代わりに国際協調をもってしなければならないが、スマッツは、この力から協調への変換はすでに「イギリス帝国、（南アフリカという主要構成国の立場からだが）私の好みとしてはイギリス連邦」[*7]において起きているのを見て取れる、と主張した。さらに続けて彼はイギリス連邦を、いっそう広汎ななにものかを創るための青写真として描いている。

ローマ法からとった帝国の観念にはもはや依拠しない未来の世界政府の要素は、すでにわれわれのイギリス連邦の運営のなかに存する。……ローマの思想がほぼ二〇〇〇年にわたってヨーロッパ文明を導いてきたように、イギリスの本国と植民地の制度に組み込まれている新たな理念は、十全な発展を遂げるならば、来るべき何世代にもわたって未来の文明を導くことになろう。

スマッツはイギリス帝国を「世界政府の実験として唯一成功したもの」として大いに賞賛し、それが世界規模に拡大されることを求めた。これに即して彼の言わんとするところは、英愛条約でアイルラン

---

† 一八八七年ロンドンで第一回会議を開いた植民地会議(Colonial Conference)だが、上述の一九〇七年の会議からイギリス帝国会議(Imperial Conference)と改称されることが決定された。一八八七年から一九三七年まで、次の二回を除けば都合一二回開催された。一九一七年、一九一八年のイギリス帝国会議はイギリス帝国戦争会議(Imperial War Conference)と呼ばれ、イギリス帝国戦争内閣と連動して開催された。

†† 一九二七年バルフォア宣言、その結果を受けての一九三一年ウエストミンスター憲章などは「節目」としては挙げられるが、イギリス帝国がある年を境にイギリス連邦になったわけではないので、本書において、帝国と連邦の言い回しが並列されたり、混同されたり、あるいは区別なく使われるのも止むをえないところがある。

ド問題が解決し、誕生した独立アイルランド共和国をイギリス帝国のもう一つの自治領として迎えるのをスマッツが大喜びした一九二一年にはっきりした。いわく「今回演じてみせたように、われらがイギリス帝国はまたしても、それぞれの国家の完全な自由と独立とを、地球規模の自由な国家集団での緊密な協調関係とに結びつけるという、素晴らしい力を証明したのである。それは、われわれの時代の二つの最も強大な力である国民感情も国際協調への志向もともに満足させるものである」[*8]。同じ感覚でスマッツは、イギリス連邦の真の美点が何であるかをはっきりと説いている。それは規格化や、国家形成の妨げを意味するのではなく、「連邦のなかに組み込まれているあらゆる国家の国民のより十全で豊かで多様な社会のためなのだ」。連邦は、要するに「国際連盟の萌芽」に過ぎなかったのだ。反動と前進、長所を備えた「帝国」と始末の悪い「帝国主義」との間のこうした手強い戦いにおいて、ドイツは大敵であった。スマッツは当初は、ハプスブルクがドイツ側同盟国の締め付けを逃れて、東ヨーロッパにイギリス連邦と同じような長所を備えた連邦をあっという間に創るのではと願っていたのだが、ハプスブルクの頑迷さがそれを阻んでいた。一方イギリスは、自分たちが「帝国」から自由な国家からなる「連邦」へと転換しうるのを示すことで、順当なことだが優勢を確かなものとしえた[*9]。

スマッツの見解では、提案されている新たな戦後の機構は、イギリス連邦をまとめるのに役立つだけでなく、現代世界で文明を維持する二つだけの強大国であるイギリスとアメリカ合衆国の関係を強固にするものだった。スマッツは、イギリスは生き残るためにはもはやアメリカ合衆国に依存しなければならないのをはっきりと見て取っていた。それゆえ彼は、それなりの決意も込め、技倆も発揮して、イギリス人だけでなくアメリカの読者、とりわけウッドロウ・ウィルソン大統領その人に向けてメッセージを発したのだ。スマッツはアメリカの参戦を大歓迎したし、「人道という名の下の平和の連盟」を必要だとし、アメリカ人ジャーナリストとのインタビューでは、新世界が「旧世界の均衡を矯正しに」やって来るという首相まで務めた大物政治家ジョージ・カニングの一世紀前の言を引用した。スマッツの見るところでは、アメリカ合衆国は「人類の発展を阻む古き封建的ヨーロッパの最後のあがき」[*10]に抗して、イギリス・フランスと民主主義連合を組んだのだ。ただし、アメリカ合衆国の戦後の役割も同様に重要なものであった。仮に国際連盟が、それほど大きな国際的な異議を伴わずに敗れた側の帝国の領土問題を処理し、可能ならばそれをたまたま勝者の側となった帝国の間での領土のぶんどり合戦に見えぬようにしたいのであれば、アメリカ合衆国の存在はきわめて心強いものとなることだろう。[*11]

＊

英米両国が導く国際連盟というこの考えを推し進めるうえで、スマッツは骨の折れる仕事を抱え込んだ。伝統的にイギリスの政治家たちは、平和時における恒久的なものとして国際的に束縛しあう関係を結ぶのには用心深かった。国際機構についての話しは何にせよ常識を逸しているほど急進的とみなし、社会主義やフェビアニズムと結びつける政治家たちまでいたのである。ごく少数の政治家たちが、実際に国際組織なるものを信じていたのである。このことは、イギリス帝国戦時内閣の初代内閣書記官長であり権勢を振るったモーリス・ハンキーが、スマッツの立場が現実としてどれだけ少数派かを誇示するがごとくに、選択肢を文書にした一九一七年初めにはっきりとした。ハンキーの文章では、イギリス人が戦後にとりうるのは、まず「平和を固めるための連盟のような、何らかのかたちの国際機構」、ついで「一八一五年以降に形成された欧州協調《コンサート・オブ・ヨーロッパ》の性格を帯びた連盟」、最後に「バランス・オブ・パワー……への回帰」の三つであった。ハンキーはじめ保守派は、スマッツやたくさんのロビー・グループが望んだものに近い第一の選択肢を、万難を排しても阻むべき恐ろしいアメリカ的な考え方と見なしていたし、自己防衛するに如かずと感じていた。彼らは第三の選択肢、つまり、海軍力での主導権、ヨーロッパでの慎重な同盟外交、そしてベネルクス三国の独立に頼るという伝統に則ったイギリス的手法を求めた。ただしそうするに際して、彼らは、毎月何千と塹壕での死に追いやっている政府が直面している政治的圧力を無視していた。そのうえ、彼らの用心深さは、一九世紀のかなりの部分でイギリスが実際に会議・協議の体制に加わっていたことと矛盾していた。それゆえ、内閣はかなり渋々とだが、戦争を引き起こした何よりの原因とたくさんの者が非難していたイギリス的外交手法への単純な回帰を選択はできぬことを認めたうえで、ナポレオン戦争に引き続いて樹立された欧州協調《コンサート・オブ・ヨーロッパ》に基づいた強大国間の会議・協議の体制という考え方へと進んだ。*12

　よって論争と言えるものは、スマッツの推す新しい体制の方がハンキーらの考えより意味があるかどうかをめぐるものになったが、こここそがスマッツが大きな影響を発揮したところである。国際的な「組織を創る」必要については、戦時下のイギリスでもかなり議論が進められていた。好評だったレナード・ウルフの、一九一六年刊のその名も『国際政府』(*International Government*)はフェビアニズム的な観方を世に問い、ミルナーの幼稚園《キンダーガルテン》からなる「ラウンドテーブル」グループ†はイギリス連邦や帝国内の連盟という考えを推し進めていた。*13 こうした気運に乗じ、また閣内の不安定さをこれ幸いとスマッツは、ドイツ降伏後すぐにたいへん影響力を持った覚え書きを回覧した。有名な『プラクティカル・サジェスチョン』（*Practical Suggestion*）のなかで、スマッツは平和時の国家の連盟の要を力強く訴えた。それは過去からの訣別を象徴しており、平和を保障する機構を求めるそれまでの戦時下の案のずっと先をゆくものだったし、「文明の政治形態のとても可視的で活発で実用的な機構」を提案するものだった。それはドイツの植民地やオスマントルコの領土に対して、領土管理（territorial oversight）の制度を通して責任を持つものであった。加えてそれはすべての徴兵制の軍隊の廃止と軍需産業の国有化を監視することになるだろう。戦時中の会議・協議の体制にそれとなく基づいている機構を中心にしたスマッツ案は、その加盟国に政治的独立の保証は与えないが、国際平和を維持するために何らかの種類の効果的な制裁は科すことになろう。*14

スマッツの案は、イギリスの政策立案に携わるエスタブリッシュメントのなかから公然と出てきた最も急進的な提言だった。閣内にいたもう一人の熱心なインターナショナリストであるロバート・セシル

† 一九〇九年創設のグループだが、一九一〇年創刊の雑誌の名でもある。雑誌の創刊時の副題は、「イギリス帝国の政治についての季刊評論」（*The Round Table: A Quarterly Review of the Politics of the British Empire*）であった。ただし、一九一九年に早くも「イギリス連邦の政治についての季刊評論」（*The Round Table: A Quarterly Review of the Politics of the British Commonwealth*）に副題を改めている。ミルナー卿、ライオネル・カーチス、ジェフリー・ドーソン、ロシアン卿（フィリップ・ヘンリー・カー）が雑誌創刊の発起人に名を連ねている。当初は「帝国内連邦《インペリアル・フェデレーション》」を鼓吹した。ミルナーが主体となった一八九一年発刊の他の雑誌からの継続性も指摘される。ちなみに、雑誌の副題は一九四八年以降三度変更されている。

卿でさえ、一八一五年以降に立ち現れたものからかくも離れたものについては、この段階では考えてもいなかった、むろん早速反論がなされた。閣内でも、ジョージ・カーソン卿、アーサー・バルフォア卿、チャーチルといった有力な人物は集団安全保障という考えをまるで毛嫌いしていた。外国人がイギリスのことに口を挟むとは如何なものか？　イギリス軍は世界中で紛争の火を消しに回るのか？　一方アルフレッド・ミルナーのような強硬な帝国主義者は、イギリス帝国をヨーロッパに絡ませるいかなるものも拒んだが、同時にアメリカ合衆国との絆をより強いものとしたいと願っていた。スマッツの案は、インターナショナリズムを、彼らの誰一人望んでいないはるか先まで進めてしまった。その案の非凡な点は、インターナショナリズムを、彼らが重視する汎大西洋主義と帝国の結束とに結びつけたところにあった。[*15]

こうした議論の数々が、パリでの講和会議の前の一九一八年のクリスマスイヴに開かれた重要なイギリスの閣議で並べ立てられた。スマッツの政策はミルナー主義者にも理想主義者にも共に与えるものがあった。それはほとんどのミルナー主義者が望んでいたよりもインターナショナリズムを推し進めたが、インターナショナリズムを帝国の権力の保持、否、拡大にまで結びつけたのだ。首相のロイド・ジョージは彼らしく日和見だった。つまり、いかなる国際的な連盟も「見せかけ」ではなく実効性がなければならない。その一方で、それには独立した執行権を持たせてはいけない、というのだ。ロイド・ジョージはスマッツを賞賛したが、実際には内閣の態度ははっきりしていた。恒久的な会議・協議の体制を超えるものへは何にせよイギリスの支持は気乗り薄なものだったので、よってスマッツとロバート・セシル卿が連盟の問題についてイギリス政府の代表として旅立ったときには、そうした線に則った慎重な指示を与えられていた。二人は内閣で自分の意思を通すことができなかった。けれどそれも大した問題でなくなった。というのも、スマッツははるかに影響力を持つ人物を味方に引き入れることができたからだ。ウッドロウ・ウィルソン大統領だった。パリへの途上で、ウッドロウ・ウィルソンは今や自分の考えを平和に向けつつあったし、スマッツの案をきわめて説得力に富んでいると思ったのだ。[*16] 一九一三年にウィリアム・ハワード・タフトから大統領職を引き継いだウッドロウ・ウィルソンは、一般の人間の胸中で、国際連盟の創立と二〇世紀のリベラルなインターナショナリズムの総体的な発展とに、誰よりも結びつけられている人物である。また実際に誰もウィルソンの貢献を軽視しようとは思わないだろう。遡って一八八〇年代終わりに、ウィルソンはアメリカ合衆国の連邦制度というモデルを世界秩序のありうべきモデルとして捉えるようになっていた。もっとも、平和時における国際的な機構に占めるアメリカ合衆国の役割という問題を前面に押し出したのは、戦争であった。一九一六年五月に、大衆運動が国に対し、恒久的平和の条件を整えるのにもっと決定的な役割を果たすよう求めた際には、ウィルソンはLEP[†]に対して、自分は「条約に反するいかなる戦争も防止し、領土の保全と政治的独立とを保障することのできる「地球規模の国家の連盟」に賛成しているのだと述べた。もっと顕著な例としては、一九一七年一月の上院での演説で、ウィルソンは「バランス・オブ・パワー《パワー》でなく強大国の共同体を、そして組織的に敵対関係を築くよりも共通の平和の組織化を」と求めた。それゆえ、アメリカ合衆国の参戦を前に、ウィルソン大統領はその見解において、過去数年間アメリカ合衆国の二つの政権内で目立

---

† 平和促進連盟。一九一五年にタフト前大統領を初代会長として発足。

っていた法曹家たちでなく、急進的なインターナショナリストたちに驚くほど近かった。人びとの変化する心の支持を取り付けられない国際法の力を疑わしく感じていたウィルソン大統領は、世界を「民主主義にとって安全」なものとしたい、ヨーロッパの諸民族に「彼らの支配者たちの頭を越えて」話しかけたいという欲求を、ありのままに語った。*17 もっとも、一旦参戦すると、ウィルソンは混乱を生じさせるのを恐れて、口を噤み、公の場での議論を避けた。内々には、彼は民主化を民族自決の観点から眺め始めた。一九一八年一月に、ウィルソンはアメリカ合衆国の戦争目的を有名な一四ヶ条の平和原則として連邦議会で発表した。その最終の第一四条は、彼の新たに身につけた民族志向的なインターナショナリズムに忠実に「相互に政治的独立と国の大小を問わず領土保全を保障することを目的とした特別の盟約の下で形成される普遍的な国家の連盟」を要求していた。迷ったままのウィルソンは、一九一八年四月になっても、ロンドンで進められている連盟についての議論に関するコメントを避けた。新聞には、細部に分け入るには時期尚早であり、また自分としては何にせよ「反ドイツ神聖同盟」のように見えるものを形成してドイツを疎外するのは避けたいと願っている、と話した。*18

ほんとうの問題はウィルソンが自分の欲するものを正確には弁《わきま》えていないことだった。ウィルソンにそれを見つけさせる手助けをしたのがスマッツだった。ウィルソンが集めていた「インクワイアリー」として知られる戦時下の専門家集団†は、ヨーロッパにおける領土解決について膨大な情報を用意していたが、新たな平和時の国際機構の精密な形について考えるのはずっと進度が遅かったので、ウィルソンは八月に作られた案を超えた手引きとなるものがないままパリに到着した。実際に、ウィルソンは、ロバで紹介した考えはほとんどがスマッツ案か、他のイギリス側の案に基づいていた。ウィルソンは、ロバート・セシル卿の「強大国が連盟を運営せねばならない」という線に沿って、小国の役割を縮小するのに同意した。[*19]

国際政治についてのスマッツの見解のかなりがウィルソンに訴えるところがあるのは必定だった。二人とも本能的にモラリストで、国家や地域の利己的な利益追求を超えた公共倫理なるものを理想化していたし、何よりも、高邁な判断を下せる人間たちが事態全般に取り組めば衝突の源は消え去るという確信を抱いていた。二人の修辞は信奉者たちを鼓舞し、敵に回った人間を挫くことができた。だが、要点は、敗戦国の領土、そしてとりわけ敗戦国の植民地をどうすべきかであった。この点で二人は食い違った。スマッツのようなイギリスの親米派が身にしみて認識していたように、アメリカの反帝国主義は、それが実際に何を指しているのかは措いても、英米間の理解にとって間違いなく脅威を表していた。スマッツをはじめとする「イギリス連邦」の理論家たちは、アメリカ人たちをして自分たちの開明的な帝国という概念を採用させ、彼らアメリカ人に民族自決の観念を応用するには限界があると認識させることを願っていた。ライオネル・カーチスは影響力を持った記事のなかでこう記した。「熱帯アフリカでは、太平洋でも同じだが、将来は知らず今のところは自治のできぬそうした人種にとって、自治の仕方

---

† 一九一七年九月に、ウッドロー・ウィルソン大統領の指示の下、側近であるエドワード・ハウス大佐がジャーナリストのウォルター・リップマンらの協力を得て、戦後の講和会議に臨むアメリカ代表団のための資料をまとめるために設立した研究会。後の外交問題評議会との、ある程度の継続性も指摘しうる。

を学ぶ唯一の希望は、いずくかの偉大な民主主義文明国家による後見・指導のなかに存在する。これをかぎりに、国際連盟は、アメリカの伝統にとっては当然のことおぞましい、旧来の『帝国』についての邪悪な概念を廃《すた》れさせることになる」。そうした考え方はスマッツに、ということはウィルソンにも影響を与えた。[*20]

ワシントンと自治領とのギャップに橋を架けるのがきわめて重要だった。ありていに言って、以前のドイツとオスマントルコの領地を連盟の委任統治領にする考えは、一方でイギリスの自治領側のかつてのドイツの植民地を併合したいという欲求と、他方でウィルソンの理想主義にリップサービスをする必要との間で不可能な企てをするうえで、独創的な方法となった。スマッツは、当初は委任統治領を東ヨーロッパの諸民族に完全な主権を持たせる準備として考えていた。けれど彼らが事態を自分たちの手中に収め、ドイツとボルシェヴィキとの緩衝としての戦略的重要性を誇示するにつれて、委任統治領という考えは東ヨーロッパではなくヨーロッパの外で適用された。国際的な「委任」という考えを持ち出すのは、スマッツの記すところでは、アメリカ合衆国を援護するための「小さな譲歩」になることだろう。「アメリカ合衆国とわれわれの間の……団結の絆」になるだろう英米「植民地連盟」にアメリカ人を誘導するのに、国際的な委任は役に立つことだろう。そして、監督条項を微温的な表現にし、条件が直接的な併合とほとんど区別がつかない（その時点では区別がつかなく「見えた」と言ってもよいが）受任国の構成部分として扱える三段階目、委任統治Cタイプを導入することで、とにもかくにもスマッツは自治領側の支持も結局取りつけた。[†] 獰猛なオーストラリアの首相〝ビリー〟・ヒューズは当初は以前のドイツの太平洋における植民地をまるまる併合しようと努めていた。しかしそのヒューズでさえ、スマッツが彼にこっそりと、ウィルソンは「委任統治領の管理[*21]」の問題について「何ら明確な考えを持っていないんだよ」と請け合ったときには、引き下がったものだ。かくて自治領側は、重要な問題である移民制限を含めて欲するもののほとんどを手に入れた。人種は彼らの心のなかでは大きかった。日本人も南洋諸島を委任統治することになったが、日本の提出した「人種差別を違法とする」案は斥けられた。というのも、まさしくその提案は端《はな》から環太平洋の白人国家による移民管理への挑戦として理解されていたのである。[*22]

一方で、オスマントルコの領土はイギリスとフランスとに分けられた。アフリカにあるドイツの植民地もそうであった。イタリア人、ベルギー人、ポルトガル人は傍観するのみだった。イギリス人の目には彼らは、それこそ、自分たちの利己的な経済的利益を人類にとっての大きな利益から切り離して考えられない帝国主義者と映っていた。領土は外交会議を通して正しいやり方で振り分けられたし、文明化の仕事は進めることができた。イギリス帝国はこれまでになく大きなものとなったが、それはスマッツが創立するのに与《あずか》って大きな影響力を発揮した新しい国際機構のおかげだったのだ。[*23]

† 國際連盟規約の第二二条に、「西南アフリカ及び南太平洋諸島のいくらかの如き地域は、人口希薄なること、面積狭小なること、文明の中心より遠きこと、若しくは受任国領土と地理的に隣接せること その他の事情により、受任国領土の構成部分として受任国の国法の下に施政を行うを以って最善とす。但し受任国は、土着住民の利益のため前記の保障を与うることを要す」とある。

スマッツによるこうしたインターナショナリスト的帝国増強策の支え棒《つっかえぼう》になった原理とは何だったのだろうか？　その答えは南アフリカそのものの経緯に見いだせる。一九一七年、「国際連盟」についての戦時下の重要な演説をした一週間後に、スマッツはサヴォイホテルで「南部及び中央部アフリカの将来」についての演説もしている。ブール戦争におけるイギリスの勝利の後に故国で起きたことへの記念としての演説だったが、そのなかには人種主義へのあからさまな攻撃も含まれていた。スマッツは「ドイツに帰化したイギリス人のヒューストン・チェンバレン」と結びつく「純血人種なるたいそうな教義」の「まったきナンセンス」に非を鳴らした。これは「世界を支配する人種はどれも純血人種だし、仮に異質な人種と混じり合ってしまうと単純至極だが品性は卑しくなり、退化するという……教義」であった。スマッツは冷笑に満ちていた。彼は誇らしげに宣言したが、南アフリカでは「私どもはさまざまな民族の混合をつくりだしたい、私どもの結びつけた人種的血統から新たな南アフリカ民族をつくりだしたいと願っていますし、仮にそれに成功した暁には、私どもはさまざまな血統を抱き留め調和させ、それらを混ぜ合わせることで、そうでなければ達成できなかったはずのより魅力に富む民族類型に持ってゆく、そんな新しい民族を完成させることになるのであります*24」。

もっとも、この主張は今現在捉えられるものとは違っていた。というのも、スマッツが実際に語っていたのは、仮に南アフリカが彼呼ぶところの「白人の国」にされるべきなら必須のものである「白色人種の団結」だったのである。多数を占める黒人に関するかぎり、スマッツはまったく異なった調子で語った。

私どもはいくつか確かな結果を見るに至りました。人類の同胞愛を完全に信じて一九世紀前半に南アフリカに渡ったいくらかのキリスト教宣教師が、己が胸中にある信仰を証明すべく原住民の妻を娶るにまで至った事情をご記憶かと思います。それ以降、そうした見解には微苦笑を禁じえない十分な経験を、私どもはしてきたわけです。私どもには今では、白人黒人の関係についてはいくつか自明の理とされているものがあります。そのなかでもいちばんは「二つの肌の色を混ぜ合わせないこと」であります。……白人の血と黒人の血とを混ぜ合わせるのは恥ずべきことであるというのが、私どもが原住民を扱う際の自明の理として現在では受け容れられております。*25

スマッツは人種隔離についてはっきりとした注釈を付け加えている。すなわち、人種隔離は、南の方からアフリカを文明化してゆくために支払われるべき代償である。また、「南アフリカの白色人種」が権利だけでなく義務も併せ持っていること、よって「有色人種の後見人」として活動せねばならないことを思い出させるものである、と。けれども、人種的な不安について、間違えようのない注意もまた付け加えている。世界大戦は、原住民を武装させたことにより将来持ち出される可能性のある危険を示したので、そうした原住民の武装といったことが繰り返されないように国際的合意があって然るべきだった。アフリカ自体では数で凌駕されている白人入植者たちは、イギリス帝国の保護を必要としていた。帝国からの脱退は、よってスマッツが激しく反対するところだった。脱退は、スマッツが明瞭にしたがっていた南アフリカのナショナリズムの政治的野心に、恒久的な制限範囲を定める道筋だった。

はるか昔に学生時代の論文で、スマッツは予言していた。「人種間闘争はアフリカ大陸で世界に例を見ない巨大さを帯びる宿命にある。……そしてその生存をかけた凄まじい戦いにおいて白人陣営の団結は……小さからぬ条件である――われわれは勝利を得ることについてではなく、全滅を避ける［超悲観主義者なら先延ばしというだろうが］ことについて語っているのだ[*26]」。第一次世界大戦後そうした予測は、世界的人種間戦争と「東洋」と「西洋」の衝突という恐怖に滲みだした。大戦は優生学者とマルサス主義理論家の懸念を強めたし、人口統計学者はだんだんと歴史上の闘争を繁殖力の問題として眺めるようになった。知能程度は低いが繁殖力の高い人種と、優良だが活発でない人種との間の激しい争いである。アメリカ合衆国の人種理論家ローター・ストッタードの一九二二年刊行のベストセラー『白人世界の優越を脅かす有色人種の上げ潮』（*The Rising Tide of Color against White World-Supremacy*）は、実際にその当時の国際社会の雰囲気をとらえている。スマッツと同様にストッタードも第一次世界大戦を「白色人種間」の悲劇的な同胞相食む戦いと描いていた。ストッタードの述べるところはこうである。政治的には白人は一九一八年にそれまで以上に世界中に支配地域を広げたことになったが、現実には、白人は手を広げすぎ、数において有色人種に凌駕されている。「有色人種」は二対一で白人に数で勝り、いずれにせよ白人はほとんどがヨーロッパに閉じ込められている。事態をいっそう悪くしているのは、白人の文明化の使命が以前は高かった黒人の死亡率を引き下げたのに助けられて、黒人が白人より繁殖していることだ、と[*27]。ストッタードはアフリカに関するかぎり、アジアとは異なり「ヨーロッパ人が根づいている」ことを指摘している。「アフリカ問題の要点は……アフリカの南部と北部では強固なものとなっている人種的支配を通して、白人が気候ゆえに植民するのを妨げられているアフリカ大陸中央部の大半への現在の政治的支配を永続できるかどうかだ」。ストッタードにとって、「アフリカは熱帯性の原材料と食糧という天然資源をもたらす」のだから、これはヨーロッパにとって死活に関わる問題だった。[*28]

スマッツも白人の価値観の将来については悲観的だったが、進化論的理想主義者だったことはなかったので、彼は仮に帝国が十分な適応力と活気とを保っていたなら、帝国は依然その価値観を維持し広める最良の手段を提供できると信じていた。アフリカのケースに即して言えば、これは南アフリカが北に展開することでヨーロッパ文明の担い手としての役割を果たすということを意味する。結局、第一次世界大戦に参戦した最大の目的は南アフリカ連邦のためにドイツ領南西アフリカを、そしてあわよくばポルトガル領の東アフリカ（後のモザンビーク）も獲得することだったのだから。南アフリカ連邦に組み込まれた拡張主義を持っていた。というのも歴史学者たちが指摘してきたとおり、南アフリカはその憲法に（自治領としての成立は一九一〇年）として国を一体化した一九〇九年のいわば憲法にあたるものは、また南部アフリカをも分割しており、恒久的な取り決めとして意図されたものではなかったからである。それには、高等弁務官地域（ベチュアナランド、スワジランド、バストランド）と南ローデシアはまだ含まれていなかったとはいえ、実際にそれらを南アフリカ連邦に吸収するスケジュールまで入れてあった。スマッツ自身が、イギリスの連邦主義者と同じく、一八九五年以降ザンベジ河までの、またあわよくば赤道までの拡張を求め続けてきた。そしてドイツがその競争の場から取り除かれた今となっては、彼には諦めようとするいわれもなかった。スマッツは一九二〇年代に記している。いわく、東アフリカ全体が「今後三、四世代の間に、偉大なヨーロッパ人の国家ないしは複数国家からなる体制に組み込まれうる」

だろう、と。一九二九年にスマッツは「途切れずにアフリカを縦断する巨大なアフリカ自治領」を求めた。必要なのは、「やがてオーストラリアより重要になる白人国家……究極的には南アフリカ連邦からケニアまでの一つの巨大なアフリカ自治領になる、白人国家が鎖状につながったもの」を誕生させる、「断固とした白人側の政策」だった。*29

けれども、一九二〇年代初めに、スマッツにとっては遺憾なことに、「大南アフリカ」（Greater South Africa）へと弾みのついた動きは、でこぼこ道に入ってしまった。一つの問題は白人側の足並みが揃わぬことだった。一九二一年に、南ローデシアの入植者たちが、アフリカーナに支配されるのを恐れて、連邦参加よりも自治を白人のみの住民投票で決めた。この結果、次にはベチュアナランドに「南アフリカへの編入は不可避的」だと思わせられなくなってしまったし、摂政のツェケディ・カーマはロンドンが南アフリカのますます人種主義的になる原住民政策に懸念を抱いているのをみごとに利用してのけた。ただ、いちばんの問題は国際連盟それ自体だった。南アフリカの南西アフリカでの委任統治領の経営に対し、著しい不快の念を表したのだ。とりわけ、委任統治領全体を監視する任を負う機関である国際連盟の常設委任統治委員会が、スマッツはおろか誰一人予期しなかったほど真剣に委員会の役割を真面目にとらえ、統治の仕方が悪いと実際に南アフリカを批判したのだった。一九二二年には、いわゆるボンデルスワルトの虐殺で南アフリカ軍が現地人の反乱者たちを空爆し、一〇〇名を超える死者を出したことで、南アフリカはジュネーヴでも注目を浴び、イギリス国内の親原住民感情の広まりに拍車をかけた。（直轄植民地化されたのは一九二〇年のことだったが）一九二三年に、常に白人入植者の利益が初めにきていたケニアが、何とイギリスによって、今後は「何よりまず……アフリカの一植民地である」という宣告がなされたのが、ホワイトホールでの変化を印象づけた。「人種主義」が南アフリカの状況でその意味合いを変えたのは、偶然の暗合などでなく、まさにこの時点だった。つまり、もはやイギリス系とアフリカーナの間の関係をまず意味するのでなく、黒人と白人の関係を意味するようになったのである。これはスマッツが首相の座にあった時期のことであり、将来のアパルトヘイト体制の基礎が、原住民の最後に残っていた参政権も失わせたり、人種隔離的居住地制限を導入するといったことで敷かれつつある時期でもあった。余人は知らずスマッツは、そうした人種隔離的な方策が、白人同様に黒人の暮らしも良くすると自分自身を納得させていた。つまり、白人黒人どちらも「納まるべき場所」に納まるし、どちらも「人権」を持つのだ、と。その頃国民党が勢力を増して(ケープ植民地にあった)黒人選挙権の最後の名残りをなくそう、原住民の権利などいくらでも縮小しようという呼びかけを強めたので、スマッツ率いる南アフリカ党がアパルトヘイトに向かう道へと押しやられつつあった、という事情もあったのだが。[*30]

常設委任統治委員会の監督には不快の念を覚えていたが、スマッツは国際連盟を誇りにしていたし、その歴史的な重要性には確信を抱いていた。国際連盟は、文明の名の下での世界秩序の守護者であり、それなくしてはヨーロッパは「最終的には無政府状態という暗黒に向かいつつ痙攣を起こしてもがき苦しむ」ことだろう。とりわけ、スマッツの信ずるところ、国際連盟はイギリス帝国・イギリス連邦とにとって欠くことのできないものだった。彼は自分のアフリカでの拡張主義的な夢にチェックが入ったのをもって、イギリス連邦を鼓吹するのをやめる重要な理由になるとは思わなかったし、依然としてイギリス帝国はますます不安定になる世界で永遠《とわ》に力になるものであると見なしていた。[*31]

敬意はお互いにであった。イギリスでは、南アフリカの原住民政策に批判が高まっていたとはいえ、スマッツの名声はこれまでと変わらなかったし、彼も自分の「人種主義的な文明化の使命」を推し進めるのにそれを利用した。オクスフォード大学のローズハウスでの一九二九年の講演で、スマッツは若いイギリスの学生たちに向かって「われわれの文明」を強化し、アフリカ大陸を未開な状態から救うためにアフリカへ移住するように呼びかけた。イギリス人入植者に南アフリカにやってくるよう奨励するのは、そうすることで政治的にアフリカーナを弱体化させるのでスマッツの国内政策のためにもむろん必須であったが、いかにも彼らしくそれを徳への道として描いて見せた。スマッツは聴衆に向かって、世界平和は国際連盟の後援《イージス》のもとイギリス帝国の植民地政策を拡大することで得られるのだと述べた。H・G・ウエルズのような人物たちには、これは旧弊で反動的に聞こえたし、若い左翼はスマッツの基本的な前提である「国際連盟と帝国を同時に支持できる」ということに疑問を投げかけた（その数年後に、国際連盟協会（League of Nations Union）[†]が「国際連盟協会の忠実な支持者で同時に筋金入りの帝国主義者でいることは可能か？」[*32]について討論会を開いている）。だが、他の年長の国際連盟支持者、たとえば古典学者のギルバート・マレーのような者たちは深い共感を覚えたし、ジョージ五世はスマッツを招いて逗留させ、内閣は彼にアフリカ人と同じようにアラブ人を文明化できるだろうからとパレスチナの高等弁務官になるよう頼んできさえした。けれど、スマッツは何より南アフリカに関わっていたので、まずは一九三三年から司法相として、そして一九三九年からは首相として、人種隔離の方針を貫いた。彼独自の進化論的哲学に従って、スマッツは国家の果たすべきことは、さまざまなグループに人種の能力のレベルに応じて権利を与えることであるとみなした。彼の言い回しを用いれば「パーソナリティ」

に応じてとなるが。アフリカ人は、単純なことだがどこにおいても国民を形成する準備ができていなかった。スマッツの役割は、「段々とホワイトホールでは歓迎されなくなっている南アフリカの政策ではあろうけど、実際には他の植民地が追随するような道を示しているのですよ」、そうイギリス人に説くことであった。国際連盟の常設委任統治委員会で働くスマッツより一二歳年長のイギリスの植民地高官フレデリック・ルガード卿に対し、スマッツは、自分は人種隔離がケニアにも最適な選択肢と思っていますよと打ち明けた。*33

もっとも、スマッツは人種隔離を信奉していたとはいえ、適しているのは、世界でもアフリカをはじめとする「文明化されていない」地域のみだった。ヨーロッパのためにはけっして適していなかった。ヨーロッパ人を分断するものは何でも、ヨーロッパ大陸の文化的一体性を大きく損ない、それが世界の非ヨーロッパ世界を文明へと導く能力に脅威を与えているとして、失望落胆をもって眺めた。それゆえ、スマッツがヒトラーの出現をきわめて警戒すべき（実際ソヴィエトの共産主義より警戒すべき）としたのは、まさにスマッツの人種主義のゆえであった。「われわれは文明を沈没から救うのに手一杯になるだろう」*34とスマッツは一九三二年に予言していた。ヨーロッパ人を人種をもとに分類し、法の支配を脇に置くことで、スマッツの観方では国家社会主義は、彼がそれほどまで大事にしているヨーロッパの支配的立場に対して由々しい脅威となるのだった。これは南アフリカ自体にとってというより——ただし極右は、

† 一九一八年にイギリスで誕生し、大きな影響力を発揮した民間組織。League of Free Nations Association と League of Nations Society が合同して成立した。

実際に南アフリカでも、今にも脅威となりそうだったのだが——世界秩序、ヨーロッパの一体性、そしてとりわけアングロ・サクソンのリベラルな価値観の威信にとって由々しい脅威となるのだった。一九三九年に第二次世界大戦が勃発した際に、スマッツは中立を願いはしなかった。南アフリカの白人の間の亀裂ははなはだしいものがあったが、彼は議会に自分の言い分を通したし、巧みに国をイギリス側へと誘導した。一九一四年の時よりさらに、スマッツはこの決定を道義的に正しいだけでなく、さらなる拡張を正当化するものと見なしていた。彼は一九四〇年に、ケニアにいた南アフリカ軍部隊にこう述べた。「諸君らが為している努力は、おそらくわれわれの時代にではなかろうが、『アフリカ合衆国』(United States of Africa)をもたらすであろう」。実際にスマッツは第二次世界大戦中ずっと、「われわれにとってほんとうの意味で産業面でも政治的にも後背地《ヒンターランド》である、われわれの北に位置するできてまもないイギリスの国家群」に南アフリカとの協調関係に入るように丸め込みながら、赤道までまっすぐに延びる新たな「汎アフリカ的」超大国の構想に取り組んでいた。彼は依然として高等弁務官地域の管理を主張することと、南西アフリカを併合することを待望していた——そしてその展望にはワシントンでもいくらか支援が得られたのである。*35

もっとも、スマッツらしいところだが、国際機構の力を彼ほどまでは信じていない者ならそれで済ませたかもしれないが、単純に信託統治領を併合することで済ませはしなかった。その代わりに、スマッツは運を賭して、自分の主張を後押ししてくれる大戦後の講和会議を待ち構えていた。南アフリカの経済学者たちは土地の乗っ取りをよくあるかたちで正当化した。彼らは、灌漑事業の計画で南アフリカの北に広がる砂漠を生産性のある土地にし、自国の「余剰の」人口をそこに入植させることを論じた。しかし、ホワイトホールは、そのタイミングに感心しなかった。イギリスの官吏の一人はこう記している。「われわれが小国群の利益のために戦っている戦時下において、これらの領土を引き渡すかに見えてしまうことほど悪印象を与えるものはない」。年配者のスマッツよりも先を見据えているその官吏が懸念していたのは、東部アフリカと中央アフリカ全土にアフリカーナのナショナリズムが拡大する可能性だった。*36

スマッツほどの者がどうして風向きを測りそこねるなんてことをしたのかと、疑問に思えるかもしれない。彼はイギリスで反人種主義感情がどの程度まで高まりゆくのかについても、アメリカ合衆国で見られる強力な反植民地主義についても気がつかなかったのだろうか？　ただし、疑問をこう置き換えた方が良いかもしれない。風は実際にどちらに吹いていたのだろうか？　つまるところ大西洋憲章はきわめて曖昧な文書であった。ヨーロッパの諸帝国を解体する国際的な公約（アメリカ側の見解）と、ヨーロッパ人は主権を持つのに向いているがそれ以外の人種は無理だというヴィクトリア朝的な考えの再確認（イギリス人にとって）の両面があった。少なくともチャーチルは大西洋憲章をそのように読んだのだし、アメリカ合衆国の大衆がどのように考えたにせよ、チャーチルは変わることなく大西洋憲章がイギリス帝国の終焉を意味するという考えは否認した。それで、ローズヴェルト大統領も、しまいにはそうでないと主張するのを諦めてしまった。むろん、ウィルソンの一四ヵ条のように、大西洋憲章も戦時下のプロパガンダであったし、植民地においてはチャーチルが予見しなかった意味合いを持った。たとえば、南アフリカでは、急速に伸張したＡＮＣ（アフリカ民族会議）をはじめとして、大西洋憲章の適用を求める動きがあった。一九四〇年七月に、ＡＮＣは戦争についての決議を通したが、それはイギリス連邦は支持するが、アフリカ人に完全な市民権を与えようとするものであった。スマッツは当初はこれに共感を示した。戦争の行方とアフリカーナの親独的感情に懸念を抱いていたので、アフリカ人の連合国の大義名分への忠誠心にてこ入れを図りたかったのだ。仮に侵攻してきたら日本軍が黒人を武装させるのを恐れて、彼は自分たちが黒人に武器を与えることを考慮せざるをえなくなった。一九四二年一月に、スマッツはケープタウンで、ドイツの「支配民族という発想」を批判し、国内政策における懐柔策の兆しではないかと広く解釈された演説をした。[*37] けれど、ひとたび危機が去ると、彼は手の平を返し、より強硬路線に転じたおかげもあって一九四三年の戦時下の選挙に勝利を収めた。一九四三年のＡＮＣの覚え書き『アフリカにおけるアフリカ人の要求』(*African Claims in Africa*) は、スマッツによって、大西洋憲章の誤った解釈だとしてそっけなく斥けられた。イギリスやアメリカの読者には、彼は繰り返して、地域的にまとめた植民地群を白人が支配する重要性は続いていることを述べ、とりわけアフリカにおいては委任統治制度が役に立たなくなっていると警告した。アメリカ合衆国によるイギリスの帝国主義への攻撃に反駁すべく一九四二年の年末の『ライフ』誌に寄せた記事で、スマッツは、「後進国」の発展における国際協力を呼びかけ、植民地主義を生活水準を高めるための非政治的な指針として描き直した。一九四三年一一月にロンドンで帝国議会連盟[†]のメンバーを相手にしてはずっと率直だった。いわく、イギリス帝国の謎めいた人種問題の一般的な解決法はない。大戦後は、理想は力の現実と折り合いをつけなくてはならなくなるだろう。どんな新しい国際機構も、三強大国の権威を認めざるをえない。けれど、イギリスの力の源泉がもはやヨーロッパにではなくイギリス帝国にあるのだから、「その素晴らしき三ヶ国」のなかで同等であろうとするならイギリス帝国は維持されねばならない。イギリス植民地当局は柔軟性を示さなければならなくなるだろう――とりわけ現存する小さな植民地を集めて地域的な連邦などの単位にするという点で。スマッツの示唆するところでは、植民地アフリカは、植民地総督の下か、自治領の支配下で、西部、東部、南部と三つのグループに切り分けられる。明らかにスマッツは、戦争が白人支配の「大南アフリカ」創設を遠ざけるのでなく、逆に近づけるのだと信じていた。*38

と同時に、スマッツの長いキャリアではよく見られたことだが、南アフリカ国内での野心に続くのは、慈善心に富む白人の指導の下での広大無辺の調和という進化論的なパラダイムに則った、将来を見通す能力を持ち世界中を旅して回る「政治家にして哲学者」の修辞だった。一九四〇年の年末に、彼はナチズムとの戦いを、「人種の優勢とか、人種の排斥とか、勝ち組意識《トップドッグ》などは、人類の進歩と啓蒙とに矛盾するという原理を、文明は支持する定めにあるし、また実際に支持してゆくのである」ということの徴《しるし》であると定義した。一九四一年六月にドイツがソ連に侵攻し、一二月には真珠湾攻撃がアメリカを参戦させた、そのずっと前に、スマッツはアメリカ合衆国の介入を求め、「新しい平和」は「将来における世界共同体への総括的なプラン」を必要とするだろうと強調した。一九四一年五月にスマッツはイギリス陸軍の元帥となったが、††来るべき「新世界秩序」についてのヴィジョンを放送した。それはキリスト

† 一九一一年発足。当初の加盟議会は、オーストラリア、カナダ、ニューファウンドランド、ニュージーランド、南アフリカ、そしてイギリスのそれであった。一九四八年に連邦議会連盟に改称。
†† スマッツは第一次・第二次両大戦時にイギリス陸軍の元帥となっているが、これは儀礼的称号としての意味合いが強い。

教倫理にしっかりと基礎を置き、国家の連盟に基づくものとなるだろう。「というのも小さな独立主権国家の時代は過ぎたからであります」。イギリス連邦はヒトラーへの抵抗で、共通の目的を有する中核的な集団を形成する。それに次ぐのが「同じ生活倫理を有し、同じ政治哲学を持つ」アメリカ合衆国であり、最後に「自由な民主制の国家がその外側を取り巻いて」いる。それらがまとまってこそ、「構成国を束ねて平和と秩序ある進歩への道を進ませ、構成国でない国家との関係を調整できる……世界共同体の効果的に機能する機構」をもたらしうる将来の「地球社会」の礎《いしずえ》を形成できるのだ。これはスマッツ自身の哲学を政治的に表現したものだった。その哲学とは、進歩とは、自発的に結合し総和以上の全体《ホール》になってゆく個々の単位の併合成長であるという進化論の信条の一つで、ホーリズム《全体論》と呼ばれた。*39†

その頃までに、戦時中の連合国を基礎とする恒久的な国際機構の計画は本格化していた。今回は、イギリスとアメリカ合衆国の立場は逆転していた。はっきりと気乗り薄なのが見て取れるチャーチルに率いられたイギリスは、どちらかと言えば立案の討議にも熱意がなく、切り回していたのはワシントンだった。第一次世界大戦時には大事な書類作成はロンドンで行われていたとしても、一九四〇年代初めには、ホワイトホールは国家の存続で頭がいっぱいで、将来のことまで心配できる状態ではなかった。他方、アメリカ合衆国では、国務省内でも、また影響力あるＣＳＯＰ（平和機構研究委員会）のような親国際連盟グループが復活していたおかげで国務省の外部でも、戦後の立案については細かい点まで進んでいた。国際連盟をどんなかたちにせよ復活させようと発言するのは不評極まりないことになる、という一般的な同意があった。それにもかかわらず、立案に関わった者のなかには、提案されている国際連合機構（ＵＮＯ）として磨きをかけ、修正し、世界に提示するモデルとなるのはやはり国際連盟がひな型だと考える者がたくさんいた。はっきりとした他の選択肢はどれも途中で挫折していた。イギリスにおいてもアメリカ合衆国においても、民主主義的な連帯をもって平和につなげる保障とするための公的な「英米連合」に賛同する考えを採り上げる者は、もういないも同然だった。その考えは、危機的な戦争初期に短期間だが議題にのぼったものだったが。ひとたびドイツが敗れるのが明白になると、そうした計画は論理的根拠を失ってしまった。また、ロンドンでは今回は、インド担当相のレオ・アメリーは違ったとしても、アメリカ合衆国との単なる非公式な協同で十分だろうと感じる者はほとんどいなかった。戦時下の連盟関係の継続したものに一緒に参加することが、その先の道筋だと広く同意を受けていた。[*40]

スマッツはこうした展開の埒外にいたが、展開を注意深く追ってはいたし、一度だけ大事なことで容喙をした。気乗り薄なチャーチルに、一九四四年八月から一〇月にかけてワシントン郊外のダンバートン・オークスで開かれた新しい国際安全保障機構の将来についての重要な四ヶ国会談を、「新しい安全保障理事会の常任理事国は拒否権を持つべきだ」というスターリンの考えを受け容れることで救うよう説いたのだ。スマッツにとっては、新しい平和時の機構に「すべての」強大国の支持を得ることが他の何にも増して重要なことだった。彼の見るところ、それをきちんとできなかったことが、他のたくさんの点では素晴らしいモデルであると見なしていた国際連盟のアキレスの踵になってしまったのだ。仮に

† ホーリズムという語はいかにもスマッツらしく、ギリシャ語の holos（総和）に由来する。スマッツの著した『ホーリズムと進化』（*Holism and Evolution*、1926）は、学問領域を問わず大きな影響を与えた。

ロシアが加わらなかったら、ロシアは「もう一つのグループの権力の中核」になり「われわれは必ずや第三次世界大戦に向かう」とスマッツは警告した。チャーチルは要点を理解し、ローズヴェルト（その頃はローズヴェルトとスターリンは、バルカンを勢力圏として分け合うことに同意していた）に対し「唯一の希望は三強大国が意見の一致をみることです」と述べた。実際にそれが新たな国際連合機構（UNO）が効果的なリーダーシップを発揮する必須条件となるはずだった――むろん、ほとんど出発時点から破綻を運命づけられていた必須条件だったが。[*41]

ただし、スマッツの国連への主たる貢献はこの後だった。ダンバートン・オークスでの議論で出てきた提言は世界中を著しく白けさせた。本質的なところで戦前の国際連盟とはなはだ似ている提案された新しい平和時の機構が、重要な点で異なっているのはただ一点のみだった。つまり、安全保障理事会常任理事国に大々的な力を新たに付与したのである。植民地の自由については何の言及もなされなかったし、国際連盟が持っていたのよりもずっとヒエラルヒーの強い構造だったので、ダンバートン・オークスはあまりにもはっきりとした強大国の八百長に見えた。しかも、想像力を掻き立てられない無味乾燥で官僚的な言葉で述べられていた。[*42]

ここにこそスマッツの飛びこむ余地があった。スマッツは国際連盟の後継にあたる機構として提案されたものの実体が気に入っていなかったわけではないが（それどころか、彼は賛同していた）、何とかそれを成功させるためには広汎な賞賛を得る必要があることを理解していたのだ。一九四五年二月のヤルタ会談でダンバートン・オークスでの遣り取りが固まって、春の国際会議で発表される提言となった。三巨頭は何とか安保理での投票方式について同意していた。アメリカは、新たな機構を創立するために春にサンフランシスコで開かれる会議への招待状を発送した。スマッツが憲章の草案には、一般の支持を得られるようなものを前文として付ける必要があると強く主張したのは、四月に始まるサンフランシスコ会議の直前にロンドンで開かれたイギリス連邦大臣会議でのことだった。スマッツは自分の考えの概略をイギリス外務省で埃をかぶっていたテクストと混ぜ合わせ、その前文に対して大臣たちの支持を得たうえで、その前文を通すべく覚悟を決めてサンフランシスコに向かった。会議でスマッツは、多少の修正はあったにせよ、そのテクストが国連憲章そのものの前文として全会一致で採択されたことに満足した。全員出席の閉会の会議で、「戦争と講和会議をさんざん経験してきた者」として演説し、国連憲章を「平和のための上質で実際的な手際の良いプラン」であるとして絶賛したが、それは「われわれの文明を支えるものである社会的・道徳的諸機関の広汎なネットワークにより……人類の精神を総動員する」ことで援護される必要がある旨を強調した。*43

これは、いかにも戦前のリベラルな理想主義の言葉の選び方だったし、帝国の道義的な使命を当然とする考え方だった。スマッツ自身は明らかにこれを信じていたし、イギリスのことをサンフランシスコ会議において、世界で「最も偉大な植民地国家」として賞賛した。「いまだ自立できず依存している諸民族を含め、世界中の老若男女が、かくて戦争を防ぐための広汎なプランに導き入れられるのです」。ハリー・トルーマン大統領は、この憲章について、「いよいよ世界は、価値ある存在である人類すべてが、自由な者たちとしてきちんとした生活を送るのを許されるだろう時代を待望できるようになった」と予言した。仮にこの発言がヨーロッパの帝国主義を批判するものだとしたら、イギリス人も、そしてスマッツも到底肯《うべな》えるものではなかった。サンフランシスコでは、意見を異にする者、疑義を挟む者は、沈黙させられるか無視をされた。フィリピンが憲章に盛り込まれている独立への言質を得ようとした際には、アメリカ人がフィリピンの代表団を黙らせた。「国連加盟国の三分の二の投票により植民地を独立させるのを許す」というエクアドルからの提案も同様の憂き目にあった。エジプトの代表は考えなしなことに、代表たちに、新秩序の公約は一九一九年にもなされたがすぐに忘れ去られたということを思い出させた。過ちを繰り返さない最良の方法は、国連憲章のなかに、彼の評するところ「全人類にとっての憲章」である大西洋憲章の理想に則るという約束を盛り込むことだ、というエジプト代表の勧告は何の効果も生まなかった。『タイム』誌が指摘しているように、国連憲章は基本的に世界を「大国の勢力圏」に分かつのを批准するために企図されていたのだ。その点では国連憲章は、一九四〇年に結ばれた日独伊三国同盟の、より実効性があり、イデオロギー上はよりリベラルな翻案と言えたし、スマッツが強力な地域ごとのブロックを戦時下で唱えていたのとみごとなまでに合致していた。[*44]

第一次世界大戦中には黒人ながら将校に任官されたW・E・B・デュボイスは、一九一九年のパリにもいたが、サンフランシスコ会議には三名からなる全米黒人地位向上協会（NAACP）の代表団に加わっていた。彼はいたく憤慨して、提案されている国際的な「権利の章典」では植民地化された民族への言及は省かれていると指摘した。アメリカ・ユダヤ人委員会（AJC）が提案した人権宣言が署名のために回されてくると、デュボイスは「これはユダヤ人の権利についてはたいへんわかりやすい宣言だが、どこを見てもニグロ、インディアン、南洋諸島の住民の権利は考えに入っていない。となるとどうしてそれを『人権宣言』と呼ぶのだろうか」[*45]と抗議した。かと思えば、サンフランシスコでスマッツの演説があった前後にはもっと辛辣にこう述べている。「われわれはドイツを征服した……けれども彼らの思想は征服していない。ニグロを今の地位に止め、植民地にいる七億五〇〇〇万人の帝国による支配を指して民主主義と嘘をつくのは、依然としてわれわれが白人至上を信じているからである」。しかし、ローズヴェルトとチャーチルとがプラセンシア湾で会談してからの四年間にたくさんのことが起きたのだし、ヨーロッパ諸帝国の将来はもはや議論のテーマではなかった。それどころかアメリカ海軍は自分たちが太平洋に持っている少数の基地が役に立つかもしれないという事実に目覚めていたので、植民地諸民族の独立についての宣言の戦時下アメリカ合衆国作成の草案は、人権宣言を国連憲章に不可欠な要素であると見なす考えと同じく、記録保管所に押し込んでしまった。委任統治領は信託統治領に姿を変え、† 植民地は準州になったが、言い回し以外には変化は見受けられなかったし、新たな国際連合機構（UNO）にすべての植民地を最終的に独立させるのを付託するという提案は敗れてしまった。西アフリカのジャーナリストの一人は五月末にこう記している。「世界はまた有色人種の住む、領土だの勢力圏だのといったものの滅茶苦茶な寄せ集めに戻ろうとしている。……略奪を旨とする帝国主義に新しい命が吹き込まれてしまった」*46。

イギリスの歴史家で当時外務省のために働いていたチャールズ・ウェブスターは、日記という人の目に触れぬもののなかでだが、同じ様に率直だった。彼は会議の終わりにあたってこう記している。国連憲章は「国際連盟規約がそうであったのと同じように、世界規模の組織にはめ込まれた大国間の同盟」

† 本書では、「信託統治（領）」という語を幅広く使っていて、「委任統治（領）」を指している箇所もあることに注意されたい。

を打ち立てたのだと。ウェブスターは「強大国の同盟関係の理論と国際連盟の理論とを調和させる新しい方法」を見出したことをいたく喜んでいる。とりわけ信託統治は実質的に新味は何も無かった。それどころか、「われわれはわれわれの委任統治領に、呼び名を変えた信託統治のもとで存続するのを許したところだ。後はこれまでとまるで変わらないままだが、唯一の違いは、それなりの機関が誕生し、もし諸国がそれらの持つ植民地をその機構の下に置きたいという場合にはそうできるという点である。われわれにはそんな意図はないし、他国にもあるわけがないが」[*47]。

　よってスマッツの前文が、国際連合は「基本的人権と人間《ヒューマンパーソナリティ》の尊厳および価値と男女及び大小各国の同権とに関する信念を改めて確認」[†]するよう求めた際には、南アフリカにある人種隔離的な国家を解体しようという決心などしておらず、ましてやイギリス帝国の解体などであったし、また自分の修辞と政策の不一致にも気づいていなかった。スマッツのいう「人としての存在《パーソナリティ》」という観念は、ゲオルク・ヘーゲル、ウォルト・ホイットマン、そして進化論的な生物学の混じり合ったものであり、国家によって集団に異なった程度の自由が与えられ異なった扱いがされるのを、合理的であるだけでなく人類の進歩にとって必要でもあるとするものだった[*48]。

　スマッツの見るところ、サンフランシスコはかくて二六年前のパリに似ていたが、ただずっとうまくいった。反植民地主義の底流はあっても、アフリカ人は文句の一つも言えずに受け流されてしまった。小国群は、そもそも何らかのかたちでの国際機構が欲しいなら、大国の望むところに黙って従うよう命ぜられた。そしてスマッツのおかげでソ連も留まった。イギリスは胸をなでおろした。一九一九年にはアメリカ合衆国に後進人種への「責任を学ばせ」ようとし失敗したが、今回はどうも成功したように見えた。三巨頭が協同したというだけで、新たな国際連合機構（ＵＮＯ）は――基本的には国際連盟モデルの改良版だったが――平和を保障し、ヨーロッパの価値観が地球規模に拡大する条件を生み出せた。スマッツの頭のなかでは、国連憲章はこうした世界観と合致しないところはほとんどなかった。まず国連憲章では、植民地に独立を許すという言質はまったく与えなかった。それで、国連はスマッツの意図どおり世界秩序維持のための力として誕生したし、その傘の下でイギリス帝国は文明化の使命を為し続けることができた。南アフリカは、アフリカ大陸でイギリス帝国の意を体する活発な代理人となった。スマッツは青春時代に学んだ古典学的な言い回しを使うことはもはやなかろうが――青春時代には「秩序ある文明の光明と恩恵へと、太古からの未開状態と獣のような蛮行の重荷を」取り除く「五〇万白人」の使命について平気で語っていたものだった――その務めは依然として変わっていなかった。今回は、新たな国際連合機構（ＵＮＯ）のおかげで白色人種が成功することだろう。[*49]

† 「　」内の訳は国連広報センターによる。

第2章
アルフレッド・ジマーンと自由の帝国

ただわれらのみが、利害得失の勘定にとらわれず、むしろ自由人たる信念をもって……隣人を助ける。
——ペリクレスによる国葬演説　トゥーキュディデース『戦史』から

スマッツが信奉する、帝国とリベラルなインターナショナリズムと道義的な独善との奇妙な組み合わせは、「清廉さとか政治的な徳」の意識を反映していた。その意識は、世界的なリーダーシップ、ヒエラルヒー、帝国の支配という考え方に完全になじみ、権力の行使を公益のために引き受けた責務と見なすことができ、そしてその基盤をあまりにもあからさまに力のなかに認めるのは愉快でないという類のものであった。安定した世界秩序は道義的に正しくなければならないという考え方は、中世の自然法論とか、はては旧約聖書とまでは言わずとも、イマヌエル・カントとその永遠平和論に遡る。しかしわれわれが、お互い平和裡に共存するさまざまな民族からなる世界という一般的な観方と、国家や民族の平和構築制度という特定の考えとを分けて考えるなら、道義的なインターナショナリズムが誕生してからわずか一世紀がとこであり、イギリス帝国の政治面・哲学面での文化の変化と密に結びついていることがわかる。

結局のところ、ジェレミー・ベンサムが統治の一領域として「インターナショナル」という概念を創りだしたのはようやく一九世紀初めのことであったし、政治信条としての「ナショナリズム」がしっかりと広まってインターナショナルな関わり合いに持続的に反映されるのを必要とするようになったのも、ようやく一九世紀の末であった。ヤン・スマッツのような人間の仮説を採り入れたのは彼の同時代人たち、それも、政治や政策にはそれほど関わらないが、まさにそれがためにリベラルなインターナショナリズムの世界観への哲学面での支持を効果的に表現する点ではスマッツよりも明確だった同時代人たちだった。スマッツ同様、彼らもほとんどがオクスブリッジの出身で、一九世紀末のイギリスの大学社会で流行っていた古典学や哲学のテクストを読んで育っていた。彼らは、現代世界の問題を大局的に見るのに古代ギリシャ・ローマ人に頼ったし、世界平和の保障という課題を包括的な歴史用語で定義した。新たな国際機構の創立は彼らの模索の中核を占めていたが、その機構の正鵠そのものは（フェビアン協会の人間にとってのようには）彼らにとって中心的問題ではなく、彼らは単なる統治や行政にはまず信を置かなかった。彼らの観方では、国際機構なるものはもっと根本的な目的のための手段に過ぎなかった――人類の意識を変え、古代ギリシャ・ローマ人によって特定された永遠の価値観に基づく地球共同体という新しい感覚を吹き込む目的のための。よって彼らの古典学的教養からして、世界秩序という問題に対する官僚主義的解決への、全幅の信奉者ではなくても支持者に彼らはなったのだった。以前の国際連盟と同じように、国際連合は彼らの支持を得たが、その支持は国際連合が世界におけるリーダーシップの道義的側面と政治的側面とを融合する能力を持っていることを条件としていた。

本章ではアルフレッド・ジマーンの考えを通して、そうした見解の意味するところと限界とを考察する。ジマーンは、スマッツほどよく知られた名ではない。けれど、その面々の考え方には独特の癖があるとはいえ、一つの時代を導く仮説を探るうえでの手立てとなる――そんな類の人間として位置づけられる。おそらく戦間期のインターナショナリズムの卓越した理論家であったジマーンは、著作においても生き方においても、ヴィクトリア朝の人間の古代ギリシャ・ローマ人の残したものを読む習慣と、イギリスが世界中を指導するという道義的イデオロギーと、新しいリベラルなインターナショナリズムとの緊密な繋がりを明確なものとした人間だった。古典学者として出発したジマーンは、第一次世界大戦中には短期間だが重要な政策立案者となった。実際に、国際連盟についてホワイトホールでの重要な青写真を主に描いたのはジマーンであったし、一九一八年にはスマッツがそれに則ったのだ。ジマーンは外務省を後にすると、国際関係論の専門的研究の先覚者になり、大西洋の両側でそれを教えたし、国際連盟の試みた知識人や教育者の国際的なネットワーク構築においても指導的人物であった。スマッツを惹きつけた、民族感情の横溢する世界で地球規模での調和を確たるものとする「国際連邦」という考え方は、ジマーンがその著作のなかで明確な意識を持って発展させたものだった。ジマーンの著作を読んでゆくことで、われわれは国際連盟、そしてその後継たる国際連合をめぐる道義的な言説《ディスクール》の出現の跡を追うことができるし、国際連盟をその実際の歴史的文脈に置くことができる。来るべき数十年間のために、「帝国と英米のヘゲモニー」という観念と矛盾しないリベラルな世界秩序を支えたい、そう切望するエリートたちによる努力という歴史的文脈に、である。*1

＊

ローマがヴィクトリア朝の者たちにとって「帝国」の明らかなモデルとなっていたのなら、ギリシャは、自由を求め擁護するのに熱心な「連邦」という考えの基となった。二〇世紀初頭には、イギリス帝国はブール戦争後で不安定だったので、古代ギリシャ人への関心が高まったし、堰をきったように一般書が出版されて古代ギリシャ人の永続的な価値を説明するのに励んだ。オクスフォード大学のリチャード・リビングストーンは『ギリシャ精神とわれわれにとっての意味』（*The Greek Genius and Its Meaning to Us*、一九一二年）を、ケンブリッジ大学の歴史学者ロウズ・ディキンソンは影響力のある『ギリシャ人の生命観』（*The Greek View of Life*、一八九六年）を刊行した。大西洋の反対側でも、ローウェル・レクチャーとして「ギリシャ人は近代文明に何をもたらしたか」（*What have the Greeks Done for Modern Civilization?*、一九〇九年）という題で、ギリシャ学者のジョン・マハフィーによって講演が行われた。† そうした著作のなかでもより政治志向的なものに属し、なおかつ経済学や心理学に関心を払う点では進んでいたのが、紀元前五世紀のアテナイについての研究書『ギリシャの連邦——紀元前五世紀アテナイの政治と経済』（*The Greek Commonwealth: Politics and Economics in Fifth Century Athens*、一九一一年）だった。著者のアルフレッド・ジマーンは、三二歳の古典学者で社会学者だった。サリー州の郊外でコズモポリタンな上層中流階級の家庭に生まれたジマーンは（家系としては、ユグノーと、ドイツ系ユダヤ人ということになる）、ウィンチェスター校で教育を受け、オクスフォード大学のニューカレッジのギリシャ学の色濃い温室で古典を専攻し、一年間ギリシャを旅して回るために辞めるまでそこで講義をしていた。ジマーンの紀元前五世紀アテナイの社会と

† 一九〇八年末から一九〇九年初めにかけて行われたが、その内容は一九〇九年に刊行された。マハフィーはダブリンのトリニティ・カレッジの教授であった。

経済についての研究は、最新の学術研究と、未熟とはいえ、精神、自由、秩序の重要性についての政治的なマニフェストを合成したものだった。彼は記す。ギリシャ人は「われわれの頭のなかでは、たくさんの彼らから受け継いだ考えと、そして芸術と自由と、はたまた法と帝国とに結びつけられているのだ」。さらに続けて、「われらの特異な西洋文明の発祥の地として、最初のものであり、最も同質的なものである」。ニーチェの言葉では、とジマーンは引用するのだが、ギリシャ人は「不滅の教師」である。ジマーンの目標は、教訓を引き出すことだったが、彼はそれを、イギリスが世界中を導く道義的基盤を誤りなく明確にするようにやってのけたのだ。[*2]

ジマーンはアテナイの勃興を、アテナイの隣国群にとって間違いなく福音であると描いた。しかしそれは理性にとっての勝利というより（それが初期ヴィクトリア朝の人間たちの描き方だった）、政治的・道義的な感覚にとっての勝利だった。アリストテレスに倣って、ジマーンはその都市国家を政治共同体のモデルとして描いたが、それというのも友人や家族への忠誠心という共通の「原始的情緒」に基づいているほんとうの社会性を促していたからだった。アテナイは、人類が「完璧な国のなかの完璧な市民」に最も近づいていたものだった。自由が正しい統治の政体でのみ可能であるというので、アテナイでは自由が得られた。ジマーンの記すように、仮にアテナイ市民が「議会の機能」について健全な懐疑主義を備えていたなら、それは好都合だった。なぜなら政体というのは、教養があり有能な者たちによって適切な統治を受けるべきだからである。イギリス海軍と同じでアテナイの海軍も海洋をパトロールし、他の場所で自治権のある都市国家をつくるために入植者を送り込み、通商を促進した。アテナイの有益な影響は、ジマーンが時に「帝国」と呼び、時に「連邦」と呼ぶものの境界を越えて広がりさえした。

「というのも、最良のものを惜しまずに人民と諸国家に分け与える、これまた帝国の使命の一部なのだ。……アテナイは大方のイギリス人がインドを離れられぬのと同じで、後戻りはできなかったのだ」。実際ペルシャとの講和の後の時期は、ジマーンの言葉では、「おそらく記録に残された歴史上最も偉大で幸福な時代」だった。トゥーキュディデース的な雄弁さでジマーンは、アテナイ市民ならこう自分たちの指導する権利を言い表しただろうと考えつくところを、『ギリシャの連邦』のなかで代弁している。

われわれは文明の導き手であり、人類の先覚者である。われわれの社会と他との交流とは、人類が贈る最良の恩恵である。……われわれは人類の力の秘密を見出したが、力の秘密は幸福の秘密である。……それをわれわれは「自由」という名で知っている。というのも、それはわれわれに、奉仕することこそ自由なのだと教えてくれたからだ。どうして「人類でも唯一」(われわれの言わんとすることを理解できる民族が他に出てくるだろうか)われらのみが、利害得失の勘定にとらわれず、むしろ自由人たる信念をもって恩恵を与えるかおわかりだろうか？*3

同時代の批評家たちは、ジマーンの描く理想主義に驚愕したものだった。とりわけ、アテナイの「帝国」は自由を象徴しているが、その自由とは「法による統治」に表される私心のない徳という天賦の感覚に基づいている、という彼の考えには驚愕した。ジマーンの示すように、アテナイの帝国がそこまで自由にとらわれていたかどうかについては、結局のところ疑わしい。ジマーンがその経済的重要性を明らかに控えめに扱っている奴隷制はどうなるのか？　そしてもしアテナイ市民がジマーンの言うとおりにその性高貴で気高いのなら、ほんの数十年の間に、二度のペロポネソス戦争では度を越してしまったり、それに伴い残忍な行為や虐殺を犯したり、などということがありえただろうか？

しかしながら、この種の理想主義はジマーンの時代と環境とにまことに特徴的なものであった。一九世紀後半、オクスフォード大学では、勢力のあるリベラルな新ヘーゲル学派が、トーマス・ヒル・グリーンという名のカリスマ的教師を取り巻くかたちで出現していた。グリーンと、世紀末の帝国の支配者階級にもかなりの人材を輩出した彼の教え子たちは、リベラルな私欲追求や功利主義的な計算づくといったその頃優勢であった哲学に取って代わる、極度に倫理的で共同体主義的な選択肢をドイツ思想のなかに見出していた。グリーンと彼に教えられた学者たちは、自由の意味合いを変え、良き市民を生み出すための共同体的な意識の重要性を強調した。倫理は政治から切り離せない、と彼らは教えた。自由な個人というものは、自分の属する共同体への倫理的責任の感覚から自己実現を見出すものだ。福音主義キリスト教を薄めたものや、カントによるアリストテレスの『徳倫理学』にまで遡る力強い文章とを読んだ彼らは、ギリシャ語のテクストのなかに、互いに相和す無私という永遠の理想、相互扶助の倫理により完成へと向かう政治体制を見出したのである。統治の機構だの、法の几帳面な体系などは彼らの関心外であった。最終的に変化をもたらすのは人間の精神であった――虚栄心や私欲によってではなく、逆に、アリストテレス的・ストア派的なものである、節制、自我の発展、そして「全体の利益」のためにはつまらぬ地域的な利害など超克してしまう能力によって突き動かされる、人間の精神だった。彼らは、歴史の過程における合理性を信じているかぎりにおいてヘーゲル学派だったが、ヘーゲルと異なり、力はけっして意志的な関与の代わりにはならないと信じるがゆえに、国家の力に全面的には信を置いていなかった。彼らは、変化を、自己実現を果たす人間の能力を革新的に広げてゆく過程と捉えている点で、ヘーゲルとアリストテレスとを融合させていた。何より、彼らは、カントが理性、徳、自由とを緊密に結びつけるところに倣っていたので、カント学派であった。*4

グリーンと教え子たちのこうした考究におけるインターナショナリスト的な含みは、めったに文章のかたちにならなかったが、未完成とはいえグリーン自身の著作にすでに垣間見えた。個人にとってと同じく、共同体や国家にとっても、自己決定——すなわち外部からの強制のないことだが——こそが自由の基盤であり、そうした自由のみが、他への献身を意識して用いられる場合には道徳的完成へと導くのだ。仮にナショナリズムが自然な共同体意識と同種のものなら、唯一実際的なインターナショナリズムは、たぶん厳密な意味での国家に対するものでなく民族に対するものだろうがナショナリズムの必要性を認識し、民族の協調に可能性をもたらすものとしてのインターナショナリズムであった。それは民族的忠誠心が世界市民の単一共同体の名の下に否定されるような類のコズモポリタニズムではなく、スマッツに関するかぎり、ナショナリズムという自然な共同体意識にみごとに対応し包み込む「世界秩序」だった。しかしながら、その世界秩序は必然的に進化してゆくものだった。グリーン自身が、「独立した諸国家の合意に基づく、権威を備えた国際裁判所」を夢想し、「国家レベルで人類の組織化に見られるいろいろな進歩」をそうした国際機関誕生への気運と見なしていた。*5

トーマス・ヒル・グリーンは一八八二年に亡くなった。イギリスによるエジプト占領がヨーロッパによる植民地拡張の新たな熱狂的な段階に入ったことを告げた年である。その結果としてのアフリカの奪い合いは私欲のない博愛というグリーンの信条に挑むものだったし、帝国をまるで薄汚く高貴さのない代物と見せた。それでもグリーンの文明化された施政というメッセージは生き残ったし、強化されさえした。ジマーンがオクスフォード大学に進学したのは、ブール戦争がJ・A・ホブソン（『マンチェスター・ガーディアン』紙の南アフリカ特派員だった）を刺激して帝国主義という現象への良く知られた批判を記させた、おおよそその時代だった。今日では主としてヨーロッパ各国による土地争奪戦の理由を経済的に分析したものとして記憶されているが、ホブソンの研究は、帝国のもっと広汎な問題について相反するスタンスを持つことでも同様に注目すべきものであった。彼は、いかなる国家にせよ、海外で文明化する役割を演じると恃《たの》むに足るなどという考えを冷笑した。けれど、西洋以外の地域に対する西洋の力は巨大すぎて抗しきれないことを認めていたし、「文明化された白人国家」が「下層人種」の政《まつりごと》を合法的に処理することを当然と見なしていた。ホブソンがほんとうに有害だと見なしていたのは、ブール戦争の原因でもあったのだが、対外政策が私企業や利益追求に屈する場合に凱歌を奏する規制のきかぬ貪欲さ、つまり金融帝国主義だった。これはスマッツ、ウッドロウ・ウィルソン大統領など同じ世代の他のたくさんの人間にとってもそうであったが、問題の要点は倫理的なことであった。人類は、利己主義でなく利他主義によって導かれる必要があった。ホブソンの言葉によれば、解決策は、「こうした発展の過程が……著しく不快を覚えた奴隷人種が、彼らに寄生し堕落している白人のご主人様を踏みにじる阿鼻叫喚の図の代わりに『世界文明』を増進させる」ように「科学的な政治的手腕」を用いることだった。哲学的に言えば、ホブソンは、「人類の利益」を明確にするために「社会的功利性」が国際的に拡大されるべきだと主張した。そして彼の実際的な解決策は「パブリック・ガバナンス」の価値を確信する点にあった。それは、ヨーロッパ人入植者たちの振る舞いを監視する真に中立的な国際組織によりなされるものだが。[*6]

同様な感情が、ジマーン自身よりずっと熱心な国際連盟の支持者になったオーストラリア出身の古典学者で、ジマーンの師であるギルバート・マレーをも動かしていた。分担執筆論文「古代と現代の劣等民族の搾取」(*The Exploitation of Inferior Races in Ancient and Modern Times*、一九〇〇年)で、マレーは「純粋に科学的な精神で」、「有色人種」に対する白人支配の肥大によりもたらされた彼呼ぶところの「帝国の労働問題」を解決しようとした。「われわれが使えない者たちは絶滅させる」とマレーはオーストラリアでの自身の経験に批判的に触れた。「われわれが使える者たちは、保護してやるし、しばしばその数を増やさせる」。マレーの見解では、世界中に白人の力が広まるのはとめられないし、よって弱体な民族を征服することもとめられない。望みうる最良のものは、公平な帝国の行政家によって弱体な民族を保護すること、すなわち法による統治だった。[*7]

若いジマーン自身は、利己的なロビー・グループ、山師、不当利得者によって帝国の理念が汚されるのを嘆いていたが、ホブソンほど「科学的な政治的手腕」の可能性を確信できず、古典学とその普及に盛り込まれた高い道義的理想に対してはホブソンより信を置いていた。一九一一年に世に出たときに、『ギリシャの連邦』はグリーンの理想主義を古代アテナイの政体のなかに持ち込み、イギリス支配の徳についてのたくさんのそれまでよく使われていた比喩をギリシャ風に言い換え、その徳を最新の政治心理学的研究の手法と結びつけることで、イギリス支配を模範的な自由の帝国として提示した。ジマーンの書物の題名そのものも慎重に選ばれていた。ジマーンは、自治領とイギリスとの関係の考察に没頭し、世界連邦の問題に大きな関心を持つ、驚くほど影響力のある若手研究者グループ「ラウンドテーブル」

の一員だった。南アフリカ高等弁務官のアルフレッド・ミルナー卿に師事するオクスフォード大学の理想主義者たちの多いラウンドテーブルは、ブール戦争後彼らがその時点での喫緊の国際的問題でも最たるものと見なしていたこと、すなわちイギリス帝国内の白人入植地に顕著なナショナリズムの伸張と、ロンドンからの支配の継続とを融和させる術《すべ》を探し続けていた。オーストラリア、カナダ、ニュージーランド、そして一九一〇年からは南アフリカが（アイルランドは言わずもがなだが）、挙《こぞ》って政治的権利の拡大を要求していた。『ギリシャの連邦』は、こうした同時代的な関心事に間違いなく触れていた。「連邦」なら、ロンドンによる継続的な統治（と保護）を維持し正当化する一方で、植民地すべてではないとしてもいくつかの植民地には、「アテナイのやり方に倣って」ある程度の自治を許すわけだった。*8

ジマーンの著書は、こうした「連邦」の理論家によって大いに議論された。彼らは、帝国は、適切な指導が為されれば「いくらかの理想主義者が夢見てきたような全人類の連合に」*9 近いものになりうるだろうとも感じていた。ジマーンにとって、イギリス連邦ないし帝国の大きな利点はその柔軟性だったことは、指摘しておく価値があるだろう。イギリス連邦ないし帝国は、まさにそれが明確な一元的国家ではなく、憲法に準拠した制度でもないため、進化もできるし、他のいくつもの政体の政治的志向や野心を吸収もできるのだった。それは、政治機構の賜というより意識の共有が図られて生まれるだけに、いっそう強力になった。持続する政体はどれもそうだが、それも基本的には、道義的目的と文化とを共有することで統一された社会有機体だった。繰り返しになるが、道義的目的と文化がその一体性を保障するのだったが、すでに「連邦」概念の誕生まもない時期から、ジマーンやギルバート・マレーのような理想主義者とジョン・アトキンソン・ホブソンやレナード・ウルフのような社会学志向の思想家の間には分裂が見られた。前者にとって国際的な「機構」は、いかに喫緊の要請とはいえ、それだけでは世界秩序の問題への解決策にならなかった。国際機構の存続は、次のような条件が満たされて初めてなるものだった。国際機構の背後で人びとの考えの大きな変容が起こること。そしてまた、国際機構が、さまざまな国家の国民をつなぐ絆という新たな意識、つまり新たな地球共同体の意識の有機的なかたちでの誕生を促すことである。それらが功を奏しても、ゆっくりとであろうし、時間を必要とした。[*10]

白人入植地にかくも執拗に焦点をあてているうちには、受け容れがたい事実に真っ直ぐに面と向かうのを躊躇っている様子も見て取れた。ホブソンも指摘していたことだが、一八八〇年代の新帝国主義は世界の大きな部分をヨーロッパの支配下に置いたが、そこでは入植者たちは、そもそもがいたとしてもほんの少数派であり、その土地の産品と労働力の経済的搾取こそが基本的に領有の論理的根拠となっていた。古代ギリシャの植民地化は、実際のところは古代ギリシャ人の価値観もだが、イギリスのニュージーランド、カナダとの関係のひな形となるように思えただろうが（先住民族の運命など考えなければだが）、インドやアフリカの植民地の状況にはあてはめるのは難しかっただろう。[*11]

第一次世界大戦中、ジマーンをはじめとしてラウンドテーブルのメンバーは、戦時下の政府に勤めた。国際連盟の創立に寄与した熱の籠もった議論を始めるに際して、彼らの考えの基となったのは「連邦」の概念だった。つまるところ「連邦」こそが、国家という組織体と国際的な組織体とはお互い相容れないわけではなく、それどころかお互いに強化し合うのだと示していたのだった。ラウンドテーブルのイデオローグであったライオネル・カーチスは、網羅的な戦時下での研究書『連邦の問題』（*The Problem of the Commonwealth*、一九一五年）において、連邦はまた、後進人種が最終的に文明の領域に招き入れられる過程では後進人種に「奉仕する特別な義務」を伴う、と記した。とりわけジマーンは、大事なのは国家の主権でなく民族感情だと信じていたので、彼はイギリス帝国を次のような組織体のモデルとして見るのを好んだ。つまり、その組織体においては、より弱体な民族が、自分自身の国家を持つか持たぬかは別として（それは、原始的かどうかの度合いによる）強大な国家との連盟からの恩恵を享受し、個々の国家のエネルギーは最終的に地球規模の世界国家の中に融合されうるのだ。大戦も終末期にジマーンが記しているように、ドイツの軍国主義もロシアのボルシェヴィズムも、人類のための高貴な理想である「連邦という原理」の立場からは反対されねばならなかった。[*12]

こうした連邦という考えを信奉するのは、ラウンドテーブルの参加者でも幾人かには神秘的ととられかねないものだったが、第一次世界大戦でかなり実際的なものへと加減されることになった。とはいえ、根本的な前提の面で、それはアメリカ合衆国大統領ウッドロウ・ウィルソンの同じように高邁な世界観に容易に適応した。ウィルソンの、有機的な社会に基づく「［力の均衡でなく］力の共同体」という長年温めてきた概念は、基本的には諸国家の集合という性格を信奉する点と、リベラリズムのなかでもより個人主義的な傾向においては窺える自己中心性は嫌悪するという点において、スマッツのそれと相通じていた。ウッドロウ・ウィルソン大統領にとっても、民主主義と自由は、市民たちに自分のことを「全体」の一部と見なすのを許すという点で、価値あるものだった（ウィルソンの語るところでは、近代の民主主義は、多数の者による支配でなく「全体による」支配となる）。[*13]

この時点で、すでに示してきたように、スマッツとホワイトホールとは、国際連盟の細部を固める点においては、ウッドロウ・ウィルソン大統領やアメリカの指導的なインターナショナリストのグループよりも、大きな影響を与えていた。つまるところ、ウィルソンは、具体的な話として、この計画に関わるのがあまりにも遅かったのだ。戦時中は、彼は戦後の国際機構の形態について議論が交わされるのに眉を顰めていたし、一九一八年より前にアメリカの公の議論を支配していた国際連盟の急進派的なヴァージョンも、法律尊重的ヴァージョンも、どちらもウィルソンは結局は無視した。その代わりとして、実際に彼が採用し修正したのは、それまでの三年間ホワイトホールであれこれ練られてきたイギリス側の草案を寄せ集めたものだった。スマッツが、総論を公にするうえでは主要な役割を果たした。ただし、細かなところまで草案を書いたのは若きアルフレッド・ジマーンだった。一九一七年に国際連盟協会(League of Nations Society)を創設したうちの一人であるジマーンは、翌年になると、平和時の国際機構について考え抜く使命を帯びた外務省内の部署の長にされた。[*14]

ジマーン自身が、後になって、戦時中に連合国側で現れてきた膨大な種類の非公式な案を要約することになる。ほとんどが、戦争を予防する条項を設け、加盟国間の調停や仲裁の機関を備えた「国際法」の成文化へ、主として関心を向けていた。それらは、国家間の諍いの調停を超える役割を果たしたり、加盟に関して門戸を開放したりする、権限なり永続性なりを、いかなる将来の国際機構に対しても過分に与えるのは躊躇していた。ハーグ国際条約をすでに生み出していた法律尊重主義の拡大に将来を見る案もあったし、万国郵便連合や同様の特定分野の社会経済的機関を支える実用的なやり方に将来を見る案もあった。どちらの場合でも、それらは、現代の主権国家の核となる機能をいくぶんかは帯びることになる「総合的な国際機構」という考えに走る際に必要となるものを理解していなかったように思える。ジマーンにとって、必要となるものは、「法曹家の絵空事《パイプドリーム》」(ジマーンの法律尊重主義者に対する真綿でくるんだ批評）でも、「ガスと水のインターナショナリズム」によって「こっそりと世界共同体に潜り込むこと」（ここでの矛先はレナード・ウルフのファビアン協会的青写真）でもなく、芽生えかけた世界市民意識を利用し、涵養する機構であった。胸中にあるものを描くのに、ジマーンはまたまた「古代アテナイ、西洋世界が自由と法という対になった概念の拠り所とする共同体」と、「文明世界が今日その姿を晒している時機に対応するアテナイの歴史上の時機」とに立ち戻った。世界が大いに必要とするのは意識《センチメント》の重要性を理解している立法者だった。まさしくソロンがアテナイの人間を「市民」に変え、彼ら皆に「正義の保持に気を配らせ」たように。*15

そうして一九一八年の短い期間、ジマーンは、ソロンの役割とまではゆかずともソロンの下の立案者の役割を演じる経験を持つことができた。外務省の国際連盟を扱う部署の長として、彼は戦後の国際連盟の草案として初期のものを作成し、それに修正を加えた。修正内容は、常設の事務局を備え、加盟国を拒まぬ意向を有する「系統だった定例の会議制度」（戦時下のイギリス帝国会議の考えに基づくもの）を求めるものだった。国際法曹家や外交官、専門家の入る余地はあったが、ジマーンの言葉によれば「あらゆる種類の国際協調の中央監視塔となり」、国際問題の調査・研究を深めるよう促す事務局によって、何ごとも調整されることになった。

とりわけある領域では、ジマーンは、アメリカ人と激しく意見が対立した。ウッドロウ・ウィルソン大統領は、新たな国際機構に、国境を「保障する」ことと、民族自決の考えの解放的側面の重要性を強調するように要請していた。ジマーンにはこれは政治的にナイーヴ過ぎると感じられた。外務省の政治情報局でジマーンと一緒に働いていたルイス・ネイミア、アーノルド・J・トインビー、R・W・シートン＝ワトソンのような歴史家の同僚たちのおかげで、彼はウィルソンの助言者役のアメリカ人たちより、東ヨーロッパの民族誌的な驚くほどの複雑さについてずっと意識が高かった。戦時下の会談や新聞紙上でジマーンは、国民国家からなる世界が平和をもたらすという考え方には警戒するよう促したし、「民族意識が未成熟な」地域であまりにも厳格に国境を定めることにも警告を発していた。民族意識が成熟している地域でさえ、それを政治組織の基盤とすることは大惨事を起こす処方箋だと、南東ヨーロッパでの艱難辛苦に触れながら、ジマーンは特筆している。彼の論文は、マイノリティの権利という厄介極まる問題を提起したが、マイノリティ保護の権限や、他のかたちででも国家の内政に干渉する権限を国際連盟に持たせることへの警告が盛られていた。[*16]

東ヨーロッパのナショナリズムをいまだ進化の過程とジマーンが眺めていたとしても、アフリカにはその兆しも見えなかった。ジマーンの俯瞰的な研究手法に大きな影響を被っていたスマッツと同様に、ジマーンは信託統治や文明化された国家の後進民族に対する責務について語った。スマッツと違って、ジマーンは、とりわけ熱帯アフリカの監督は「世界を全体として見る視点から問題を眺める傾向として定義される……インターナショナリズム」の見地から思考のできる「多国籍の委員会」に信託されるべきだと信じていた。これはイギリス左翼のジョン・アトキンソン・ホブソンをはじめとする急進的インターナショナリストが二〇世紀の初めから推し進めてきた考えに近かったが、ここここそがスマッツが——ほかの植民地出身のナショナリストらと同じで——ジマーンの草案と決定的に袂を分かつところだった。パリにおいても、スマッツらは「より後進的な民族」に対する国際管理の実効性に疑問を投げかけたし、ドイツの太平洋とアフリカにある植民地を新たな委任統治制度から完全に排除しようとしたが、その根拠はそれら植民地には「到底自治を行えないどころかヨーロッパ的な意味合いでの自治という考えを適用するのが実行不可能な野蛮人が住んでいる」というものであった。[*17]

これは将来に向けての最重要なことがらについての根本での不一致であった。最も後進的な民族にも、民族意識を持つ心構えをさせられるのか、させられないのか？　パリでは、講和会議の交渉者たちは、あまり遠くない将来のために国際的な監視を維持する一方で、その問題は棚上げにした。一極に、疑問を抱えたスマッツがいる。他の極には、あるイギリス人の観察するところでは「民主主義の徳への子どもじみた信奉」を持つアメリカ人たちがいる。ジマーンは「文明化された統治」の教育的機能を信じていた。もっとも、関わりのあるほとんどの者にとって、少なくとも西洋の首都においては、これは基本的に長期的な問題であり、委任統治の観念を持ち込むことで、彼らはその問題を避けることができた。[*18]

ジマーンとスマッツが見解がまったく一致するのは新たな国際機構を実現する必要についてであった。両人とも、両極の中間の道を辿らねばならないと諒解していた。一極には、まさに大戦の間に人口に膾炙するようになった、国民国家は民主主義的で強力な「世界国家」（ジマーンが恐怖をもって眺めたもの）によって置き換えられるべきだという急進派の主張があった。他の極には、イギリス帝国は、一八一五年以降に形成されたのに近い欧州協調《コンサート・オブ・ヨーロッパ》のような責任を除いて、いかなる種類にせよ新たな責任は免れるべきだ、という保守派のはるかに慎重な取り組み方があった。スマッツ同様にジマーンもどちらも拒絶した。ジマーンは、H・G・ウエルズのような人物が要求している強力な世界国家という考えを毛嫌いした。ジマーンの見るところ、それははなはだしく機構中心的だし、実際的でなさ過ぎた。さらに、本物の国際的共同体は個々人に共通の道義的な目的を感じるよう求めるものだが、世界国家はたんに抑圧につながる恐れがあった。それでもジマーンは、「きわめて緩やかで非公式な協調《コンサート》」という考えは嫌で堪らなかった。というのは、その考え方は、人類社会《ヒューマン・ソサエティ》は国の壁を越えて発展しうるという考えとはぶつかるし、戦争があったにもかかわらずジマーンは陥ることのなかった国際情勢に対するペシミズムを伴っていたからだ。正しい指針に従うかぎり、どこでも人間たちが仲良くやってゆけぬわけは基本的になかった。現代世界の経済的な相互依存を反映する点でモダンであり、そして好ましくもある何ものかによって、古いバランス・オブ・パワーは置き換えられなければならなかった。[*19]

　このゆえにジマーンが講和会議の交渉者たちに考慮するように提案したのは、ときおり会議を開くのでなくもっと永続的であり、しかも「世界国家」よりはかなり小さなものであった。国際連盟は公的で永続的な存在感を持ちつつ、基本的には強大国のフォーラムになるはずであった。そして強大国はたとえあったとしてもごくわずかな（ウッドロウ・ウィルソンが模索していたのよりはるかにわずかであるのは間違いない）公的な責務をもって主要な決断を下し続けることになるのだ。それは「おのおのの政府が独立性を保ち、かつ自国民に責任を有しながら、政府同士が接する」[*20]機会を与えることになる。一方で、イギリス人の視点からは、国際連盟はより特定された目的をも持っていた。すなわち、第一次世界大戦によりイギリス帝国そのものが永らえるために必須であるとわかったアメリカ合衆国との絆を固め、アメリカ人にとりわけて平和時の「世界政府という重荷」[*21]を分け持つようさせることである。言葉を換えれば、「ユニバーサリスト」のレンズを通して国際連盟を眺め、それが新たな地球共同体意識の到来を告げると信じることもできたし、「帝国」のレンズを通して、今やアメリカ合衆国と連携してイギリスが世界におけるリーダーシップをとり続けるためには必須の条件として、国際連盟を眺めることもできた。

ジマーンにとっては、これら二つの視点からの国際連盟はまったく同じものだった。結局ジマーンの視点は、イギリス連邦は「イギリスのでもなくアングロ・サクソンのでもなく、世界の実験」[22]なのだった。言葉を換えれば、ジマーンが信じたように、イギリス帝国が盛時のアテナイであり、維持すること、それどころか支配を拡大することは世界に自由を（ほんとうの意味の自由を）もたらす手段だと信じるならば、国際連盟は現実にイギリス帝国の大義名分にかなうであろうし、同時に人類のより広い利益にも資するであろう。自分たちの道義的な大義名分を確信するイギリス人は、ペリクレス時代のアテナイ市民が放棄できなかったように、世界における己が役割を放棄することはできない。それどころか、イギリス人は、帝国支配の影響を広めることで、利己的な独裁者により支配されていた諸民族を法の支配、自由貿易の恩恵、容易な国際交流に慣れさせることができた。ジマーンのような者たちにとっては、一九一八年以降のイギリスの、中東のような新しい地域への影響力拡大は帝国主義とは見なしえなかった。というのも、それは自己本位で強欲なものではなく、常設委任統治委員会の監視の下のイギリスやフランスの委任統治のおかげで、オスマントルコに支配され呻吟していた諸民族が今では現代文明の軌道へと乗せられたのだから。また国際連盟のおかげで、東ヨーロッパの諸民族は自治の特権を享受していたし、仮に彼らがマイノリティの管理の仕方について国際連盟の監視を受けざるをえないとしても、それはたんに彼らがそうしたことに不案内だからであり、統治の手法について経験豊富な者たちの賢明な助言を必要としているからだ。つまるところヘレニズムは、「権力に慣れていない諸民族」を仕込み、彼らに政治の「哲学的学理」を教えることで、「野蛮人」を文明化された人間たちの「都市国家《ポリス》」へと誘《いざな》えるのだ、ということを教訓として残した。このようにして、彼らは盲目的な愛国主義から解き放たれるようになり、「法と自由という偉大で普遍的な観念」が意味するところは単なる「地元への執着の発露」を上回るのだ、と理解するのだ。*23

そうなると、これは国際連盟とはまったく異なる代物だった。国際連盟は計画が進まぬうちからもう世界政府ではなかった。そして、政治的な独立を世界にもたらそうと、つまりヨーロッパ植民地帝国を解体しようと意図された、世界に民主主義を広めるための機構でもなかった。それどころか、ホワイトホールの目には、国際連盟はイギリスの影響を維持しなおかつ広げようとするための、またアメリカ合衆国と協調して世界での指導的役割を固めるための、そして同時にイギリスにとって世界で最も重要な地域であるヨーロッパの新秩序をうち立てるための手段であった。帝国と自由とは両立しうるだけでなく、帝国は自由の発展的な拡大のために必要であった。ジマーンの『ギリシャの連邦』での記述を借りれば、「奉仕することこそ自由であること」なのだった。

アメリカ合衆国が国際連盟に加入するのを連邦上院が拒否したのは、この戦略の提案者ジマーンにとって大打撃であった。しかし論理上、まさに現代世界の情勢が彼思うところの新たなインターナショナリズムを強固なものとしているという確信からして、ジマーンは当初は煩わされなかった。一九二二年にジマーンは、ヨーロッパは「回復期にある」と記している。それは「予知できないものへ向かう弾み……われわれ自身の西洋的価値観の再評価」を必要とするだろう、と。ただ彼は、戦争をくぐり抜け、年配者の仰々しさの正体を暴露することができ、国家間の協同を要求する若者たちに信を置いていた。それにジマーンは、肯定的な立場から、「大陸ヨーロッパ」中で、「主としてイギリスをモデルとした」新たな独立国家が誕生するのを歓迎した。ジマーンの考えでは、それら諸国家の誕生は、一九世紀のバランス・オブ・パワー外交の終焉を意味したし、「近代ヨーロッパの歴史で初めてヨーロッパ諸国間の誠意ある協同を可能性ある政策とした」。そうした判断は、ことに東ヨーロッパの情勢についてジマーンより知識豊富な者なら、必ずや躊躇うであろうものだったが。[*24]

ここでもギリシャ学の影響が顕著であるが、ジマーンの見るところでは、精神的な変容の過程としての教育こそが、新しい国際体制の地固めを成功に導く鍵であった。人類は「世界を全体として」見るよう促されなければならなかった。平和への解決策は、組織の細部を整えることにではなく、「個人の自立を促すための社会教育」にあった。トーマス・ヒル・グリーンの価値観はいまだ滅びていなかったのだ。一九一八年までのカイザー支配のドイツは、誤った教育の好例だった。それは生徒に、お互いへよりも国家へ忠誠の義務を負うていると感じさせたし、文明化された人類という普遍的価値よりも民族文化的特殊性への誇りを吹き込んだからである。その結果が軍国主義であり世界大戦であった。戦間期には、ジマーンは、よって役所勤めを辞めて、大学での教職に戻った。ウェールズの現アベリストウィス大学で新設の国際関係論の講座の教授職を得、後にはオクスフォード大学でやはり国際関係論のモンタギュー・バートン講座の初代教授に選ばれた。[†]その間にも、コーネル大学で講義をしたり、パリに置かれた国際知的協力機関(IIIC)の運営に手を貸したりした。

ジマーン愛するところのギリシャ人たちが依然彼の手引きをしていた。一九三一年のオクスフォード大学での就任講義でも述べたように、この世界は「ヘレニズム化」と「暗黒時代への回帰」との間の選択、「野蛮人を文明化する試みと自分たちの都市国家を放棄すること」の間の選択に直面している。そして国際連盟の成功そのものがそうした精神的・霊的な再配向《リオリエンテーション》にかかっている、と。なるほどそれは、ジマーンが人工的なものへと向かうと感じ疑惑をもって眺めた、「国際法の明確な表現」といった法解釈による事柄にかかっていたのではなかった。実際にジマーンは、国際連盟は、国際法に則り統合され規格化された国際体制を推進することだけで世界平和を保障できるという考えを、「子どもじみているだけでなく……グロテスクで馬鹿げている」[*25]と非難していた。同様に、ジマーンは、国際連盟の正確な法的地位の問題などまったく副次的なものと見なしていた。ジマーンにその理由《わけ》を問うてみよう。「新たな先例のない政治的実体にあてはめようと旧式な政治的レッテルを探そうとする試みは、国際連盟の場合にも、相似た『イギリス連邦』ないし『イギリス帝国』の場合にも同じく無益なものである」。いずれにしても、それは「協調の道具」であった。驚愕すべきことにジマーンは「連盟」そのものを、それ自体では「政治的に無力」なレッテルと描いているのである。その生命は加盟国を構成する諸国民の意志によってようやく吹き込まれるのだ。[*26]

そうした論評が示すように、ジマーンのようなインターナショナリストが国際連盟を無条件に支持していたと見るのも、また常に彼らにとってきわめて大切だった帝国の次元を見逃すのも間違いである。一九二六年にコロンビア大学で行った連続講演で、ジマーンは、依然として自分が国際連盟でなくイギリス帝国を世界の希望の最たるものとして考えていることをはっきりと述べた。もっとも、ジマーンに

† 国際関係論の講座として世界で初めてとされる。学科名・講座名は「国際政治」。また、講座名に冠されたのはウッドロウ・ウィルソン。ウッドロウ・ウィルソン講座の初代がアルフレッド・ジマーンで、一九三六年四代目に就任したのがE・H・カーというのも興味深い。

よれば、これはアメリカ植民地が離脱して終わった最初のイギリス帝国ではなく、第一次世界大戦中にヨーロッパ大陸の諸帝国と共に衰退したと言われている土地横領者の第二帝国でもない。今や彼お気に入りの概念たる「連邦」がメインテーマである、「第三イギリス帝国」とジマーンが称するものであった。第一次世界大戦後イギリスの自治領《ドミニオン》に与えられた新たな権利は、（ジマーン、大いに賛同するところだが）法自体に基づくのではなく、共通の文化規範に訴えることと、まだ始まったばかりだが（ジマーン、さして賛同せずだが）「イギリス人としての人種感情」[*27]に訴えることに基づく、一定程度の構成上のダイナミズムと柔軟性とを表していた。一九二〇年代のこの目新しい帝国は世界にとってのモデルだった。連邦が戦争があっても持ちこたえたのは、ライヴァルの諸帝国にはない「自由の精神」と「自由な制度」を抱えていたからだ。連邦をまとめている絆は「物質的でなく精神的」なものであり、「力による絆」は徐々に「受動的な承諾による絆」へと変えられていたのだ。この主張には、さすがのジマーンも記しているが、イギリス支配への抵抗が集中しているインドとアフリカの植民地とは含まれていなかった。けれどジマーンは、軍事力や警察力でなく道義的な力こそが「世界で単一のものとして最大の政治的共同体」であるイギリス帝国を結びつけ、それを「今日《こんにち》の世界で戦争への最も確実な防波堤」へと変えていくものと確信していた。[*28]

ジマーンによって発展中の世界共同体として描かれているが、この文化的にも人種的にも多様な帝国は「さまざま異なった発展段階にあるが、完全な自治をめざしているまさに多様な共同体の集合」で構成されていた（矢内原忠雄をはじめ帝国についての日本の理論家たちは、本書「終章」で見るように、国際連盟は基本的にヨーロッパのクラブに過ぎず、イギリス帝国が世界共同体の本当のモデルを提供していることに同意していた)。ジマーンによれば、自由の名の下に戦われていた第一次世界大戦は、帝国の解放的な面を加速させていた。インドは、とジマーンは嬉しげに述べているが、自治を欠いているにもかかわらず国際連盟に加盟を許された。委任統治がかつての植民地国家を受託国に変えた。エジプトは数年間でオスマントルコの宗主権から切り離され、イギリスの保護国、そして独立へと進んでいた。同時に、イギリス帝国は、国際連盟そのものを通しての国際協調の必要性も理解するようになっていた。実際、国際連盟は、独り立ちできない新しい国際社会の支えとなってやることで、「イギリスにとっては一九一四年に過ぎ去ってしまった体制に取って代わるにふさわしいものの、少なくとも輪郭は与えている」。かくして国際連盟はイギリス帝国の「デウスエクスマキナ」になったし、イギリス帝国が存続するには、「より大きな連盟のなかの連盟、より大きな社会のなかの社会」としての新たな位置を求める必要があったのだ。

けれども国際連盟もイギリス帝国を必要としていた。新参者であるので、国際連盟はイギリスが持っていた「道徳的権威」をいまだ欠いていたからだ。ジマーンにとって、この道徳的権威を由々しく傷つけそうになった領域が一つだけあった——人種的平等の問題である。ここにおいてジマーンはスマッツと袂を分かったが、帝国について考えるイギリスのリベラルの仲間たちの内部分裂を反映しており、将来に禍根を残すことになった。スマッツと同じくジマーンも、「白人の威信」が戦争と科学技術の知識の普及で弱められていたことを感じていた。ジマーンがスマッツと意見を異にしたところは、その威信低下の過程を止めるためには、己が常にイギリス人と重ね合わせていた道徳的優位を失うことになる、と考えていたことだ。それがために、ジマーンの見るところ、民族自決の原則は——民族自決の原則のことを、ジマーンは彼らしく「深いところで人としての存在《パーソナリティ》を確認するための動き」と表現していたのだが——非白人諸民族から支持を受けられなかったのである。ジマーンは、一九一九年にパリで、日本が提出した国際連盟が人種的平等に関与すべきだという「人種差別撤廃提案」が受け入れられなかったことを嘆き、先行きインド政府が（イギリスの支持を得て）日本の発議を再度提出して成功する日が訪れることを心待ちにしながら「完全な平等……を有する各人種の特質に関してイギリスの原則がうち立てられること」を要望した。ジマーンが無視したスマッツ版の代案は、「白人の優越に基づいて」イギリスの永久的な支配を支持するというものだった。この意味から、世界平和は「イギリスの道義的勇気」に基づいているのだとジマーンは結論づけた。彼はあらためて、世界秩序と諸国民の間の安定した関係を築くには、新しい組織や国際法よりも道義的なリーダーシップを必要としているとしたのだ。*29

一九二六年発行で一九三四年までに第三版が出たジマーンの『第三イギリス帝国』（*The Third British Empire*）は、リベラルなインターナショナリスト御用達の雑誌『インターナショナル・アフェアーズ』誌で、評者により絶賛された。「秩序だった国際関係の安定したシステムがその上に構築されうる国際協調の好個の例」の輪郭を示し、「今日のイギリス帝国のまさに基礎となっている、自由で自発的な協調の意欲ほど効率面でも永続性でも勝る法的拘束力はありえない」*30ことを示している、として。もっとも、人びとがジマーンの描く深刻な問題を孕んだ帝国のイメージを受け容れたとしたら、どうすれば人びとは世界がジマーンが認めた方向性に沿って将来を考えるなどと確信できるのだろうか？（ちなみにジマーンが描いたのは、述べてきたように、帝国をまとめるのに必要となる正真正銘の抑圧については信じがたいほど表面をなぞっただけの「帝国」のイメージだったが）。どうすれば人びとは（ジマーン自身の記述を借りるが）「南北アメリカの住民は言わずもがな、ヨーロッパ大陸やアジアの住民が実際にイギリス人に変えられている」などと確信を持てるのだろうか?[31]

ジマーン自身も、世界にはまだ国際的に考えていない者が多く、支援を必要としていると認めざるをえなかった。けれど結局は、どこでも人びとは戦争が不合理であることを学ぶに至るはずだ。それまでは、合理的思考の政治家や政策立案者が平和を維持する傍らで、教育者が人びとがそれを学んでゆく助けとなれる。国際関係論の講座と国際連盟の国際知的協力機関(IIIC)だけが、戦間期に、インターナショナリズムとヨーロッパ的価値観再評価を涵養するために設けられたわけではなかった。ジマーンは、ロンドンの王立国際問題研究所(一九二〇年設立。別称チャタムハウス)やニューヨークの外交問題評議会(一九二一年設立。CFR)のようなシンクタンクの創設にも関わったが、二つの姉妹組織は明らかに英米両国が世界のリーダーシップをとるのを強化しようとする意図からであった。彼は、国際知的協力機関でジマーンと一緒に働いていたコロンビア大学教授のジェームズ・ショートウエルのようなウィルソン主義者たちとも緊密な関係にあり、それによってアメリカ合衆国が(加盟していない)国際連盟での足がかりを保てるようにしていた。[32]

しかしファシズムが広まり、経済不況がリベラルな資本主義を衰退させ、ヒトラーが政権の座に就くと、世界平和の希みをリベラルな教育——基づくものがギリシャ人の永遠の価値観であれ、それを現代に合わせて飜訳する新たな国際関係論という学問領域であれ——に託するのは、せいぜいがとこドン・キホーテ的な努力であった。ジマーンがそれまでそうした信頼を託していた知識人たちは、仲間内で平和主義について議論していた。国際連盟を民主主義国家の提携に変える、それも裏打ちとなる独自の国際的な警察力を持った提携に変えることが必要だと主張する者もいた。また、ジマーンもそうだったが、それでは条理とか、精神の持つ変革する力とかを信奉するのに反することになるとして、戦慄を覚える者もいた。もっとも、ジマーン自身の「ヘレニズム化」の過程は明らかに破綻していた。左派右派ともに、「ヘレニズム化」の代わりとなる強力で自信に満ちた好戦的なイデオロギーが台頭し、ジマーンの道徳的理想主義が実際面で限界があることを露見させてしまったし、文化的な自意識の欠如も人目に晒してしまった。トーマス・ヒル・グリーンの理想主義は一八八〇年代には帝国のエリートたちに役立ったかもしれないが、「連邦という原理」はヒトラーやスターリン相手には何の答えにもならなかった。鬱々としている校長先生のものにも聞こえるが、一九三八年にはジマーンは「国際的な基準が崩壊したこと」を嘆き、自分で改善に役立つと感じていた三要素が機能しなかったことを認めた。キリスト教精神、「われらのイギリス的な行動基準」、そして国際法の三要素である。諸国家が自国の利益の追求をやめないこと、「ドイツ精神」がナチズムの誘惑に抗えなかったこと、そして国際世論が戦争へと至る道を遮ってくれないことに、ジマーンはショックを受けているようだった。彼の以前には持っていた政治面でのキャリアの社会的・経済的次元への関心はあきらかに消え失せていた。バランス・オブ・パワーや戦略的利益のいかなる分析からも離れてしまい、「国際的な道義性」が崩壊したことへの不満のみが、唯一残されたものであった。

E・H・カーが（とりわけて）ジマーンのことを、その後の国際関係研究に大きな影響を与えることになる大論争で、希望的思考、現実主義の欠如、国際情勢では権力が最重要であるという認識のなさについて非難したのはこの頃であった。カーの戦間期を扱った『危機の二〇年』（*Twenty Years' Crisis*、一九三九年刊行）はまさに毀誉褒貶が相半ばしたが、とりわけ戦後になると、現実主義的な理論家たちはその書にある「理想主義の打破」をそっくり真似るようになる。刊行当時の人間たちは、それほどうろたえはしなかったようだ。ある批評は、次のようなことを見抜いて記している。カーは道義性を権力の対極と見なしているように思えるが、けっして「道義性」が何をさすかを定義づけてはいないようだ。道義性をユートピアに、権力を現実性に結びつけるのはたいへん結構だが、その結果は、社会的現実を形成してゆくうえで道徳的価値観がいずれにせよ権力より現実味を欠くのをはっきりさせるということになるのが落ちだ、と。ジマーンについて言えば、自説を主張し譲らなかった。道徳的な相対性は彼につきまとった。ジマーンは「善という観念から逃げること」で得られるメリットはないと信じていた。「ある外交政策が、ある民族の伝統が、ある政治的な大義が他より『優れている』ということがありうると認めるのを拒むこと」で得られるメリットについても同様である、と。実際、理解できることではあるけれどもたくさんの批評がジマーン自身の著作について見逃したのは、しばしばそれらの著作は、事態の成り行きを公平に評価するというよりも、むしろ道徳的にも政治的にも改善を促すものとして書かれたということであった。*33

けれども第二次世界大戦は、ジマーンの信じていたヨーロッパ復活の可能性を損ない、ついには彼にとってヨーロッパ復活よりさらに貴重だったものを徐々に衰退させていった――イギリス帝国への信奉の念である。一九四〇年代初めまでには、ジマーンは、世界の将来にとっての唯一の希望は、アメリカ合衆国に以前はイギリスのものであった指導的役割を演じるよう説得できるかどうかにかかっている、そう信じるに至っていた。ジマーンはしばらくの間戦時下の外務省で戦後計画の策定に携わった。また、イギリスの生物学者ジュリアン・ハクスリーに長の座を取って代わられるまで、国際連盟の国際知的協力機関（IIIC）の後継たるUNESCO（国際連合教育科学文化機関）の設立に中心となって関わっていたのは確かである（ジマーンとハクスリーは、一九四〇年代半ばの状況下で知的協力が意味するものについて、見解がまるで対立していた。ジマーンにとって、それはリベラリズムの価値観を永らえさせることであり、自由を擁護するために西洋の「道徳再武装」を支援することであった。ハクスリーにとっては、ジマーンの見解は旧弊であり、不必要なほど好戦的だった。彼はその代わりに、科学の客観的な真実に根ざし、イデオロギー上の境界を越えて人びとをまとめる「科学的人道主義」なるものの普及を唱導した）。一九四七年に、キャリアの面では失望を覚えながら、ジマーンはアメリカ合衆国へと旅立った。*34

ジマーンは、つねに高い敬意を払ってきた国へと行くのであったし、トルーマン・ドクトリンとマーシャル・プランの年だったので、六八歳のジマーンは若々しい超大国が国際舞台に躍り出るのを大歓迎していた。「アテナイとアメリカ」（*Athens and America*、一九四七年）と題した記事は、古代ギリシャ人と現代のアメリカ人との類似を協調していた。いわく、「驚くべき活力と精神の清新さ」、「旧世界からの疲れ切り意気阻喪した来訪者」の元気をも回復させる能力。そのどちらもが移民を歓迎し、文化的同化の並外れた力を発揮するのだし、どちらもが「拡張的性格」を帯びていた。アレクサンダー大王は、ギリシャ文明の非凡な特質を広めるのにマケドニアの密集方陣（「当時にしては原爆並み」）の恩恵を被ったのではなかったか？　そして古《いにしえ》にペルシャの脅威に直面してアテナイ市民が（「語の厳密な意味での」）文明を擁護するのにギリシャ人の力を糾合したように、今やアテナイ市民はワシントンにおける連邦主義者のためにリーダーシップの範を垂れるのだった。もちろん話しが良からぬ終わり方をすることもありうる。ジマーンは、アテナイの傲慢さとメロス島への遠征を思い起こしている。メロス島ではナチス顔負けの振る舞いを「小規模ながら」演じてしまったのだ。けれど彼の議論の趣意は度外れていて、信じられないほど感情剥き出しなものと言えた。紀元前五世紀から一九四五年以降のアメリカ合衆国の興隆までの間は、「国際情勢における優勢な権力が、立憲民主制という理念を奉じた国民の手中にあったことが一度もなかった」とまでジマーンは述べている。その後の著作『世界平和へのアメリカの道程』（*The American Road to World Peace*、一九五三年刊行）のなかでは、さらに手が込んでくる。ローマ帝国は畢竟するところギリシャの原理の腐敗したものに過ぎぬことが露見した。アメリカの連邦主義こそがギリシャ民主政治を真に後継するものであり、よって国際平和を維持するうえで世界で唯一の希望なのだ、と。ジマーンは半世紀以上にわたって永久《とわ》の権力としてイギリス帝国を信奉していたのだったが、言及はもはや見られなかった。今や彼が述べているのは、ペリクレスからハリー・トルーマンまでの間のおよそ二四〇〇年紀の間は、世界は完全な暗黒のうちに呻吟していたということであった。幸いにも「ヨーロッパの時代」は終わり、「世界精神」はますます先へと進み、現在では国連憲章を「アテナイの法がアテナイ市民にとってそうであったように、全人類にとっての真の規約」になすという最良の機会を担うのは、イギリス連邦ではなくアメリカ合衆国だった。その歴史において「法による支配」が活発な社会道徳意識によって人口規模も大きく多様な国民に広まる様を示してきたアメリカ合衆国のみが、地球規模で「法と自由」とを然るべく王位に就けさせうる、というわけだった。[*35]

＊

ジマーンのアメリカの政治学者の間での名声はこの頃でも大したものであったが、彼らの国アメリカの構造的な発展についての彼の解釈は、無知で楽観主義的だという強い印象を与えた。より基本的なところでは、時事解説者や知識人がアメリカ合衆国が世界的強国にのし上がる意味を議論してゆく際には、ジマーンの国際情勢へのアプローチ全体が攻撃の対象になった。一九五〇年代の国際関係論という学問領域は、ジマーンの遺産から遠く離れ冷戦構造下の社会「科学」として出直す前からすでに、「現実主義」に魅せられていた。現実主義とは、権力や力を考察の中心に固く据え、利己主義という現実直視の倫理を持つことを誇る学問上の主義であった。一九五一年に、アメリカ合衆国におけるこの分野で最も影響力のある人物ハンス・モーゲンソーは、アメリカの外交政策のユートピア的な思潮に対し辛辣な攻撃を始めた。そのユートピア的な思潮は、まずはウッドロウ・ウィルソン、ついでフランクリン・デラノ・ローズヴェルト、ハリー・トルーマンに、高邁ながらうぶな《ナイーヴ》インターナショナリズムで国益を危うくさせてきた。今ではギリシャの先哲の読み方も新しくなった。アリストテレスやプラトンだけでなく、トゥーキュディデースに示唆を受けるところが大きくなった。国際政治は、互恵的に良い社会を追究するといったものでなく、悲劇的な葛藤や競争の次元となった。それぞれの国は、何を得られるかで戦った。共通の利益に基づいてというのは、ジマーンがつねに嫌っていたやり方だが、そうでないかぎり協調は不可能だった。ジマーンなら、自分はパワーポリティックスでなく責任ある政治の方を信じているし、世界情勢の本質的要素としては道義性を信じている、そう言ったことだろう。*36

第二次世界大戦のだいぶ前から、世界が単一の国際文明——ギリシャ・ローマ古典学に根ざし、ヨーロッパ、ことにヴィクトリア朝のイギリスの規範に好個の例を見出す文明——の価値観に収斂するという考え方は、尊大なほど自己満足的なものに見え始めていた。ヨーロッパ文明が、イギリス、フランス、ナチス・ドイツ、ファシスト・イタリア、そしてソヴィエト連邦まで包摂するなんて信じられるだろうか？　一九二九年にジョン・フィッシャー・ウィリアムズは、「他からかけ離れている国家の共同体としての『文明化された世界』という概念は、もはや現代社会の実態とは合致しない」と胸の裡《うち》を明かしていた。ヨーロッパにおける戦間期の民主主義の危機は、それまであった確信が浸食されるのを速めた。一九四〇年代までには、リベラルを眺めても二手に分かれてしまっていた。ヴィクトリア朝的に普遍主義へアプローチする道は塞がれてしまったと認める、世界史家アーノルド・トインビーのような者たちと、「西洋」概念や「アメリカ例外主義」概念を通して普遍主義を蘇生させようとする者たち、とにである。後者のなかでも目立ったのは、今ではジマーンもその一人になっていたが、冷戦構造下の汎大西洋主義者であった。彼らは「西洋」文明という概念のなかに、永続的な真実の新たな受け手を、世界の指導者という松明《たいまつ》をアメリカに引き継がせる方法を見出していた。冷戦初期に、イギリスの外相アーネスト・ベヴィンがアメリカ合衆国の国務長官ジョージ・マーシャルに「西洋文明の精神的な団結」を勧めている一方では、イギリスの歴史家エドワード・ウッドワードはアメリカの学生に「西洋文明の遺産」について講義して、彼らにアメリカは全世界の「健全さ」のためにもヨーロッパに介入し救わねばならないと警告していた。トインビーの側は、そうした話し方は「来るべきアメリカ世界帝国」の始まりを告げるものだと心を痛めていた。*37

ジマーン自身はトインビーの懸念を共有していたわけはなかろう。彼はアメリカの支持が国際連合を成功に導くことを望んでいたし、楽観的になるには理由もあった。新たな世界機構に対する一般の熱狂は戦後のアメリカではたいへんなものだったし、ジマーンの以前の学生たちがトルーマン政権で重要な存在になっていた。そのうちの一人ディーン・ラスクが、国務省国連局長として、国連総会をソ連の拒否権を回避しうる親米の道具に変えようとしていた。ジマーンは協力を惜しまず、ラスクに国連で「アメリカ計画」なるものを貫くよう促した。けれどもラスクは、かつての師のジマーンにあまり多くを期待しないよう注意もしている。ラスク自身も、トルーマン・ドクトリンやマーシャル・プランが国連に何の役割も与えていないことに失望していたが、段々と国連の構造からして、アメリカの利益追求にとってはおおむね副次的なフォーラムに留まるだろうことを受け容れるようになった。*38

ソ連が中国を代表するのはどちらかをめぐって安全保障理事会をボイコットして一時的に欠席していた際に、しばらくの間だがラスクは、彼とジマーンが心に描いていたように、国連を利用することができた。一九五〇年六月に、主導権を総会の方に移すために国連憲章を「創造的に読み違え」て「平和のための結集決議」を起草しながら、ソ連の安保理欠席を奇貨として朝鮮半島での軍事行動の支持をうまうまと安保理からとりつけたのは、ラスクの働きによるものだった。アメリカ合衆国によって規定される自由の擁護を追い求めるのに新たな国際機構を動かそうという、ジマーン的な意欲を示した行動だった。ジマーン自身はこの時に、安全保障理事会は国際的な活動の「躓きの石」になっていると論じ、国連総会へと目を転じることにも、地域的な集団安全保障の同盟にも、どちらにも賛成した。けれど、一九五〇年代半ばまでには、アメリカ合衆国と国連とのじゃれ合いが基本的には終わってしまったのは明らかだった。「人道主義外交」はアメリカの世界的使命の一部であるとか、アメリカが「率先して国際社会の道徳的基準を押し上げる」のだとか、この目的のために効率的な国連が必要なのだといったラスクの信念は、どれもジマーン自身の長年の信条を鸚鵡返しに唱えるものだった。それにもかかわらず、世界の最強国《ヘゲモン》の目的と国連の目的との分裂に直面しては、両人とも躊躇いもなく前者を選んだ。重要なのは世界に自由という価値観を教え込むことであり、国連それ自体を支持することではなかったのだから。*39

少なくともジマーンの定義では「道義性を広めること」となるが、そのためには世界におけるリーダーシップが必要だった。そして、それを提供するのは国連ではなくアメリカ合衆国の肩にかかっていた。「権力の有益な利用」と「文明化する面での影響力」を通して「国際社会」を構築せねばならないのは、国連でなくアメリカ合衆国だった。ジマーンが指していたのは、アメリカ合衆国が「責任ある政治」と「法の支配する領域の拡大」の両面で国連を啓発するのを仮に止めたときに生じるだろう事態、ではなかった。彼が渋々だろうが認めた最たるものは、アメリカ以外の世界は、アメリカが伝統的な意味での強大国ではないことをなかなか理解できないというものだった。つまり、「今でも次のような国家、とりわけ非白人の国家がたくさん見られる。アメリカの政府や国民を信頼するに至っていない。また今では国際政治の主役はヨーロッパにあった先達とはまるでタイプが異なり、国際関係における新しい原理と行動規範を示している強大国が務めていると認識するに至っていない*40」というわけである。

ジマーンの考え方はヴィクトリア朝的に見えるかもしれないし、政治家や政策立案者の専門性や先見の明への信頼も古風なものに思えるかもしれない。また、地球規模での道徳共同体という彼の意識を、われわれはそれに付随する時代遅れの考え方——西洋文明という単一の文明への信奉、ヘーゲル学派的に世界の指導者を必要とし賞賛すること、「道徳的相対主義」のいかなる要素も受け容れるのを渋ること——なしでも共有できるものなのか、疑問に思うかもしれない。それにもかかわらず、たくさんの評論家は今日でさえ、堅苦しい規範や、ましてや扱いにくい利己的な官僚組織を備えた国際機構によってではなく、道徳的共同体意識を共有することでつながっている「国際社会」(international society、ジマーンが始めた表現と思える)という考えを好むように思える。そして、今でも意識においてジマーンの深い影響下にある者が、アメリカ合衆国にはとりわけてだが、たくさんいる。ジマーン同様に、彼らは世界の指導者は打算を「旨として」行動してはならないと信じている。最良のもののために活動するのであり、たとえその出来栄えには疑義を呈することはできても、動機についてはしてはならない。政治的なスペクトルには関わりなく、彼らは世界には指導者が必要であり、アメリカ合衆国以外にはそれは考えられないと信じている。元の国務長官マデレーン・オルブライトはかつてアメリカ合衆国を「不可欠な国家」と呼んで不評を買った。ファリード・ザカリアは、アメリカ合衆国が力を持つのは「アメリカにとってだけでなく世界にとって善だ」[*41]と記している。ジェームズ・トラウブは『フリーダム・アジェンダ』(*The Freedom Agenda*、二〇〇八年刊行)のなかで、ブッシュ政権の新ウィルソン主義の失敗を容赦なく分析してみせるが、その結論はというと、損なわれたのはその遂行についてであり、基本的な観念ではないとしている。また、アメリカの安全保障を再考する二〇〇六年の提言『法の下自由な世界を創造する——二一世紀アメリカ合衆国の国家安全保障』(*Forging a World of Liberty under Law: US National Security in the Twenty-first Century*)で、プリンストン大学の政治学者たちはアメリカ合衆国を、ジマーンのイギリス帝国の観方と同じで、ますます相互の繫がりを深める世界において末永く続くまさに「力」であると見なしている。彼らも「拡大する自由」という言い回しは使ったし、彼らの価値観——都合の良いことにたまたまアメリカ的であると同時に普遍的な価値観――をほとんど必然と見なしている。ジマーンが、帝国を支える強制的で暴力的な面は控えめに扱いながら連邦の観点から帝国を語ったのとまさに同じで、彼らは「ネットワークの世紀」におけるアメリカの「強み」について語り、新しい権力の手段を「連結性《コネクティドネス》」と定義する。皮肉なことに、これが彼らを、アントニオ・ネグリとマイケル・ハートが『帝国』(*Empire*、二〇〇〇年刊行)で広めた「二一世紀の帝国」の新マルクス主義的な観方にとても近づける。ただし、彼らはこの筋書きで支配のいかなる要素も認めることをあからさまに避けているが。結局、自由の帝国において強制とはありうるのか? 二〇世紀と二一世紀初めの出来事が、高潔な最強国《ヘゲモン》という観念をまじめに取り上げるのを難しくしたとか、世界で最も強大な国家が共通の目的を明らかにするのに最適な立ち位置にいることだろうと決めてかかるのも難しくした……そんな風に人びとは考えるかもしれない。けれども、どうもそうではないようだ。世界にとって何が好ましいかを決めるべきは誰かという問題は、一世紀前にジマーン自身にとって自明であったように、今日《こんにち》のインターナショナルなモラリストたちにとっても自明のことであるように思える。*42

第3章

民族、難民、領土　ユダヤ人とナチス新体制の教訓

スマッツやジマーンのような帝国主義的なインターナショナリストにとって、ファシズムとの闘いは、彼らがイギリス連邦擁護のために長い間練り上げてきた主張を根本的に変えるものではなかった。たしかに、国際連盟の失敗から学ぶべき教訓はあった――なかでも、それに代わる機構がいかなるものであれ強大国の団結を確たるものにする必要がある、という教訓があった。しかし、本質的には、彼らは新しい国際連合機構（UNO）を、目的の点では前身の国際連盟と似通っていると見なしていた。それは、イギリス帝国への影響を和らげ、アメリカ合衆国との結びつきを固め、ソ連が世界的強国になっているという遺憾ではあるが我慢はできる事実と折り合いをつけるための装置となるはずであった。平和を保つことでこの機構は、ヨーロッパ、加えてアメリカ合衆国、ソ連など後追いをする国々の、世界におけるヘゲモニーを維持することになろう。

こういった国々は重要な国家であり、ジマーンの言葉によれば政治の「哲学的学理」を理解している――あるいは少なくともそう思われている国々であった。一九一九年のパリ講和会議での取り決めは、アフリカや東南アジアでの民族自決の原則を妨げはしたが、中東欧の至る所に民族自決を拡大するものであった。そして、両次世界大戦間の国境をめぐる争いや憤慨するマイノリティ・グループが世界秩序のまさに中心にある問題——国民国家体制のなかで国際的な調和をいかにして達成するか——を提起したのは、ヨーロッパの紛争地《ボーダーランド》の中東欧でのことであった。仮に国民国家が承認し合うことが将来の国際的体制の基礎的要素になるのだとしても、国民国家間の緊張——第一次世界大戦前と終結後の戦間期のヨーロッパの主権国家体制に組み込まれているかに思えた緊張——が再三再四戦争という形で爆発するのをどのようにして防げるのだろうか？

ホワイトホールでもたくさんの者がずっと恐れていたように、一九一八年以降の民族自決の勝利は問題のすり替えに過ぎなかった。ヤン・スマッツ、ウッドロウ・ウィルソン、アルフレッド・ジマーンは皆（熱意の度合いはそれぞれ異なっていたが）「民族自治」の原則が拡大することを歓迎していたが、すぐに自分たちが直面しているのは新しいこと——マイノリティが国際紛争の主因になるのを避けること——だと悟った。これはおそらく、旧大陸の戦間期の外交にとって唯一無二の課題で、国際連盟が解決にみごとに失敗したものであった。マイノリティが間違いなく適切に扱われることを保障する、先駆的な司法機関の常設国際司法裁判所などが機能することはなかった。強大国側が、東ヨーロッパの同盟国はそうした司法機関を尊重すべきだ、と主張する気構えを一度も見せなかったからである。

この地域ではドイツ民族が個々に見れば最大のマイノリティであったから、マイノリティの権利保護の体制の不適切さはベルリンにますます不満を引き起こした。一九三三年以降、ナチズムは国際連盟に代わるものだと自任し始めた。ナチズムは、法が国外ドイツ人を守りきれなかった場所、加えて戦争や暴力的な人口政策といった手段により東ヨーロッパの国境線を引き直すことでマイノリティの存在を根絶することができなかった場所では、力に訴えようとする運動だった。ナチズムの勃興は、望まれない民族などひとまとめにして駆逐することができるというナショナリズムの潜在能力を証明し、難民たちの大規模で不安定な移動を産み出し、ヨーロッパ大陸至る所どころかヨーロッパ大陸の外にまで緊張をもたらした。

ナチスのヨーロッパ観の中心には、もちろんヨーロッパ大陸におけるユダヤ人の生命や社会の抹殺があった。それゆえ必然的に、民族、無国籍問題、マイノリティの権利といった幅広い争点が明確化したのは、ユダヤ人問題をめぐってであった。イギリスは、パレスチナでの委任統治の受任国としての役割ゆえにこの問題に関しては動きが取れなくなっており、難民の危機に対していっそう精力的な国際的対応を要求するのは、アメリカ合衆国の役割になった。本章は、ヨーロッパにおけるナチス支配についての戦間期の分析者たちが、マイノリティの権利、民族自決、難民の福祉などの将来にとっての処方箋を、戦争中に起こったことの解釈に基づいていかにまとめたかを掘り下げる。とりわけユダヤ人の最終的解決についてが明らかになるにつれ、アメリカ合衆国の時事問題解説者や活動家たちは、ヨーロッパにおける戦後のユダヤ人問題に対し、同盟した連合国側はどのように取り組むべきかを議論した。ナチスの所業についての研究からは両極端な見解が出てくる可能性があり、事実そうなった。マイノリティの権利の保護についての古い考え方にこだわり、未だに国際法による保護手段を信じる専門家もいた。実際、彼らは今や、そうした保護手段を、東ヨーロッパを遥かに越えるまで拡大し、それどころか地球規模にまですることさえ提案していた。けれど、次のように見ている専門家もいた。つまり、それを得んがためにこそ連合国側が戦っている世界秩序は、まさに国際法が実際に達成できることのありのままの評価において、かつての世界秩序とは似ても似つかない評価を下しているのだ、と。事実、ますます多くの者が、国際法支持とは反対の極へと向かっていった。彼らにとって、ナチスの新秩序の教訓は、マイノリティ・グループの排除は、近代のナショナリズムにとっても、かつまた近代のインターナショナリズムにとっても、単純に必要な要素であるということであった。それゆえ望ましいことは、戦争の生み出した自発的で無秩序のものとか一方的な命令ではなく、国際的な交渉の上で組織されたものであることを確認しつつ、強制的な住民の移送や交換に合理的に対処することであった。戦後の秩序は国際法の信奉者たちの希望を叶えるだろうか、それとも民族的均質性を支持する者たちの希望を叶えるのだろうか？

＊

ヨーロッパのユダヤ人問題は、一九世紀末以来、民族の権利やマイノリティの権利についてのインターナショナルな考えを、考慮の中心に据えてきた。一九一九年の平和の構築において、国際連盟を戦後の和平の条件に結びつけることが重要課題の一つとなった。ユダヤ人ロビイストたちがヴェルサイユで、東ヨーロッパの新国家群が国際的な承認を得られるのは、国際連盟の監視により保障される「マイノリティの権利遵守」次第とさせた後だったからである。パリに集まった東ヨーロッパの代表たちは大っぴらに、自分たちが自国の市民をどう扱っているか国際組織に報告するのを強制されるという不面目に抗議したが、ポーランド東部、ルーマニア、ウクライナでのユダヤ人虐殺《ポグロム》が報告されたことにより、彼らの立場は危ういものとなった。ユダヤ人の「民族の権利」の議論として始まったものが、バルト海諸国からエーゲ海までの至るところ、加えて地域によっては中東でのマイノリティを保護する、より包括的なシステムへと移っていった。ジュネーヴの国際連盟本部の小さな事務局は、マイノリティの冷遇に関する苦情を受けつけており、調査したうえで目にしたことを報告することもできた。国際連盟の委任統治の監視の場合と同様に、マイノリティの権利は法で保障されているとはいえ、本質的には国際世論の力によって守られていた。それでも、マイノリティの権利保護は、主権国家の内政問題への、(当時まだ是認されていた)国際法による最も差し出がましい干渉を意味した——差し出がましすぎたので、強大国は同様の制度を自国に適用することは認めなかった。*1

一九三〇年代半ばまでには、国際連盟のマイノリティの権利保護の体制は混乱状態に陥っていた。東ヨーロッパ諸国の内政に絡む干渉の度合いは、ひどく憤慨されるものだった。しかし国際連盟の考案者たちは、いかなる強制執行の機関をも準備しておらず、それゆえマイノリティ・グループも、また時に彼らを支援することのある強大国も遠ざけてしまった。さらに、ドイツが大国として、このような監視には従ってこなかったので、ナチスが第三帝国内でユダヤ人を標的にし始めた後にも、ジュネーヴには介入しようにも事実上法的基盤がなかった。ひとたび国際連盟の威信が衰えると、ポーランドが先鞭をつけたのだが東ヨーロッパ諸国は、ことさらにユダヤ人を劣等民族に貶め退去させようとするあからさまな努力において、マイノリティに対する形式的な義務を思い煩うこともやめたし、実際にボイコットや定員枠(ヌメルス・クラウズス)、その他同様の差別的な政策の実施の面でドイツに倣い始めた。一九三七年までに、ヨーロッパは、第一次世界大戦終結以来の無類の規模の難民危機に直面していた。

国際連盟は、手を差し伸べるには無力であるように思われた。誰が難民と見なされるかについては一般的な定義がなく、実際、何十万人もの無国籍の人びとが二〇年間も法的に忘れられた状態で暮らしていた。フリチョフ・ナンセンは一九二〇年代に難民高等弁務官の地位にあってこの問題を世間に知らしめたが、彼の役職も権限を欠いていた。一九三〇年のナンセンの死後、その役職も格下げとなった。「一九三三年一〇月二八日の条約」は、多くのロシア人、アルメニア人、アッシリア人などの難民たちの窮状を規制する手助けにはなったが、この条約が締結されると時を措かずにナチスは政権の座についた。† 国際連盟は第三帝国からの難民を扱う特別な役職を設けたが、他の国々は自国に大変な数の失業者を抱えており、彼らを受け入れるのを極端に嫌がった。国際連盟の「ドイツ出身難民高等弁務官」であったアメリカ合衆国の外交官ジェームズ・マクドナルドは、一九三五年失意のうちに辞任した。ナチス体制は他の体制に取って代わられるべきであるというマクドナルドの要求は無視された。*2

世界的な難民危機は国際連盟の失敗を証するもので、ヨーロッパを再度戦争に陥れようとしていた。ヒトラーは、ドイツでは人間が溢れかえっているし、劣等民族という余剰の人口は放り出さざるを得ず、ドイツ民族自体が――一九一八年に戦前の帝国領土のかなりと海外に持っていた植民地を奪われていたので――もっと土地を必要としている、そう主張した。しかし、この主張はナチスのなかにだけ見られたものではなかった。実際、ヨーロッパは人口過剰という慢性的な問題に苦しんでいるとか、海外への余剰人口の送出を可能にせねばならないとか、一九一八年以後の人口移動への障壁が国際的な緊張悪化

† 同年だが、時系列的には逆になる。

の一因となっている、といった合意が広く見られた。農業経済学者は、東ヨーロッパや南ヨーロッパの農業国の慢性的な失業を指摘した。少なくともイタリアでは、ファシストの人口統計学者が、北アフリカ・東アフリカの植民地化が問題解決に役立つだろうと論じた。

この問題が、ワシントンの目に留まらないわけはなかった。フランクリン・デラノ・ローズヴェルト大統領は、ユダヤ人難民の苦境にはことさらだったが、広汎なヨーロッパの人口統計学的危機にも関心を寄せていた。大統領が国際的にリーダーシップを主張しようとする好機を早い段階で摑んだのは、この領域だった。彼は、一九二〇年代初期のアメリカの移民規制によって引き起こされた厄介事を嫌というほど意識しており、この問題を世界的な視野から見ていた。彼は地理学者たちに科学的な解決策を見つけるよう委託した。すなわち、ヨーロッパを平和な状態に戻すと同時に、組織だった植民地化と入植とを通じて非ヨーロッパ世界の経済発展と文明化を促進するような解決策、ということである。ローズヴェルトの見るところ、必要なのは住む地を必要としている人びとにそれを見つけてやることだけではなく、「難民送出国」と難民の受け入れ先となる可能性のある国との間の国際的な合意を斡旋することであった。一九三八年七月にフランスのエヴィアンで行われ失敗に終わった国際難民会議は、ドイツやオーストリアの難民に素早く援助を差し伸べるだけでなく、長期的にはヨーロッパの余剰人口のために故国を見つけるための国際機関の創設も目論んでいた。しかし、「秩序だった外への移住《エミグレーション》」を監督し「永住」の機会を促進するために設立された政府間委員会（ＩＧＣ）は、委員会そのものが失敗しただけではなかった。国際連盟の正式な構成の外部に設けたという委員会の存在自体が、国際連盟本体がこの問題を取り扱うのに失敗したことを指し示していたのだった。*3

そうした経緯にもかかわらず、ローズヴェルトは粘り強かった。新世代のウィルソン信奉者であるローズヴェルトは、ウィルソンは現代政治が人口問題に与えた衝撃から発生した強力な社会的圧力を無視したがために永続的な平和を築けなかったのだ、そう確信していた。もしあの失敗に終わったヴェルサイユ体制がある世代のオクスブリッジの古典学者たちの生み出したものであるというなら、おそらく今回は、アメリカの社会科学者たちが洞察力のある政治家たちの傍らに仕え、古典学者たちの跡を継ぎ、ヨーロッパのマルサス主義的な悪夢への解決策を見出すのに役立った。一九三八年末までにはこの問題に「並々ならぬ関心を持っている」ローズヴェルトは、お気に入りの地理学者であるジョンズ・ホプキンス大学総長イザイア・ボウマンに、ユダヤ人に対し世界中に移住するという選択肢があると勧告するよう依頼することで、同年一一月に起きた水晶の夜《クリスタル・ナハト》に対応した。ローズヴェルトはボウマンにこう述べた。「率直に言うが、私が探しているのは、ユダヤ人入植団を送りこめそうな、人が住んでいないかまばらにしか住んでいない農業に適した土地なんだよ」。ヴェネズエラか、コロンビアか？　ボウマンは、その可能性は限られていると警告したうえで、中南米の土地をいくつか特定して見せた。ただし、入植者は「文化をそっくり持ち込まなければならない」*4 だろうが。

戦時下のワシントンで誕生していた機密事項のいわゆるMプロジェクトの背後にはこうした考えがあった。MはMigration（移住）のMからとったものだった。ボウマンを通じてローズヴェルトは、Mプロジェクトのリーダーであるヘンリー・フィールドに率いさせるのに、地理学者や人類学者のチームを引き入れた。「大統領付きの人類学者」のフィールドは、「人口圧力は歴史を通じてしばしば戦争を引き起こしてきたので」移住や入植に関する膨大な数の研究を仕切った。ローズヴェルトの移り気な心のなかのどこかで、ユダヤ人の運命、ヨーロッパの平和、中東の進展が結びついた。Mプロジェクトを設ける前でさえ、彼は密かに顧問たちと、「イラクへのアラブ人の移送」に資金提供することでイギリス、フランスと協調することを話し合っていた。ひとたび戦争が勃発すると、そのような計画は、イギリスを破滅させないようにし、ドイツを破ることに比べては二の次となった。それにもかかわらず、フィールドに対する彼の最初の質問は、「もしチグリス・ユーフラテス川の水利が、灌漑計画やダム、農業の発展や公衆衛生手段の改善によって復旧されるのなら」イラクの人口は最大で何人まで見込めるかというものであった。しかし、このプロジェクトの権限は、中東よりはるかに広範囲にわたった。一九四二年までに、Mプロジェクトのスタッフは世界中の人的資源と移住《マイグレーション》の可能性を細部に至るまで把握しており、一九四五年までには六〇〇以上の調査・研究が完成していた。例を挙げれば、ポンティノ湿地帯のような土地の干拓[†]、フランスの人口過密、バハカリフォルニアやネゲフ、アンゴラへの入植の可能性、中央アジアにおけるソヴィエトの民族政策、東ヨーロッパとジャワ島におけるそれぞれドイツ人と日本人の拓殖計画といったものがあった。[*5]

ローズヴェルトの死、ボウマンの慎重さ、トルーマンの無関心によって引導を渡されたMプロジェクトは評判倒れに終わり、プロジェクトの指導者たちが期待した国際入植機構のようなものもついぞ作られなかった。結果として、新たな国際連合機構（UNO）は、Mプロジェクトの支持者たちが夢見たような、世界中の合理的な植民地化や入植を管理する一大センターとはならなかった。実際、今日ほとんど誰もその存在を知らないし、関心を持つとしても、達成したことによりも、アイデアの範疇に向けてにとどまる。近年の研究者の一人は、そのプロジェクトが体現していた、そして冷戦におけるアメリカの戦略にとって核心をなしたかもしれない、地球規模での地政学的見地に関心を惹きつけた。しかし、本章で著者が焦点をあてるのは、もっと限定されたものである。ヨーロッパのナショナリズムを安定させることを考え、将来の戦争を防ぐうえでの戦時下での考え方の転換とわれわれが評価してよいものの背景に、Mプロジェクトがある――その転換は、政策立案者を国際法によるマイノリティ保護の体制から引き離し、戦後の領土拡大と再編の計画を志向させた転換である。結果の一つが、「中東にとってのニューディール政策」の一環として、中東にユダヤ人の独立した民族国家を誕生させることであった。イスラエルは、それ自体としても重要な進歩であったが、国連総会がその後の数十年間にわたり、それらの誕生に伴って生じる難民キャンプや追放されるマイノリティ込みで承認することになる、多数の民族国家の先駆けでもあったのだ。*6

*

Mプロジェクトの調査・研究の大量のファイルのなかに、ユージーン・クリッシャーというあまり思い出されることのないロシア系ユダヤ人の人口統計学者の業績に関する言及が多々見られる。*7 クリッシャーは、ヨーロッパにおける流民化《ディスプレースメント》や、ユダヤ人の移住についての研究書を生み出しており、彼の

† 古代ローマ時代からマラリアのはびこる湿原であったが、一九二八年からムッソリーニ政権下で総合的な干拓事業が進められた。

世界史の観方は、何より世界の歴史は人口移動の産物だというものだった。彼の英語での主著である一九四八年の『移動するヨーロッパ――戦争と人口変化 一九一七年から一九四七年まで』(*Europe on the Move: War and Population Changes, 1917–1947*)は、Mプロジェクトの基本的な観方のエッセンスとして読むことができ、実際、国際労働機関(ILO)や戦略情報局(OSS)、アメリカ・ユダヤ人委員会(AJC)のために執筆していた多数の戦時下の報告書に基づいたものであった。クリッシャーは、人口の移動は「歴史の力学的な基礎」であると主張し、戦争と移住《マイグレーション》の間には何世紀にもわたって密接な関連があると考え、人口過剰によって引き起こされる移住は国際紛争の主要な原因になると見なしていた。その最も基本的な部分で、彼は(ヘーゲルに人口統計学的なひねりを加え)歴史は東から西への諸民族の移動の物語であると示唆していた。最近では、この人口の西方への移動は東ヨーロッパやドイツに圧力を加えており、ヨーロッパの安定を脅かしてきている。戦間期にアメリカ合衆国や他の国々が立法化した移民割り当てが事態をいっそう悪化させ、国際秩序の崩壊の一因となってしまった。移住への障壁を作ったことも無駄に終わった。それはただ単に衝突を引き起こすだけだったし、以降もそれは変わるまい。将来、「必死で出口を探している何百万もの人びと」は「とりわけ全体主義政府の下では牙を剝く」可能性がある。……そんな風にクリッシャーは論じた。

つまり根本的な問題はヨーロッパが人口過剰なことであるとクリッシャーは断じ、唯一の解決策は、その余剰の人間たちが統制された「移住および植民運動」により低開発地域に入植することであった。彼の見解では、持続可能な人口成長が得られた時に進歩が可能であり、ヨーロッパの余剰人口が外へ排出され「戦争に発展するかもしれない衝突が大幅に減らされるか、本国《メトロポリス》から安全な距離を保った地域で起こる植民地戦争へと方向を変えられる」際に、進歩は最良の達成を見せる。二〇世紀初頭の状況下でそうなったように、ヨーロッパでの戦争が世界戦争に直結するならば、ヨーロッパ大陸の余剰人口排出こそが世界平和の唯一の科学的な保障となりうる。クリッシャーは、Mプロジェクトのリーダーであるイザイア・ボウマンと、世界いたる所での組織化された植民地開発が本当に解決策となるのか、という基本的な懐疑を共有していた。彼が「植民地化による征服」と呼ぶものに利用できる十分な土地はもはや存在しなかった。移民を組織しようとした国々の徒労を示している、失敗に終わった計画をいくらでも引き合いに出すことができた。クリッシャーの言によれば、「植民地化の時代は復活させられない」。よって必要とされるものは、計画立案にあたる国際的な機関によって調整され規制された「労働力の合理的な再分配」であった。*8

クリッシャーの業績は、きわめて広範囲にわたっており、特別にユダヤ人に焦点を当てているわけではない。彼は、戦時下のユダヤ難民に関わる政策について書くときでさえ、戦後の復興のより全体的な枠組みのなかでこの問題を考える必要性を強調している。実際、彼の包括的な人口移動の理論（帝政ロシアの歴史家ヴァシリー・クリュチェフスキーから引いてきたものであるが）は、一般的な移住の流れと、そのなかでも強制的な移送とを差別化しない趣があった。戦時におけるナチスの政策のあまりにも顕著な特徴であった強制的な移送の詳細をたどる仕事を、クリッシャーはMプロジェクトの同僚の一人、これもウクライナ系ユダヤ人のジョゼフ・シェクトマンに託した。

シェクトマンも、最近やってきた人間であった――ようやく一九四一年になってからフランスから逃れてニューヨークにやってきたのだった。彼は、クリッシャーの世界史に関する観方、またそのヨーロッパ中心主義に必ずしも同意できなかったわけではなかったが、彼の観方はクリッシャーよりもずっとユダヤ人の苦境に関心が集中しており、彼の政策面での勧告はまるで違う方向へと向かった。到着から数ヶ月後に、シェクトマンはドイツ占領下のソヴィエト領内のユダヤ人の状況について小冊子を刊行し、それからまもなく彼とクリッシャーは、移住に関しての調査・研究に着手した。資金の出所は、戦略情報局（OSS）や国際労働機関（ILO）、そしてユダヤ人問題研究所（IJA）であったが、最後のものは、結果として生じるだろう戦後の移住についてのユダヤ人側の主張に関わる問題を扱う論文を世に問うために設立されたシンクタンクであった。一九四四年と一九四五年のかなりを、シェクトマンは一般的な移住や強制的な移送の問題の専門家として、戦略情報局（OSS）のために仕事をした。*9

クリッシャーとは違い、シェクトマンは一九四〇年代の人口統計学的な課題をナショナリズムの特定の政治問題と結びつけた。彼の表現では、一九世紀は「民族の世紀」であったが、ヨーロッパは今となっても、この「新しい」定義と矛盾しない国際秩序を創り出す方法を見つけねばならなかった。戦間期ヨーロッパは、マイノリティの権利を試してみた。しかしシェクトマンの戦時下の研究――強制移住に関して詳細をきわめた研究で、このテーマに関しては今でも規範となる業績である――の中核は、マイノリティ保護の観念全体への痛烈な攻撃であった。クリッシャーをはじめとする戦時下の人口問題の専門家とは違い、シェクトマンは、国際連盟のシステムは完全に不適格なことが証明されたと信じており、マイノリティの問題が「法的手段による解決」を受けつけるかどうかにつき公に疑義を呈していた。そうではなく、平和に必要なのは「民族的マイノリティの移動・交換、徙民《しみん》政策」なのだ。「こういった人びとは、自分たちと同じ言語を話し、反発しなくて済む習慣を持ち、精神的に忠誠心を持てる、大きな民族集団の一部となれる場所に再定住させられるべきである」。ヨーロッパの場合には、それは「移送《トランスファー》」を意味していた。もっとも、必ずしもすべての場合に必要なわけではなかろう。時には、「国際権利章典」†による保護で十分なこともあるだろうし、双務的な条約――たとえばハンガリーとルーマニアの間で交わされたような――が相互に自国内マイノリティへの良い待遇を保障することもあるだろう。それにもかかわらず、彼の言う「人口移送という徹底的な療法」は望ましい選択肢として浮上し、彼の判断では戦争の終結こそが、決定的で根本的な方策をとるのに完璧な機会を提供した。*10

実際、シェクトマンは国際法による保護をあまり信じたことがなかったし、彼のキャリアを吟味すれば、この時代に特徴的な、社会科学の学識と政治的な行動主義の間の密なつながりは明らかである。シェクトマンは学生時代から行動主義者で、それも種類を問わぬ行動主義者というわけではなかった。彼は一九一五年から右派シオニストのゼエヴ・ウラディーミル・ジャボチンスキーの支持者であることを公言しており、ジャボチンスキーが政治的な理由で亡命者としてベルリン、パリ、ワルシャワで暮らすためにキエフを去ってからは、シェクトマンは指導者ジャボチンスキーの傍らをめったに離れず、論説を書いたり、ジャボチンスキーが小さなアパートで修正主義的運動を行うのを手伝ったり、党組織に演

† 国連創立時からの重要懸案事項であったが、「国際権利章典」として単独での成立は見られなかった。ただし、「世界人権宣言」（一九四八年宣言）と「国際人権規約」（一九六六年から一九八九年にかけて採択。条約であり、法的拘束力を有す）とで、国連が当初に予定した国際権利章典を構成していると認められる。

説すらしていた（一九二九年には、アーサー・ケストラーと共に行ったこともあった）。要するに、彼は修正主義シオニズムのまさに核心部で人生を送ってきたのである。[*11]

シェクトマンはローズヴェルトのMプロジェクトの夢想にすら関わりを持っていた。一九三七年から一九三九年まで、彼は、一五〇万人のポーランドのユダヤ人を「避難させる《エヴァキュエート》」ためのポーランド政府との物議を醸した交渉において、ジャボチンスキー付きの「調停人」であった。シェクトマンはまた、ユダヤ人のヨーロッパ外への移住問題を解決するための国際会議を開こうとポーランド政府と交渉した。ジャボチンスキーの新シオニスト機構（NZO）は、このような会議がイギリスにとり圧力となってパレスチナへの大規模な移住を認めるだろうことを期待していた。しかしポーランドは当然ながら、ユダヤ人がどこに行こうがほとんど関心がなかった（重要なのは、彼らがヨーロッパを離れることだけだった）。イギリスや実のところアメリカ合衆国も同じだったのだが、ポーランドも、マダガスカルから英領ギアナに至るまで他の選択肢を開拓することに熱心だった。「ユダヤ人支配の大パレスチナなるものは、イギリスの伝統的な政策の線上には位置していない」と、ある「ユダヤ人、出てゆけ」派のポーランド人ジャーナリストは警告したものだ。「しかし、アフリカにユダヤ人の領土を建設すれば、イギリス帝国にとっての政治的・経済的利益になるかもしれない」と。[*12]

シェクトマンは他のシオニストたちに、ユダヤ人が世界中にヨーロッパから移住してしまい影響力を分散させるような事態は出来しない、とそれまでも請け合ってきたが、新シオニスト機構（NZO）はヨーロッパにおけるユダヤ人社会を一掃したがっているんだという非難も一蹴した。ユダヤ人の大部分はつねに離散《ディアスポラ》の状態で暮らしてゆくだろうと、彼は一九三八年に主張している。しかし修正主義者たちは、二つの重大な見込み違いをしていた――まず一つ目は、彼らはポーランドがユダヤ人のパレスチナへの移住についてイギリスに影響力を持つと考えていた。そして二つ目は、彼らはポーランドがイギリスを敵に回す可能性について気を揉むことはないと信じていた。よって、修正主義的計画全体にとっての大前提は、ドイツが始め、ポーランドとイギリスを結びつけることになる戦争の脅威を、深刻に受け止めぬところにあった。現に、ジャボチンスキー自身がこうした事態が差し迫っていると信じることを拒んでいた。*13

一九四〇年、ジャボチンスキーはニューヨークに到着した――シェクトマンより一年以上前であった。そして数ヶ月後には本を出版したが、突然の死に見舞われる前の最後の本となった。この本は、シェクトマンの分析に内包されたたくさんのテーマを先んじて示し、それらをアメリカのユダヤ人読者たちに紹介したものであった。ジャボチンスキーによると、国際連盟のマイノリティ保護の体制は東ヨーロッパ中で壊滅しており、それを復活させることはできない。ユダヤ人にとっての唯一の望みは、連合国によって独自の国民として承認されることにあった。中東欧における「ユダヤ人の悲劇」によって露わになった、ジャボチンスキー呼ぶところの「悪性の潰瘍」を除去することは、マイノリティの権利を素朴に信じることに代えて、ユダヤ人自身が民族の地《ナショナルホーム》を持つ権利を主張することを意味していた。「ポーランドにおける人種的平和は――しかもそれはポーランドのみにとどまらないが――ユダヤ人グループを彼らが民族の地であると考えるなら地球上のどこへでも『本国送還』するのを、きわめて広範囲にかつ加速させて行うことの結果としてのみ、可能となるのだ」。人口統計学的な圧力は、ユダヤ人のポーランド人をはじめとする民族集団との共存を不可能にしていた。同化《アシミレーション》を成功させるにはあまりにもユダヤ人の数が多過ぎたのだ。大量に「避難《エヴァキュエーション》」をさせて初めて、後に残ることを選んだユダヤ人には平等な権利が与えられるという想像が成り立つのだった。一九三八年のエヴィアン会議でも、またそれ以降にも、ローズヴェルトが促したユダヤ人が移住できる場所を地球上で探すという立派な努力については、ジャボチンスキーはすげなかった。パレスチナのみが領土問題解決の実行可能な基盤であり、彼は、その代案となるような選択肢は存在しないという点を説明するのにボウマンの研究を引用した。「ヨルダン川の両岸のパレスチナは、ヨーロッパの悪性腫瘍に対する唯一の治療法として、世界で緊急に必要とされるユダヤ人国家に『適した』唯一の場所である」。ヘルツル以来シオニストの思想の核心にあったヨーロッパ中心主義は（ユダヤ人に関係するところでも、ヨーロッパの余剰人口を非ヨーロッパ世界にとか、彼らが非ヨーロッパ世界でヨーロッパ文明を広めるといった観点が挙げられるが）、新興のナチス新体制を背景に、この時ほど切実なものとして口にされたことはなかった。ジャボチンスキーの結論は、以前に唱えられていた移住計画を、彼自身の脚色で復活させることだった。すなわち、難民に関する政府間委員会（ＩＧＣ）の庇護のもと、一〇〇万人以上の東ヨーロッパのユダヤ人をパレスチナへ大量に組織だって移送すべきだということである。パレスチナではユダヤ人は多数派になり、新たなユダヤ人国家の政治的将来を約束しえた。アラブ人に関しては、彼らが「自然に流出するのを選ぶのでないかぎり、その地から出て行く必要はない」。パレスチナでは明らかに、マイノリティの権利が尊ばれることになるのだ。*14

ジャボチンスキーは依然として、主流のシオニストたちにはまるで信用されていなかった。彼らは、ジャボチンスキーをファシストのシンパだといって糾弾し、東ヨーロッパ各国政府のますます極端になってきたナショナリズムに寛容であるところを嫌った。しかし、彼の避難計画は、ローズヴェルト政府が追求していた類の考え方といくつかの点で共鳴する部分があり、一九三九年、ジャボチンスキーとシェクトマンはワルシャワとロンドンで、それぞれに駐在するアメリカの大使とこの問題について話し合っていた。[*15] 同様の会談が、他の場所でも行われていた。たとえばポーランドの駐米大使は、パレスチナのみならず「ユダヤ人のホームランドの補完」としてアンゴラへの大規模移住の可能性をも含めた話し合いを、ローズヴェルト大統領としていた。そして一九四〇年にナチスが短期間取り上げたマダガスカル計画についても、以前に連合国側は興味を示していた。われわれはそれゆえ、こういった人口統計学的な青写真のなかに、拡大を続ける世界大戦の戦線を越えてまで人口に膾炙するインターナショナリストの言説《ディスクール》の構成要素を見ることができる。実際、ユダヤ機関[†]の執行委員会の議長ダヴィド・ベン゠グリオンが一九四一年ロンドンでモイン卿[††]と会った時、モイン卿はヨーロッパを出ていくことをいとわず、またそれが可能なユダヤ人にとって目的地となりうる土地として、南アメリカとマダガスカルに言及し

† パレスチナのユダヤ人社会を代表させるものとしてパレスチナに委任統治領を有するイギリスによって一九二二年に設けられ、国際連盟の支持も受けていたが、組織として確定したのは一九二九年と言えよう。以降、ユダヤ人の定住促進、資金集めなどの重要な担い手になるだけでなく、ユダヤ人自治の萌芽的な面も持つなど、きわめて大きな役割を果たした。

†† ウォルター・ギネス。ギネス一族の出身でさまざまな高位の官職に就く。一九四四年カイロ駐在時（パレスチナも彼の管掌下にあった）に、レヒ（イギリス統治領時代のパレスチナのユダヤ人地下武装組織の一つ）に暗殺された。

た。ポーランドがイギリスとの関係のためこのような計画を放棄した傍らで、領土拡張主義的な選択肢は、ユダヤ人のみならずいたる所で過剰なヨーロッパ人口のために地球規模でのニューディール政策を思い描いていたアメリカ合衆国の地理学者たちによる真面目な調査の対象から外されていなかった。一九四三年、スマッツ元帥が加わり、行き先はパレスチナか、リビアやエリトリアといったイタリアの元植民地かはともかくとして、戦後のユダヤ人難民の再定住の国際的な手配を求めた。アフリカに移住するヨーロッパ人の数を増やしたいという彼自身の希望とは合致していたが、彼の提案は政治的かつ経済的な理由でイギリスの反対にあった――この頃までにホワイトホールは、入植植民地主義は概して、近代国家にとって金のかかる計画であることを理解していたのだった。[*16]

しかし、イギリスの反対は、かつてほどは大ごとでなかった。というのも、なかにシェクトマンもいたのだがジャボチンスキーの支持者たちが、アメリカのユダヤ人の意見を驚くほど変容させる工作をしていたからだった。その変容は戦争中に生じたが、ある種の領土拡張主義的解決の支持者たちをそれまでにないほど政治的に強い立場に置いた。[*17] そのことを表す兆候の一つが、戦前にはマイノリティの権利という考えを支持していた人たちの間でも、それがどんなかたちでも復活するという信念が薄らいでいたことだった。たとえばジェイコブ（ヤコブ）・ロビンソンは、一九二〇年代にリトアニア議会でマイノリティ・グループの連合を率いたことのある、ポーランドのユダヤ人弁護士で、人口統計学者でもあった。二〇年後、マンハッタンに亡命していたロビンソンは、ユージーン・クリッシャーやジョゼフ・シェクトマンも勤務していたユダヤ人問題研究所（ＩＪＡ）を設立した。シェクトマンは、その修正主義的な背景により研究所で目立っていた。ロビンソンの近しい同僚たちの大半は、かつてユダヤ人ブント

（リトアニア・ポーランド・ロシア・ユダヤ人労働者総同盟）に属していた者や、ロシアのリベラル、社会学者、憲法学者などであり、戦間期の法的な安全保障機能を積極的に推進し、戦後に国際連盟の後を継ぐ何らかの機構は国際法の重要性を再確認すべきだと信じていた人びとだった。しかし今となっては、彼らは守勢に回り、一九四三年には『マイノリティ条約は失敗だったのか？』（ジェイコブ・ロビンソン他著、*Were the Minorities Treaties a Failure?*）というもの悲しげな題名の研究書を出版した。この本は、国際連盟のマイノリティの権利保護体制を作った人たちが何をしようとしていたかをもっと理解して欲しいと求めるものだった。しかし、露見したのは、この本は根本的な問題――「マイノリティの問題はそもそも法的手段によって解決できる」ものかどうかという問題――について言及することを避けていることだった。評者のなかに、この事実を見逃さなかった者が一人いた。シカゴ大学の若く現実主義的な政治学者、ハンス・モーゲンソーであった。『マイノリティ条約は失敗だったか？』の熱のこもらぬ議論を要約しつつ、モーゲンソーは国際連盟のマイノリティの権利保護体制が遭遇した数々の障壁を列挙し、国際政治に関するカール・シュミット的な己が見解に忠実に則って、「法的な代行機関」とモーゲンソーが否定的に呼ぶものは「権力闘争において敵対する国々に道具として使われるのは避けがたく」なるものだと結論づけた。一〇年も経たないうちに、法律尊重主義に反対するモーゲンソーの「現実主義」の理念は、アメリカ合衆国で萌芽期の国際関係論が形成されるのに役立つことになった。*18

＊

この時点で、国際機構が将来帯びる性格にとってこの法律蔑視が何を意味したかを詳《つぶ》さに説明しておくのは有益かもしれない。一九三〇年代末は、ヴィクトリア朝の国際的な（国際的と言ってもヨーロッパに根ざしているということだが）文明概念の残滓にとって、なかんずくそれまでの半世紀間「国際的文明の価値観を推し進め、些末な政治的差異など超克できる世界に向かわせるための鍵となる手段」と国際法を見なしてきた専門的法曹家にとって、深刻な危機の時期であった。国際法の規範は、戦争への動きを止めるための、あるいは戦争遂行の手段を規制するための十分な支持者さえ得られなかったが、そのことの意味するところはぞっとするようなものだった。ロンドンで、亡命した若き法曹家のヴォルフガング・フリードマンは、第三帝国勃興のなかに「ヨーロッパ文明そのものの崩壊」を見て取ったうえで、これが新たな国際体制における法の将来的な役割にとっていかなる前兆であるのかと訝しむ点で、まさしくこのムードを象徴していた。フリードマンは考えた。「ヨーロッパ文明は今でも昔のものと変わりはないだろうか？ そしてもし変わりがあったとしたら、その変化は国際法にどのような影響を及ぼしているのだろうか？」かと思えば、「国際法ははなはだ信用を失っていて、防戦一方である」[*19]とコーデル・ハルなどは述べていた。一九三三年から一九四四年までアメリカ合衆国国務長官を務めたハルは、一九三八年六月の演説のなかで、地球規模でますます「無秩序で混乱の淵に沈んでゆく」世界につき警告を発したものだ。一九三三年から三九年まで国務次官補を務めたフランシス・セイアーはその数日後にこう続けている。「われわれアメリカ人だけでなく世界中が今日《こんにち》直面している究極の問題は、今後は法の支配する世界で生きることになるのか、それとも国際的な無秩序のなかで生きることになるのか、ということである」。

国際法にあまり信を置いてこなかったシェクトマンやジャボチンスキーのような者たちはこう考えた。試合に例えてみれば、ヨーロッパ文明がいまだに試合の規則を定めるものであるとはいえ、試合自体はナショナリズムによって隅に追いやられ、諸民族が自分たち自身の領土と国家を認められて初めて（何せ民族など自身の国家がなければ、まるで無力な存在なのだから）、彼らを効率的に保護するためにのみ試合をするのを許される。これは当時としてはかなり極端な見解で、うわべからも本質においても、法曹家たちが共感する可能性のある意味合いはもたなかった。彼らのほとんどは、ナチス敗北後にも、唯一ナチス体制の代わりに出来《しゅったい》しそうな状態、「国際的な無政府状態」の出現を阻むためにも、自分たちの学問分野が必要とされるだろうと固く信じ込んでいた。そして彼らは、自国領土にした土地における主権国家のホッブズ主義的な行きすぎをチェックするためにも――「抑制なき国家の強権や極左と極右の全体主義的で反個人主義的なイデオロギーが増長してゆく過程」のなかだからこそ――これまで以上に強力な法整備に賛成する声高な主張が見出せるのだと思い込む傾向があった[*20]。

彼らのなかに、集団権やマイノリティの権利に対立するものとしての「個人の権利」の法的な保護装置を主張する側に回った者がいたのは、こうした文脈においてであった。しかし、個々人の権利を保護しようという戦時下の流行が席巻したわけではなく、集団として守る必要性という古くからの概念は依然として魅力的なままであった。実際、シェクトマンと並んでナチスの新秩序の戦時下の研究としてこれこそ不朽のものといえるのを著したのは、マイノリティの迫害という現実の犯罪行為までをも対象とする、新たなずっと強力な法的保護機関を唱えた国際法曹家であった。これはラファエル・レムキンという、やはり亡命者で、彼は一九四一年にアメリカ合衆国に到着した――奇しくもシェクトマンと同じ年のことである。

　ドイツのポーランド侵攻時にレムキンはワルシャワにいたが、そこで彼は後に「文明から野蛮への落下」と形容するものを経験した。彼の家族の家は焼かれ、母親は殺された。ドイツ機が九月七日に彼がワルシャワを離れる際に乗っていた列車を爆撃、乗客多数が死亡した。レムキン自身は、脚に傷を負ったが、徒歩で旅を続けた。彼はブク川の向こう側でレジスタンスを組織する計画があると耳にしていた。旬日を待たずに、彼はあごひげを生やし、目を落ちくぼませ、眠ることもできず、出血しながら森に身を潜めていた。けれど、結局はレムキンは比較的安全なスウェーデンに辿り着き、そこではストックホルム大学で教鞭を執り、以降の彼の研究の基礎となるものだったが、ヨーロッパ中のナチス占領当局から発せられた膨大な布告を蒐集し始めた。スウェーデンは戦時中も中立を保っていたし、レムキンは持ち前の粘り強さで、占領下ヨーロッパに駐在するスウェーデン領事たちに、公表されたドイツの指令・命令の類の写しを送ってくれるよう説き伏せた[*21]。

　それより数年前にレムキンは、ワルシャワで教えていた、デューク大学から来ていたアメリカ人の法学教授、マイケル・マクダーモットの知己を得て友人となっていた。マクダーモットが、今回レムキンをアメリカ合衆国によぶ手配をするうえで助けとなった。モスクワから東へと向かう列車に乗り、彼は日本を経由して一九四一年四月にノースカロライナ州に辿り着いた。アメリカが参戦すると、ドイツの行政法についてのレムキンの百科全書的な知識は、ワシントンにとって測り知れないほど貴重なものとなった。彼はワシントンへと移り[†]、アメリカ合衆国陸軍で軍政に就いての講義をし、副大統領ヘンリー・ウォーレス率いる戦時経済局の相談役を務めた。カーネギー基金は助成金を出して、一九四四年に

『占領下ヨーロッパにおける枢軸国側の支配――占領の法、統治の分析、救済の提案』（*Axis Rule in Occupied Europe: Laws of Occupation - Analysis of Government - Proposals for Redress*）を刊行させた。後に出てくるがシェクトマンの強制的人口移動についての研究『ヨーロッパの人口移送――一九三九年から一九四五年まで』（*European Population Transfers, 1939–1945*、一九四六年刊行）と並んで、その頃出版されたナチス新秩序についての、今でも読まずには済ませられない書物となっている。

『占領下ヨーロッパにおける枢軸国側の支配』を著すにいたったレムキンの精神は、シェクトマンのそれとはまるで異なっていた。レムキンは、一連の施政テクニックの産物としてのナチスの蛮行を、現代の統制経済国家によって執行されたものとして弾劾していた。ドイツ人を彼ら自身の戦時下での法や布告を通して分析することで、レムキンは、戦争遂行のこうしたやり方の合目的的で官僚主義的な性格を伝えている。「ジェノサイド」は、政治的ないし文化的色彩の強い民族集団を破壊することを指すために、レムキンがこの著作の中で造った語であった。この語はそれ以降一般語法や国際法のなかに入ったが、それというのも計画的な国家政策の一環としての大量暴力行為を一語で理解する手段となるからだった。レムキンは「ジェノサイド」は全体として眺める必要があると力説した。それはさまざまな迫害行為や破壊の「入り混じったもの」だからであった。それらのなかには、一九〇七年のハーグ陸戦条約の「陸戦ノ法規慣例ニ関スル規則」のなかで、陸戦の法規を侵害すると分類されていたものもあった。

† Bureau of Economic Warfare と原著にあるが、時期から言って一九四一年一二月発足の Board of Economic Warfare（一九四三年七月に Office of Economic Warfare に改称）を指しているのではないかと思われる。

けれど、ドイツは、「戦争は主権国家と軍隊に対して遂行され、民間人に対してではない」という一九世紀の仮定をまるまる時代遅れにするものも導入していた。たとえば、とレムキンは記している。スラブ民族を消滅させるという目標遂行の一環として、ポーランドではアルコールの価格を安く据え置き、堕胎を奨励していた。「ジェノサイドの問題全体が」とレムキンは結論づけた。「将来ばらばらに議論されたり解決策を与えられたりするために取っておくには、重要過ぎるのだ」。彼の指摘するところに従えば、つまるところ、これは戦争だけの問題ではなく、平和の問題でもあるのだ——とりわけ、さまざまな民族集団と永劫続く国境をめぐる諍いのごたまぜ《ホッジポッジ》を抱えたヨーロッパでは。

レムキンの見るところ、国際法を再度取り上げ活力を持たせることだけが、そうした犯罪の再発を防げるのだった。彼の記すところでは、国際連合の任務は戦後に「ドイツ人を促して支配人種という理論を支配的道徳、国際法、真の平和という理論に置き換えさせねばならない」という政治的・精神的な条件を編み出すことだった。後者の理論こそ、レムキンを少年時代から突き動かしてきた「道徳的刷新」というトルストイ的な理想に仕えるものとしての「国際法」と言えた。

残念なことに、そうした思考方法は、今では政官界などで支配的な雰囲気とは背馳するものであった。時勢に逆らっていたので、レムキン自身が、戦後すぐにじかにそうした点で不安を味わったものだった。その時期、一九四五年から一九四七年にかけて、レムキンはニュルンベルクでアメリカ合衆国主席検事ロバート・H・ジャクソンのアドバイザーを務め、後には陸軍省で外交政策顧問を務めた。連合国戦争犯罪委員会は厄介な経緯を辿ってきた。[†] 実際、その変遷は、新たな平和時の国際連合機構（UNO）を支える強大国が「国際刑事法」を新世界秩序のまさに重要な要素とすることに強い疑念を抱いていたことを、早くから証するものであった。一九四四年一〇月になってもまだ、ドイツの有責性への制限的な定義により、ナチスの被告がドイツ国民への犯罪で裁かれるのを妨げられる可能性がかなりあるように思えた。アメリカ合衆国陸軍長官でドイツの戦争犯罪を罰するのに法的手段を講じるのを中心になって唱えていたヘンリー・スティムソンは、侵略戦争を犯罪と見なすことにいっそうの関心を示していた。これは彼が戦間期から求めていたものであった。実情は、一九四五年夏の強大国の間での激論を経て、「人道に対する罪」も国際軍事裁判所憲章の一部となることが制定されたのだった。†† しかし、レムキン自身は失望していた。というのも、「人道に対する罪」は起訴状には入っていたが、最終判決は「侵略戦争」という文脈と別にしてはそれに対し言及しておらず、また最終判決はドイツによる第二次世界戦前のユダヤ人迫害については権限内と捉えていないと見えたからであった。*22

法廷が判決を出す前にすでに、レムキンは新たな国際連合の法体制を、国際連盟のマイノリティ保護体制をいっそう強固にしたものに変換すべきだと唱えた。一九四六年五月に、「迫害されたマイノリテ

† 連合国戦争犯罪委員会（United Nations War Crimes Commission＝ＵＮＷＣＣ）は、United Nations が付いているが、これは連合国で国際連合ではない。正式発足も戦時下の一九四三年一〇月である。

†† この憲章は、第二次世界大戦中の枢軸国側の戦争犯罪を裁くための国際軍事裁判所の構成や役割を規定したもので、一九四五年八月八日に英米仏ソ四ヶ国によりロンドンで調印された（極東国際軍事裁判所条例は一九四六年一月一九日に発効）。ニュルンベルク裁判および極東国際軍事裁判の基本法となった。ロンドン国際軍事裁判所憲章の第六項は(a)から(c)までであるが、(a)に定められた「平和に対する罪」が侵略戦争の罰則であろう。「人道に対する罪」は(c)に定められた。

ィのために他国の内政に干渉する」要を際立たせるために、彼は任命されたばかりの初代事務総長トリグブ・ハルブダン・リーと接触した。その数ヶ月後、レムキンはパリ講和会議の場で代表団に対し、旧枢軸側衛星国（イタリア・ルーマニア・ブルガリア・ハンガリー・フィンランド）との講和条約を作成し、条約にはマイノリティに国際連合に訴え出るのを許し、かつ国際連合が必要と見なせば制裁を科せるようにする条項を入れるようにと、ロビー活動をしていた。パリでの彼のロビー活動は馬の耳に念仏に終わった。過去の失敗を魔法を使って呼び出すというはなはだ評判の悪いレムキンの提案などなくとも、イギリス、フランス、アメリカ、ソ連が合意するのは、難しいものであった。けれど、彼は一九四六年末の第一回国連総会の準備期間にはもっとうまくやれた。インドと南アメリカ諸国の代表団の支持のおかげで、レムキンは何とかしてニューヨークでの会議日程にジェノサイド決議を入れさせることができたのだ。一九四六年一二月一一日に、国連総会はジェノサイド条約が準備されるよう呼びかけたし、その時以来一九五九年に亡くなるまで、レムキンは実際上ただ一人のジェノサイド条約のロビイストとして活動した。彼の改革運動はむろん反対に遭ったが、それでも手強い唱道者だった。レムキンは何とかして条約草案を国際連合経済社会理事会で通しただけではなく、第三回国連総会が一九四八年にパリでジェノサイド条約を検討すべく集うた際には、NGOによる大きなロビー活動を組織した。その年の一二月、世界人権宣言が投票に付される前日に、ジェノサイド条約は全会一致で採択されたが、それもレムキンを、その条約が批准されるようにさらなるロビー活動へと狩り立てただけであった。彼は何とか二年以内にやってのけたが。*23†

人権の歴史についての最近の研究文献のかなりは、レムキンが「ジェノサイド条約」を通したという業績を賞賛し、ジェノサイド条約を国際連合の発足時点での「人権」への広汎な取り組みの一環として捉えている。もっとも、こうした研究法では、この話しの何が特徴的でかつドン・キホーテ的かというのを見失うかもしれない。レムキン自身がその頃記しているが、彼の改革運動《クルセード》（彼自身がしばしば用いた語である）は、公式代表団の札付《ユージュアル・サスペクト》きや、彼の怒りっぽく自惚れが強く疑い深い気質のために不和になった者たちだけでなく、（こちらの反対の方がしっくりくるが）国連の下で「権利」をどう保護するのが最良かについてレムキンと意見をまるで異にする国際法曹家連中によっても反対されていた。レムキンは依然として戦前に考えていたのと同じように考えていた。すなわち、今回は刑事制裁を手段として付与される国際法をもって、マイノリティに国際法上の保護を与えることである。そうした考え方は、マイノリティの権利の条約によってそれまで連想されてきたあらゆる政治的懸念（顕著なものとしては、国家主権の原則への侵害をめぐる懸念）を覚醒させ、それによってもっと一般的なものとして存在している国際連合への支持を損なうだろう、と感じている者もいた。軌を一にして国連総会を通過した、ジェノサイド条約と世界人権宣言の関係は、こうした意見の相違を反映している。歴史家のなかにはこの二つはそれぞれが単一の計画の部分部分を表していると示唆する者たちもいるが、それどころか、二つの決議案は国際社会での法の役割についてまるで異なった思考方法を標榜したものだった。一方のジェノサイド条約は戦間期の体制の入念な仕上げであり、もう一方の世界人権宣言はずっと弱体な体制へのジェスチャーだった――世界人権宣言の熱烈な道義的意欲の修辞は、幾分かは法の拘束力に代わる役目を果た

† ちなみに日本は現在も批准していない。本書原註第3章＊23の項を参照。

すとされていたのだが。そして現実のこととして、ジェノサイド条約自体は、ひとたび「文化的ジェノサイド」を犯罪とする条項――レムキン自身が「条約の魂」と評した条項――が外されたので、ようやく通過したのだった。† 植民地主義国家や、ことに南アメリカ諸国からの断固とした反対は、かくてマイノリティの権利が裏口から国連にこっそりと入るのを阻止したのである。*24

国際連合が国際法の成立に直接関わるのは実際珍しかった。というのも、新たな国際機構は前身の国際連盟よりもこのテーマについて発言するのに慎重だったからだ。国際連盟に一九三〇年代に国際刑事裁判所を設けるよう圧力をかけた法曹家連中のなかでかなりが、国際連合にも同じことをしたのだった。けれども安全保障理事会はその考えにほとんど関心を示さなかった。*25 国連事務局の法務部門で用意された原案からジェノサイド条約の適応範囲を削ぎ落としたにもかかわらず、条約は国連のかなりの数の創立者たちが恐れていた加盟国の国内管轄権への潜在的には広範囲に及ぶ介入を、それでもなお意味していた。

そもそもジェノサイドについての条約を急ごうとする国連総会の判断が、介入主義が新たな国際機構でもけっして消滅していないことを示していた。もっとも、そこで持ち出された介入は、この方面での滅多になく不十分な介入のことだったし、レムキンの仲間の法曹家たちの多くがその価値について覚束ない思いをしている介入だった。一九四七年にジェノサイド条約の第一稿をレムキンと一緒になって作成した者のなかにさえ、法によってマイノリティを保護するのは時代遅れと思っている者がいた。たぶん、集団のでなく個人の「人権」に対する世界に現れた関心を利用し、世論形成に頼る方が良いと思ったのだ。この考えが、「世界人権宣言」の背後にあった理論的根拠だった。素晴らしい最近の研究成果に表されているように、一九四八年にはかくて、一方ではレムキン、他方では世界人権宣言起草者の間での剝き出しの衝突が見られた。部分的には、この衝突は、アメリカ合衆国は——上院はすでに外国が内政、とりわけ南部のことに喙を容れるのに神経過敏になっていた——仮にジェノサイド条約のような拘束力のあるものに面と向かうと、将来の人権についての盟約をきっと批准しないだろうという起草者たちの懸念から生じていた。

反対者たちの目に映ったレムキンは、世界が変わったということ、国際法はもはや政治のうえに超然として存在するのでなくその力のかなりを失っていたこと、を認めていなかった——つまりは、国際法に関するかぎり、国際連合の世界は国際連盟のそれとははなはだしく異なっているのを認めていなかった。学者の一人はもっともらしく、国連のそれほどたくさんの者たちがレムキンに苛立ったのは、彼の(結局、パラノイアと言っても的外れでなかった)しつこさや一つ事への集中の激しさだけでなく、彼らが言及を避けようとしている過去をレムキンが代表しているからだと示唆してみせた。なるほど、ジェノサイド条約が一九四〇年代末に国連のさまざまな機関の間をゆっくりと進んでいったのとまさに符節を合わせて、戦前のマイノリティの権利についての条約が静かにそっと葬られたことに、われわれは気づか

† 草案時においては、「生物学的ジェノサイド」、「身体的ジェノサイド」、「文化的ジェノサイド」が挙げられていたが、前二者は、第二条「ジェノサイドの定義」に盛られている。「文化的ジェノサイド」は、一九四六年の国連総会決議を受けて事務局が草案の中に取り込んだものの、後の委員会で削除された経緯がある。

ぬわけにはゆかない。*26

ジェノサイド条約が可決されたことは、レムキン勝利の瞬間に思えたが、「文化的ジェノサイド」条項が否決されたことは、たくさんの国家が自分たちの行為が「国際裁判所」の前に引き出されることについて深い懸念を抱いていたのを、はしなくも露呈させた。ひとたび可決されても、ジェノサイド条約は機能停止に陥り、冷戦下の対立で慰み物扱いをされた。ジェノサイド条約が描いていたような国際刑事裁判所は創設されなかったし、† 机上の存在である条約は、一九五〇年代、一九六〇年代に世界中で噴出した、国家が組織した山ほどの暴力行為を止めさせる手立てを持たなかった。アメリカ合衆国は批准を拒み、レムキンは何とか批准させようと躍起になるにつれ、ますます恥も外聞もなく、反共産主義の観客を前にして演技を続けた（現実にアメリカ合衆国の批准はようやく一九八六年になってからだったし、その時でも実質的な留保がついていた）。かくてジェノサイド条約自体は一九五一年に発効したが、集団権を大量に侵害するのを阻むのにかなり役立ったとは、到底言えないだろう。国連の人権保護体制に現実的な執行力を与えるのを躊躇う、同じく本質的な逡巡が、一九四八年の世界人権宣言の運命にも明らかに見て取れた。この場合には、条約とか国際的な法案へと進むことさえまるでなく、人権保護体制に法的執行力を持たせるのは――レムキンが予想していたよりも穏やかな意向を体してだが――地域的な機構、とりわけ「欧州評議会」（CoE）に委ねられることとなった。††

＊

仮に上に述べたようなものが、国際連合の新世界秩序において、国際連盟の集団権への法的な取り組みと同じような惨めな運命を辿ってしまうというなら、修正主義シオニズムが代表する強固な「領土主義者」的ヴィジョン（パレスチナであろうがなかろうがユダヤ人が住むに適する場所にユダヤ人の国を持つべきだという）はどうなるのだろうか？　ここでこそ、シェクトマンに立ち戻る必要があった。レムキン同様、この戦時中の分析家は戦後になると唱導家の役割を担ったが、理由はだいぶ異なっていた。一九四六年にシェクトマンはナチスの人口統計学的な政策について古典となる作品『ヨーロッパの人口移送』を著したが、すでに見てきたように、この著作は移送の分析にとどまらず、移送を擁護する主張を含んでいた。現実に起きていたことは、シェクトマンの論旨にとって有利なものであった。というのも、人口統計学的には東ヨーロッパでは、連合国の下で、ナチスの下でよりもさらにいっそう広範囲な変動が見ら

---

† 一九九八年に「国際刑事裁判所の設立に関する国際連合全権外交使節会議」において採択されたいわゆる「ローマ規程」に基づき二〇〇三年三月一一日、ようやくオランダのハーグに国際刑事裁判所が設置された。国連からは独立した機関である。元々、ジェノサイド条約の第六条には「……またはその管轄権を受諾している締約国については、管轄権を有する国際刑事裁判所により裁判を受ける」という文言が含まれていた。

†† 一九四九年に設立された欧州評議会（CoE）は、緊密な協力関係を築いてはいるが、欧州連合（EU）とは別機構である。両者の性格の差はここでは詳述を避ける。最も知られているCoEの機構としては「欧州人権裁判所」が挙げられる。これは、一九五〇年調印、一九五三年発効の「人権と基本的自由の保護のための条約」（欧州人権条約）の実効性を保障するため一九五九年に設けられ、一九九八年常設組織となった人権救済機関で、欧州評議会加盟国を対象とするものである。

れたからだ。すなわち、一二〇〇万以上のドイツ人が追い立てをくらったし、それだけでなく、三強大国が煽動したのでないにせよ黙認していた一連の追放と住民交換のなかで、ポーランド人、ハンガリー人、スロバキア人、アルバニア人等々に留まらずウクライナ人も一〇〇万単位で追い立てられた。

シオニストの仲間うちでは、移送《トランスファー》は依然口にするのを憚られる政策だったが、好ましからざる問題への（公然と認めては大義名分を損なうことになるが）明快な解決法だった。表には出ず断続的でもあったが、今に至るこの考え方の歴史は、第二次世界大戦勃発前にまで遡ることができる。*27 先行きイスラエルの初代大統領になるハイム・ヴァイツマン†は、「住民交換に準じるもの」につきあれこれ考えていたし、ユダヤ機関は、一九三七年にイギリスによる分割提案がこの方向性での考えを促した際に、密かに「住民移送委員会」を立ち上げていた。同年の公式なイギリスのピール委員会報告書は、「ユダヤ国家」になるだろうところからアラブ人を自発性の有無を問わず再定住させるのに十分な土地があるかの調査を深めるよう促しながら、住民交換を勧告していたからだった。†† ベン＝グリオン自身は、ユダヤ機関執行部に対しその考えを支持している旨伝えていた。もっとも、たくさんのシオニストは旗幟鮮明でなく、アメリカシオニズムの指導者スティーヴン・サミュエル・ワイズは強制的住民交換の考えを「ガルート」「ディアスポラ」††† のなかにいるユダヤ人の生活を脅かすものだ」と見なした。「われわれが、われわれユダヤ民族の心に投げたブーメランである」。というのも、それは「いずくにおいてもマイノリティの保護対策を終わらせて」しまうからだ。それゆえ、第二次世界大戦勃発直前では、マイノリティ保護体制への四散した状態のユダヤ人の支持は依然強力であって、ヨーロッパに居住する（他のどこにでもだが）ユダヤ人の窮状への懸念は、パレスチナでの民族統合の希望を凌いだ。イギリスの政策も反転して同じ方向を示していた。つまり、一九三九年五月の白書は、委任統治領パレスチナのアラブ人多数派に対し一〇年以内の独立を約束し、ユダヤ人は保護されるべきマイノリティだと描く言外の意味を持たせることで、ピール委員会の勧告を覆したのだった。アラブの土地に置かれていた以前のオスマン帝国の州《ヴィライエト》のいずこにおいても民族国家が誕生するにつれて、パレスチナのアラブ人が自分たちの民族意識を獲得し始めていったことに重々気づいていたので、移送の唱道者でさえその考えを公然と口にするのは望まなかったが。*28

けれど、ヴァイツマンとベン＝グリオンとが即座に理解したように、ナチスの戦時下政策が何もかも変えてしまった。一九四一年一月に駐英ソ連大使と話しをして、ヴァイツマンは、一〇〇万のアラブ人をイラクに移送し、その代わりにポーランドとソ連から四〇〇万から五〇〇万のユダヤ人を入れるというテーマを話題に上らせた。一九四一年四月にヴァイツマンはこう記している。「この戦争が終わったら、住民交換という問題の何もかもが、これまでのようにはテーマとしてタブーではなくなるだろう。住民交換は現在も進んでいるし、たぶん将来の取り決めの重要事項になるだろう。私はパレスチナのア

† 大統領は儀礼的存在で実務は首相が担当する。
†† ピール委員会報告書による提案は、パレスチナをユダヤ人国家、トランスヨルダンを含めたアラブ人国家、イギリス統治地域に三分割するものであった。
††† ガルートはヘブライ語源で、ディアスポラはギリシャ語源である。

ラブ人がイラクやトランスヨルダンに行かねばならないと言っているのではないが、出て行くアラブ人一人について、ユダヤ人四人が入ってゆけるという事実は残る。……戦争が終わった時点で対処を回避できるような問題ではない。旧来の価値観でのこうした変化は起きるものだし、われわれはそのことに臆病すぎねばならぬ謂われはない、と私は考えている」。なるほど、ヴァイツマンは公には、いまだ慎重だった。『フォーリン・アフェアーズ』誌の記事で、彼は中東の必要とする「指導」と「発展」とについて語っているし、ユダヤ人国家に留まりたくないアラブ人の自発的な移動《トランスファー》についての考えにさらっとだが触れている。ただし、彼とて私的な場では、抑えを利かせなかった。ベン゠グリオンはどうかと言えば、彼は次の点をはっきりさせていた。移送は「ユダヤ側の提案」に見せてはならないが、自分の反対するところではないと。*29

アメリカ合衆国では、アメリカシオニスト運動の長年にわたる指導者であるスティーヴン・サミュエル・ワイズが、つねに真意をはっきりさせないでいた。フェリックス・ウォーバークのような非シオニストのたいへんな大物についていえば、彼らは、ヨルダン川の向こうへの移住をけっして強制するのでなく奨励するような大規模な発展計画の提案でアラブ人の歓心を買おうと、金を積んでいた。アラブ人とユダヤ人の協調を前提とするあらゆる計画に対する疑惑の念をますます強めたドライな姿勢にアメリカシオニズムが向かうのを刻したのは、(戦後のユダヤ人の「ナショナルホーム」建設への呼びかけを伴った)一九四二年に開催されたボルチモア会議であった。ボルチモアで、アメリカのユダヤ人は、「新世界秩序」は「ユダヤ人の故国喪失」の問題を解決する要があるという考えを支持する方向に変わり、パレスチナを「ユダヤ連邦」に変えることを論じた。ワイズは、修正主義の活力にずっと同調していたアバ・ヒレル・シルヴァーに取って替わられ、パレスチナとイラクの間での人口移送を呼びかける最初の頃の記事がユダヤ系新聞に顔を出し始めた。*30

ここは押さえておかねばならないが、修正主義者が、先頭に立って移送を非難していたわけではないということだ。それどころか、ジャボチンスキーとシェクトマンは、彼らのポーランド・ユダヤ人グループの避難《エヴァキュエーション》計画は自発的なものとなろうし、大量の人間をディアスポラの状態に置くだろうと、常々主張してきたのだ。ジャボチンスキーの主張するところでは、ヨルダン川両岸にまたがる「大イスラエル」への抑制なき移民政策を修正主義者は求めているが、その要求の長所の一つは、大イスラエルでなら比率の大きいユダヤ人多数派が、国境内のアラブ少数派に脅かされることがないというものであった。よってアラブ人の強制疎開は、単純に言って、必要でなくなるだろう。シェクトマンが認めているところでは、彼らは某隣国へのアラブ人の「自発的にして組織だった移住」という考え方に共感を覚えていた。けれども、つまるところシオニストもそうではなかったのか？　もっとも、第二次世界大戦は修正主義者の見解も変えてしまっていた。一九三九年一一月、前月の一〇月にナチスが最初の「民族ドイツ人」移送――バルト三国からドイツ「帝国」に帰還させる――を行ったことを耳にしてすぐに、ジャボチンスキーは同僚に対してこう手紙を書き送った。「選ぶ余地はない。アラブ人はエレツ・イスラエル†でユダヤ人のために場を空けてやらねばならない。バルト海諸国の諸民族を移送するのが可能なら、パレスチナのアラブ人を移動させるのもまた可能である」。ナチスはナショナリストの目的に沿う

† ヘブライ語で「イスラエルの地」。

人口統計学的な工作のまことに意外な可能性を示して見せたのだが——シェクトマンは自著のなかで、占領下ヨーロッパでは五〇回以上のそれぞれ関連を持たない戦時下強制疎開があったことを数え上げることになる——同時に、ジャボチンスキーでさえ想像だにしなかったやり方で、ことに東ヨーロッパのユダヤ人グループへの生存に関わる脅迫を示してみせたのだった。[*31] 第二次世界大戦が終わるまでには、ヴァイツマンの予言は立証されていた。世界は人口移送の考えに慣れてしまったし、以前よりも「ヒトラー式のやり方」を使用することに反対の声はあがらなかった。アメリカ世論の本流は、今や世界平和のためのニューディール的考え方について自由に議論していたが、そうなると必然的に、民族間の緊張の源を根絶し、同時に人口稠密状態を均《なら》して発展に拍車をかけるためには人口移送が含まれることになった。私的な場では、ローズヴェルトは「パレスチナの周りに鉄条網」を張り、アラブ人を彼らがやってゆけるように十分な給水が見込める「中東の他の場所」へ移すことを語っていた。前大統領のハーバート・フーヴァーは、ローズヴェルトほど抑制が利かなかった。彼は、アメリカのシオニスト指導層を喜ばせたことに、公然と組織だった人口移送を呼びかけたし、一方では専門家たちが「チグリス・ユーフラテス川流域の巨大な沖積平原」の持つ可能性を絶賛していた。一九四六年には、『ニューリパブリック』紙の主筆としてだが、リベラルの大物政治家であるヘンリー・ウォーレスが、そうした方針に沿う「中東全体にとっての健全な経済計画」を呼びかけたのも、たんに大勢いるなかの一人というに過ぎなかった。かくてエリザベス・ボーグワートによる最近の本、『世界のためのニューディール——人権に対するアメリカのヴィジョン』（*A New Deal for the World: America's Vision for Human Rights*、二〇〇五年刊行）で輪郭を示された、世界のためのニューディール政策は、実際に革新主義と抑圧とを結びつけていた。描かれたのは、個人の人権と併存し、時に個人の人権を蹂躙する、政府主導の体系的組織のヴィジョンであった。[*32] シェクトマン自身が短い間だが修正主義運動の指導層での活動を再開したし（この運動は一九四六年に世界シオニスト運動に復帰した）、運動の主要な政策立案委員会の長となったが、ちょうどその時に、戦時下での『ヨーロッパの人口移送――一九三九年から一九四五年まで』というタイトルどおりのテーマについての先駆的著作が好意的な書評に恵まれた。それに続く数ヶ月間パレスチナのアラブ人が大量に逃走したが、これは一九四八年五月にイスラエル独立宣言に続いて第一次中東戦争が起きると加速され、シェクトマンの専門分野をこれまで以上に時宜を得たものとしたし、駐米イスラエル大使が彼にアラブ人難民についてプロパガンダとなる材料を提供するよう促す運びとなった。[*33]

この問題はとりわけ緊迫の度を深めていた。国連パレスチナ調停官フォルケ・ベルナドッテ伯もハリー・トルーマン大統領もともに、新生イスラエル政府にパレスチナ難民の帰還を許すように圧力をかけていたからだ。イスラエル外相モシェ・シエルトク[†]はシェクトマンのことを知っていたので――ユダヤ機関はシェクトマンのポーランドへの調査旅行の資金を出したばかりだった――「戦後移送」についての彼の新しい研究書の出版を急がせた。シェクトマンは今度はイスラエルを訪れ、公的な移送委員会の委員たちに面会したが、彼らもシェクトマンの助力を仰いだ。委員の一人で「ユダヤ民族基金[††]」の土地

† モシェ・シャレットの方が通りが良い。一九五三年からイスラエル第二代首相となる。
†† パレスチナに、ユダヤ人の小規模入植によってホームランドを形成するための土地を買い求めるために一九〇一年に創設された組織で、現在に至るまで大きな影響力を持つ。

部門の長であるジョゼフ・ワイツは、一九三〇年代からずっと移送を強く催促していた。戦時下の安全保障を根拠としてアラブ人の村人たちが家から追い立てをくらい、その後では帰還に水を差されたり阻まれたりしていたが、ワイツはすでに組織化された「移送政策」をまとめることを考えていたし、外相シェルトクの同意も取り付けていた。六月四日に、ワイツの委員会は会議を開き、彼呼ぶところのアラブ人の「エクソダスの奇跡」と、「それを永久的なものとするやり方」とについて議論した。ベン゠グリオンは全面的移送政策の支援を躊躇っていたが、ワイツはやる気満々で、八月までには外相モシェ・シエルトクは、アラブ人難民の帰還を阻む決意をしていた。八月二九日に、ワイツが移送委員会の委員に任命されるのが閣議で承認され、シェクトマンの訪問した翌月の一二月には、委員会は難民に「人口疎な」イラク、シリア、トランスヨルダンへの入植を勧めた。この政策の小ささから長所は、アラブ諸国からのユダヤ人のイスラエル流入を早めることであった。これは、たくさんのヨーロッパでの生存者が喜んではパレスチナにやってこようとしないのが明白になったので、シオニストの指導層がますます担保しておきたいことだった。翌一九四九年に、シェクトマンは委員会の再入植計画を唱える二冊の小冊子を著した。それらはユダヤ機関によって刊行され、しばらくの間プロパガンダの道具として常備されていた。*34

一九四九年イスラエルから戻って数ヶ月後にシェクトマンの『アジアにおける住民移送の数々』(*Population Transfers in Asia*)が、「ユダヤ機関」からこっそりと助成金を受けて刊行された。三年前に刊行された彼の代表作の『南東ヨーロッパにおけるドイツ系マイノリティの排除』(*The Elimination of German Minorities in Southeastern Europe*)が、移送《トランスファー》の長所についての判断は結論部分に留めておいたのに比して、この書はそうではなかった。スポンサーに鑑みれば驚くことではないが、シェクトマンはヨーロッパからアジアへと目を転ずるに連れて、大局的な観方になっていった。インドの「ヒンドゥーとムスリムの住民交換」として描いているものや、アルメニア人やキリスト教徒のアッシリア人の運命も扱いはしたが、著作の優に半分は「アラブ人、ユダヤ人の住民移送の事例」にあてられている。「パレスチナは」とシェクトマンは記す。「根本的問題を解決し極めて危険な展開を防止する唯一の建設的な方法として、速やかで決定的な移送行為を行うべき古典的なケースに思える」。分割自体は「パレスチナのマイノリティの危機的で爆発寸前の問題をたんに局限するだけで、けっして解決するのでない」弥縫策に過ぎなかった。「アラブ人をこちらからあちらへと移すという考え方には」何ら珍しいところはないし、先行する例はヨーロッパ自体の歴史でも多々見受けられた……とりわけトルコがムスリムをバルカン半島から「本国送還」させた例など。† そのうえ、シェクトマンによれば、ことにイラクは人口増加がなかなか見られず、パレスチナのアラブ人に代表される人的資源が注入されるのを必死に求めていた。『アジアにおける住民移送の数々』は、結論として、「マイノリティを交換することは……アラブ人・ユダヤ人問題の行き詰まりへの、最も有望と言うだけでなく現実に唯一可能な解決策である」ことを断言していた。シェクトマンはこれがどのようになるか輪郭を描いて見せた。「原則的にユダヤ人国家におけるアラブ人はすべて、またイラクはじめアラブ諸国にいるユダヤ人はすべてが移送の対象になる」。その協定か

† 一九二三年のローザンヌ条約により、ギリシャとトルコ間で住民交換が行われた。ただし、けっして片務的でなく、数的にはトルコからギリシャへ「本国送還」させられた者の方が多かった。

ら免除されることを望むと明言する者のみが、残留する国家に対して十全な忠誠を誓うという条件で留まることを許される。その場合にも、残留した者たちはマイノリティの権利を完全に失い、関係国政府は安全保障上の理由からなら彼らを国外追放する権利を持つ。実際上は、これは、一九二三年に国際連盟がギリシャとトルコの間を仲介してまとめた強制的住民交換の道筋に沿ってのものであった。まるで元々なかったかのように、マイノリティの権利という考えは消え去ってしまっていた。

時代は、うわべはシェクトマンと修正主義者らの見解を正しいものとしていた。国連憲章はマイノリティについては言及していなかったし、マイノリティというテーマは、サンフランシスコでも無視され続けた。会議に集うた頃は、ドイツ人がチェコスロヴェキアや第三帝国の東部領土から追い出されているところだった。同年夏、七月から八月にかけてのポッダム会談は、このドイツ人の追放を追認したし、翌年のマイノリティ保護を思い出させようとするハンガリーの努力は失敗に終わった。国際連合は一九四七年には、差別防止とマイノリティ保護のための小委員会を設けるところまではいったが、その小委員会はすぐに蔑ろにされた。[*35] シェクトマン自身は、彼呼ぶところの国連の新たな「政治的雰囲気」を鋭敏に感じ取っていた。マイノリティ保護への関心が薄れてゆくのを追いかけながら、彼は一九五一年には、国連を支える国々が、この問題についての国際連盟の誤りと見なしていることを繰り返すのをはなはだしく躊躇っている、そう満足げに記している。国際連盟によるマイノリティ保護体制は反故にされていたし、国連はその代わりに、法的な権限を与えられた保護よりも差別の防止に――頼りなげではあったが――焦点をあてていた。人権についての喧《かまびす》しいほどの修辞にもかかわらず、国連総会の雰囲気は強制的同化に好意的であり、新国家も以前からの国家も同じようにマイノリティはヨーロッパの安定を損なうという点で同意していたので、強制的同化を遅らせるいかなる機関にも反対であった。シェクトマンは、国連は「実際的にはぐずぐずと」マイノリティ問題に取り組んでいると記している。一九四八年の世界人権宣言はマイノリティについては一切言及していなかった（そしてまた、すでに見てきたように、ジェノサイド条約からも、マイノリティの権利を名前を変えてまたまた導入しようとする恐れがあるので、「文化的ジェノサイド」の条項が外されていた）。国連が以前のイタリアの植民地に、それに取って代わる体制を創った際に、国連はマイノリティ保護の特定の条項を設けようという呼びかけに抗した。皮肉なことに唯一の例外は、パレスチナ分割を求めた一九四七年の国連総会決議であった。この決議は二つの誕生する国家に住むマイノリティの文化面・教育面での権利を認めていた。それだけでなく、共同体にとって当然と見なされていた家族や相続法については、オスマントルコの系譜に連なる昔からの慣習も認めていた。もっとも、ここでも、関係する国家によって遵守されているかどうかを監視しようとする提案はなされなかったし——国連が「保障すべき」というアメリカ合衆国の提案は効果がなかった——いずれにせよ、この決議もすぐに現実の出来事に追い越されてしまったのだ。[*36]

＊

戦時下のユダヤ人の学問研究や主義主張についてのこれまでの話しから、われわれはどのような結論を得るべきなのだろうか？　まず第一に、われわれは、国際連盟で並べ立てられたかつての主張を基にして国際連合の議論が生じた、その度合いを思い起こさねばならない。関わった人間は全員が、シェクトマンとレムキンは当然のこと、第一次世界大戦の出来事とその余波にはなはだしい影響を被っていた。国際連盟は、国際法と外交条約の効力とへのヴィクトリア朝的な信奉の念を、新たなウィルソン主義による民族自決への関わり合いに結びつけていた。とりわけユダヤ人にとって、国際連盟は、マイノリティの権利と、アーサー・バルフォアによるパレスチナでの「ナショナルホーム」の約束をもたらしてくれた。シェクトマンとレムキンはどちらも国際連盟の取り組み方で価値のあるものを救いたがったのだが、何が価値あるものだったかについて意見を異にしたのだった。

勝ちを収めたのはシェクトマンの方だった。第二次世界大戦が終結するまでには、ヨーロッパ世論の本流は、シェクトマンが長年温めていた見解に納まった。国際法への信奉の念は完膚無きまでという態であり、そして国際連合は全面的に、国際連盟に特徴的であった介入主義から撤退してしまった。マイノリティの権利保護からの撤退は、この現象の一端であった。マイノリティに関する諸々の条約は廃棄され、ジェノサイド条約は骨抜きにされたのだ。マイノリティは今や不安定化要因と見なされていたし、リベラルも社会主義者も、ファシストと同じように熱情を込めてマイノリティ根絶を要求していた。ナチスからの解放時に、東ヨーロッパでは、ドイツ人だけでなく、ウクライナ人、ポーランド人などの追放が、「レッサー・イーブル」(より小さな悪)として広く見られたし、連合国側もスターリンを含めて見て見ぬ振りをしたのだ。実際に、何もかもがナショナリストの大義名分に納まった。一九三〇年代に修正主義者やナチスが要求したものを、連合国側は今や推し進めているのだった。すなわち、民族自決の望ましい側面としての民族的な同質性《ホモジニティ》と国際的安定である。

著者が本章でその見解を論じてきた者たち全員が、他にも合意しているものがあった。ヨーロッパの問題は世界の問題であり、非ヨーロッパ世界は、ヨーロッパの安定を確たるものとするために存在するのだ、という合意である。Mプロジェクトの立案者たちにとっては、それは、実際にスマッツ的なヴィジョンを地球規模に広げ、ヨーロッパの過剰人口は難民として用いる、国際的な入植計画というものを意味した。シオニストにとっては、それは、パレスチナにユダヤ人の民族国家を建設することであった。イスラエルは、まるで、Mプロジェクトの論理の具現化であった。ここで著者がアラブ人側の発言を一つとしてとりあげないとしたら、それは、抗議の意を込めて確かに上げられていた彼らの発言が、こうした議論のなかでほとんど完全に無視されたからである。アラブ人はユダヤ人と違った意味で柔軟性があると見られていたし、パレスチナのアラブ人がユダヤ人の民族国家のなかでマイノリティになるのを潔しとしないなら、中東の他の場所にどこでも良いから越せるはずだというのであった。つまるところ、理屈ではこうなってしまうのだが、ユダヤ人入植者の国家は、正しい指導さえ受ければ、成長と発展の新たなモデルの先陣を切るかたちで、その地域一帯を文明化する力として活動することになるのだ。そうしたヨーロッパ中心主義はいまだ健在であり、イスラエル建国そのものによってこれ見よがしなものとされたのだ。

この過程で国連が重要な役割を果たした。パレスチナだけは、一九四五年七月にクレメント・アトリー率いる労働党が政権の座に就いてパレスチナの命運とは縁を切るという基本路線を一旦定めた際にだから、国連より早く登場した。登場したパレスチナは、その土地の将来をめぐってワシントンとモスクワとが合意に達することができた珍しい例となったが、それというのも、両国ともまだ中東をヨーロッパほど重要と見なしていなかったという面があったからであった。加盟国の間で意見の不一致ははなはだしいものがあったが、一九四七年に国連は分割の提案を支持し、さらにその二年後にはまた歩を進めて新国家イスラエルの国連加盟を認めた。

そうしたことを行うなかで、国際連合は国際連盟とはかなり異なった機能を果たした。第一次世界大戦後、国際秩序の形成者たちは、監督下に置かれていない小国家群の増加を許すのに躊躇いを見せたものだった。それが今や国連は、そうした小国家群誕生を全力で支援し、それらの合法性を保証する役回りになった。一九四七年一〇月の国連総会での議論で、国連による分割案を支持するソ連代表は、「現下の情勢では、法的・歴史的なことを論《あげつら》っても副次的な役割しか果たしません……問題の本質は自決権であります」とまで述べていた。一九四八年の独立宣言で、ダヴィド・ベン゠グリオン率いるイスラエルが国連に対して公然とその生存権を認めるよう請願したのも驚くにはあたらなかった。アメリカ合衆国が独立宣言が発せられるとすぐにイスラエルを承認したのは、国際的に受け入れられるための決定的な一歩であった。しかし、国連加盟もそれに劣らずにイスラエル国家の合法性を刻す重要なものとなった。[*37]

それは単なる手始めだった。脱植民地化は、ナショナリストによる民族自決の主張をますます増加させた。イギリスやフランスが一九四〇年代に植民地群をまとめようとした「連邦」というかたちでの刷新は、すぐに瓦解した。よって、パレスチナを単一の「連邦国家」にする夢だけが、そうしたヴィションが破綻した例というわけではなかった。汎アフリカ主義とか汎アラブ主義といった広汎な忠誠心に訴える反植民地主義運動でさえ、新たに独立した国家が地域的な、へたをすれば大陸的な強力な国家組織を創ろうなどと凄まじい紛争を伴う活動を行ったので、国家の利益を前には四分五裂の態であった。[*38]そうした独立国家は、中東、南アジア、サハラ以南のアフリカに急増したので、結果として国連の加盟国数はうなぎ登りだった。戦時下で国連創立に携わった者たちの想像を超えた速度だったが、一九四五年の原加盟国五一ヶ国が二〇年後には一一七ヶ国、二〇世紀末には一八九ヶ国にまで増えている。こうした拡大は、反植民地活動家たちには好意的な表現で語られ、一九六〇年には国連総会決議一五一四号「植民地と人民に独立を付与する宣言」として表明された。この宣言は自由と人権とについて説き、植民地支配の永続は世界平和への脅威となると警告している。けれど、この宣言もマイノリティについては何ら言及していない。宣言は「いかなる条件または留保もなしに」すべての民族に自決権があることを述べているが、「部分的であれ全面的であれ、国民的統合と領土保全の分裂」については非を鳴らしている。ビアフラ、モロッコ、エリトリア、バングラデッシュでの内戦・紛争が示しているように、この途方もなくウィルソン主義的な表現によってむしろたくさんの問題がはぐらかされている。こうした第三世界諸国の出現は、かくてナショナリズムの影響力を拡大し激化させたが、しばしばそこには東ヨーロッパで見られたのと同様な現象を伴っていた……分割、逃散、難民の析出である。要するに戦後の脱植民地化は、一九四一年にローズヴェルトのMプロジェクトの立案者たちが検討していた問題である、ナショナリズムの地球規模への拡大を示していた。彼らの描いていた解決策、つまり西洋の資金とノウハウに基づいた地球規模でのニューディール政策は、けっして具体化しなかった。

こうした経緯を辿ることでわれわれにも、マイノリティの権利から戦後になると決定的に転換してしまったことが理解しやすくなる。当初はこれは強大国の優先度の変化を反映していた。国際連盟は、イギリス、アメリカ合衆国、フランスが、マイノリティの権利を、彼らが東ヨーロッパで造り上げた防疫線†をてこ入れするうえでの要素と見なしていたので、「新国家群」の振る舞いを監視するだけはしていた。一九四五年以降は、それらの国々も、東ヨーロッパでは監視する能力も願望も持たなくなっていた（いわんや東ヨーロッパ以外の地域においては、であった）。それにむろんそれらの国々は、第二次世界大戦後も、一九一九年に主張していたように、自分たちの国の内政は議論の対象にならないとして譲らなかった。実際に、アフリカ系アメリカ人の公民権運動指導者が国際連合でマイノリティの権利保護の機関をアメリカ合衆国を当惑させるために用いるのではないかという恐れは、単にワシントンがいかなる行動主義的権利保護体制をも毛嫌いするのを強めただけであった。たとえば、一九四七年にNAACP（全米黒人地位向上協会）は、国連に、アメリカ合衆国における黒人の扱いを非難する請願を提出した。けれど、新設の国連人権委員会††は調査しないことを選んだ。同時に、国連の新規加盟国も、主権が国際的な介入から保護される傾向を支持した。その結果として、国際連合は、国際連盟が行っていたマイノリティの窮状の監視の面では、関心も専門性も発展させることはなかった。[*39]

ジョゼフ・シェクトマンは、中東と南アジアでまさに大規模な強制的な住民交換によって、マイノリティ問題を根絶することを夢見ていた。彼に関する限り、一九四〇年代後半の二つの「分割」はどちらの状況も解決できなかった。中東では、イスラエルにまだアラブ人が残っていたし、アラブ諸国にはユダヤ人がいた。南アジアでは、インドにムスリムが、パキスタンにヒンドゥーが残っていた。しばしば関係諸国間の関係が芳しくなかったために、対象が全域にわたるような取り決めは難しかったが、シェクトマンのマイノリティ嫌いとマイノリティを根絶させたいという願いは、他の選択肢よりも戦後の雰囲気に合っていた。一九五〇年代のたくさんの者にとって、ラファエル・レムキンがジェノサイドを国際法上の犯罪として扱うのを唱えたことは、当時は前向きの道ではなく、事態処理の旧来のやり方への回帰に見えたものだった。文化的多様性は、国粋的な政治家の犯罪を監視する気構えを持つ「地球共同体」の意志を体している権威ある国際法を通して守られなければならない、とするレムキンの世界観には一九世紀的なものがつきまとっていた。彼自身は全霊を込めてヨーロッパ文明の卓越していることを信じていた。けれど、そうした姿勢を反映していた国際法中心の体制はもはや落ち目であったし、国連の場で「国際人権章典」†††を成立させる努力は、当時法律を専門とする時事解説者のうちできわめて著名な者の言葉を借りれば、「法的拘束力はないし、道徳的権威の面でも議論の余地あるもの」であった一つの宣言、世界人権宣言に収斂してしまった。ジェノサイド条約でさえ、第二次世界大戦後マイノリティを暴行や集団的危害から守るのにさして役に立たなかった。つれない言い方をすれば、ジェノサイド条約は、国際連盟の無力さとナチスの犠牲者に対し、国際連合が払った敬意に過ぎなかった。不快な真実は、国連が、いかに覚束ないものであったとはいえ国際連盟のマイノリティ保護への取り組みを、効果的な代案も定めずに放棄してしまったということだった。肝腎なことを理解させるのには、何とカンボジア、ボスニア、ルワンダの経験を経なければならなかったのだ。

† 「封じ込め（Containment）」もこの「防疫線（cordon sanitaire）」の訳語とされる。
†† 二〇〇六年以降は国連人権理事会。
††† 「世界人権宣言、二つの国際人権規約、市民的、政治的権利に関する国際規約への第一及び第二選択議定書はともに、国際人権章典（International Bill of Human Rights）を構成する」。「 」内は国連広報センターによる。ちなみに二つの国際人権規約は一九七六年に国際法になっている。

第4章

ジャワハルラール・ネルーとグローバルな国際連合の誕生

新しい国際連合の創立者たちは、新たな国際機構と国際連盟との連続性をうかがわせるものは、どんなものでも故意に無視した。一九四六年四月の国際連盟の密やかな解散を論評して、国連憲章の起草者の一人でもあったアメリカ人の論者は、「新しい国際機構の誕生と上々の滑り出しを大きく損なう可能性のある隠れた敵意を引き起こしたり疑惑を招いたりするのを恐れて、各方面において、旧来の国際連盟と新たな国際連合との本質的な連続性に注意を引くことへの躊躇い」があることを述べた。しかし、二つの機構の連続性は顕著なものであった。マイノリティの権利に対してはまったく異なる姿勢をとっているにもかかわらず、国連は「本質的には第二の国際連盟」であった、というのが真実なのである。[*1]

国際連盟と同様、国際連合は、基本的には独立国家の協調的集合体だった。国際連盟においては暗黙の了解であったところが明示されていて、国連は加盟国が主権の点では平等だという原理に基づいていた。けれど、その後ろ盾となる国々によるユートピア的な修辞にもかかわらず、国連は、国際連盟の持つ相対的には平等主義から、かつての強大国間の秘密会議《コンクラーベ》へと意図的に後退したものであった。国連総会は、概して国際連盟の総会が持っていたよりも権限が小さく、五大国で構成される安全保障理事会常任理事国は国際連盟の常任理事会よりも権限を持っていた。五大国は新たに拒否権行使の特権を与えられ、またフランクリン・デラノ・ローズヴェルトが強調していた警察官の役割を円滑に果たすためとして、世界平和のために安全保障の手段を講じるのに安保理常任理事国の軍事参謀を使うという権限も自らに付与した。† 言い換えれば、国際連合は国際連盟に比して、強大国によって運営されることになる可能性が遙かに大であったし、パワーポリティックスから独立し、かつその上位に措定される規範としての国際法に依存する度合いは遙かに小さかった。それどころか、あるソ連の法曹家が記しているように、今や国際法は「平和愛好の強大国」だけのための「特権」（同時に特別な責務）だという認識が、暗黙裡にただし疑う余地なく形成されていた。*2

　植民地主義に対する国連の態度はというと、当初から国際連盟よりも少しばかり不寛容であるように見えた。委任統治《マンデート》領は信託統治《トラスティーシップ》領に呼び名が変えられたし、国連憲章に基づき、国連総会は信託統治領のほとんどに対し、委任統治領に対するものよりいくらか広範な監督権限を与えられた。信託統治理事会が請願を受理し審査する過程は以前より真摯なものとなり、国連総会は信託統治領運営の監督権を与えられ、信託統治理事会は「信託統治地域の定期視察」を行うことができたのである。しかし、今や婉曲的に「非自治地域」と呼ばれるようになった、ヨーロッパ諸国が支配する植民地の住民が数億人なのに比べ、信託統治領の住民はたった二〇〇〇万人に過ぎず、「すべての」植民地を国連の管理下に置

---

† 国連憲章第四七条二に「軍事参謀委員会は、安全保障理事会の常任理事国の参謀総長又はその代表者で構成する」とある。「 」内の訳は国連広報センターによる。

くというあまり熱意の感ぜられないアメリカ合衆国の提案は却下された。実際ヨーロッパの列強は、ちょうどサンフランシスコ会議が開催された時点でさえ、東南アジアにあった植民地の支配権を取り戻そうとしていたし、戦争の終結が近づき、大西洋を挟んで西ヨーロッパの主要国と良好な関係を築くことの重要性がワシントンで明白になるにつれ、アメリカの反植民地主義的な修辞は先細りとなっていった。それゆえ、修辞はいかなるものであれ、つまるところ国際連合は、その前身の国際連盟と同様に、帝国と強大国の世界において国家間の協調と安定をめざして設計された国際機構であった。イギリス代表はサンフランシスコ会議の場で、何ら恥じ入ることなく、ヨーロッパの強大国群を敗北から救ったのはそれらが抱える植民地帝国の存在ゆえだったと述べたものだった。それら植民地帝国が集まって「自由を擁護する一つの巨《おお》きな機構」となっていたので、いまさらこの機構を解体することなど想像するだに難しいというわけだった。*3

かつての国際連盟の活動をよく知る者たちにとって顕著な違いの一つは、ヨーロッパ諸国そのものの役割が減じていることだった。戦禍でヨーロッパ大陸は荒廃していたし、それが国際情勢のなかでのヨーロッパの地位に与えた衝撃の程は、暖かいカリフォルニアからロンドンやパリの寒々しい町並みに戻る前にすでに代表団は感じ取っていた。国際連盟の支持者だったある者がサンフランシスコでこう記している。「国際連盟においてはヨーロッパ諸国は主要な役割を果たしたが……そもそもサンフランシスコ会議には代表団を送っていないヨーロッパの国がたくさんあった。……アメリカ合衆国のブロックの出現は……奇妙なことにイギリス連邦のブロックへの伝説的な信頼がなくなったのと軌を一にしている」。フランスの外相ジョルジュ・ビドーも数ヶ月後に同じことに衝撃を受けた。「ヨーロッパの影がどこまで薄くなったかを知るのは……驚くべき事実なのだ」とビドーはロンドンでの第一回国連総会の顔ぶれを眺めて記した。チャーチルの、ヨーロッパを運営してゆくための国際的機構——新版三国同盟の如きもの——を持ちたいという戦時下での望みは、ローズヴェルトにもスターリンにも拒絶されてしまっていた。その結果誕生したのは、形態はさておき精神においては、国際連盟の時代とはまるで異なる世界を代表する機構だった。*4

ではそれが、一九四六年に国連総会で浮上したはなはだしい反植民地主義的風潮の理由だったのだろうか？ そうだったかもしれない。というのも、とりわけ新大陸は、南北アメリカとも反植民地主義で揺るがなかったし、同じことは、ソ連とその同盟国群、中国、フィリピン、たくさんのアラブ諸国にあてはまった。それでも、国連を創り出した国々がほとんど予見もできなかった方向へと国連を押しやった原因は、そのことよりもイギリス連邦内部の軋轢に求めることができた。軋轢が重なるにつれ——パレスチナ、インド、ビルマをめぐって——スマッツのイギリス連邦の中心たるロンドンは、もはや支配がきかなくなっていた。パレスチナは紛争解決のためにイギリスの手から慎重に国連へと渡された。インドは違ったが、本章の先に出てくるように、いずれにせよ国連でその存在感を示した。国連を設計した強大国のおかげで帝国というものに寛容な機構として出発した国連は——ローズヴェルト政権下で一九三七年から一九四三年までアメリカ合衆国国務次官だったサムナー・ウエルズは、「ポルトガル領ティモールに独立をもたらすのには一千年かかるだろう」と言ったが——驚くほど速やかに反植民地主義の重要なフォーラムと化した。*5

自身は政治的キャリアの終わりに近づいていたが、スマッツと南アフリカとはふたたび事態のまん中にいた。実際、国連の諸機関に本質的に備わっていた地球規模の発展の可能性が初めて顔を出したのは、南アフリカとその政策をめぐってであったと言っても過言ではない。まず第一に、スマッツが依然として併合を望んでいた国際連盟の委任統治領の南西アフリカをめぐる議論があった。第二に、南アフリカ本国に住むインド人と、彼らが晒されていた公的な差別がひどくなってゆくという問題があった。インド本土が独立を勝ち取ってさえいない一九四六年に、ジャワハルラール・ネルーと暫定政府はこの問題をとらえ、ホワイトホールの頭越しに国連総会の場で彼らの事案を喧伝することで、耳目をひく大事件《コーズ・セレブル》とした。本章は、国連が今日にまで続いている国際的なフォーラムへと変質を来す先駆けとなったこの事件の結末までを、順次追ってゆく。南アフリカはアパルトヘイトに向かい、人種政策に拘泥することで国際的な除け者になってゆくが、一方のインドは、ヨーロッパこそが支配する権利を持っているのだという原理に挑戦して成功した初めての国となり、「脱植民地化世界」という国際体制の新たな要素の持つ影響力（その影響力の限界も合わせてだが）を際立たせることになった。

一九四五年には、ヤン・スマッツはまだ北方へと拡張し「大南アフリカ」（Greater South Africa）なるものを建国することで、南アフリカの地政学的な使命を果たすことを願っていた。これを時代錯誤ととらえるどころか、彼は第二次世界大戦を、この拡大をなさしむる戦争であるととらえていた。スマッツの観方からすると、イギリス連邦のなかで南アフリカ主導の大陸となる方が、次のどちらかの選択肢よりも好ましいのだった。選択肢の内実は、戦争中にドイツの植民地狂が推進していた類のナチス支配下の「オイロアフリカ」（Euroafrika）か、原住民による支配にまで譲歩してしまう結果としてスマッツが予想した無政府状態や四分五裂というありさまか、というものであった。スマッツは、一九三九年九月のドイツのポーランド侵攻に自分が素早く反応したことで——議会の投票で重要な勝ちを収めて南アフリカをイギリス側で参戦させたことで——自分の目的のためにロンドンの支持を得られるだろうと期待していた。けれど、ホワイトホールでも、二〇世紀初頭とは意識が変わっていた。イギリスも、戦時下であれ戦後になってであれ、白人による南アフリカの政治支配がいかなるかたちにせよ地域的に拡張してゆくのにはアフリカ黒人が反対することを、重々承知していた。イギリスは一九三九年一〇月にスマッツを袖にしたし、その後も態度を変えなかった。

それでもスマッツは、目の前に越えられぬ障碍があるとは思わなかった。ロンドンとワシントンの重要な政策立案者が彼の主張に理解を示していたからであろう。自国に戻ると話しはまるで異なった。南アフリカでは、サハラ以南のアフリカのための連邦というヴィジョンは——戦後世界全体のための連邦主義的解決法という、戦時下での広汎な流行にまったく合致していたものであるが——スマッツの白人支持者たちを分裂させてしまった。英語系新聞は概して同意したし、『ナタール・デイリー・ニューズ』紙は、南アフリカが牛耳を執ることに近代化論者の立場から正当化をした。同紙によれば、これは旧時代の悪弊への回帰ではなかった。それどころか、「帝国主義の旧時代は、進歩の度合いの低い保護領が発展するために資本・技術両面のサービスが受けられる時代に道を譲るのだ」。ジャーナリストのなかには、南アフリカの原住民政策についてのおぞましい評判は、「アフリカ連邦」の望みが少しでも出てくる前に好ましいものへと変えておかねばならない、と述べる者たちもいた。けれども、アフリカーナの世論は、簡単には納得させられなかった。たくさんのアフリカーナにとって、スマッツのアフリカ大陸でリーダーシップをとるという誇大妄想的な夢は仰天させられるものであったし、スマッツの政策は彼らが「外国の［換言すればイギリスの］分子によって支配される大きな黒人国家に飲み込まれてしまう」羽目になるものであった。これはスマッツにとって綱渡りであった。南アフリカでアフリカーナの支持を失うことなく、ロンドンを味方に付けようというのであるから。黒人が何を考えているかは、めったにその方程式には入ってこなかった[6]。

けれどこれも変わろうとしていた。第二次世界大戦が終結すると、スマッツは時を措かずに南西アフリカの将来について改めて提起した。南西アフリカは第一次世界大戦終結以降南アフリカによって委任統治Cタイプとして運営されていた。一九四五年六月にサンフランシスコ会議から戻ると、スマッツは次のように声明を出した。南アフリカは、委任統治領としての行政を国際連合の信託統治領に切り替えるのではなく、委任統治領を正式に終結させて、その南アフリカへの完全な吸収を求める、と。翌一九四六年一月に、この要請はロンドンでの第一回国連総会に持ち出された。南アフリカ代表は総会に向かって、南アフリカの原住民支配の長い経験を利用するのではなく「信託統治の理論上の原理」を厳密に適応しようとすることに対して、警告を発した。アフリカは「ヨーロッパのような先進国の経済的・社会的な発展に影を落としてきたたくさんの誤りを防ぐことのできるほとんど処女地……を提供している」のだから。それがとりわけ意味しているのは、未開民族を急《せ》かせて能力を上回って速やかに国家を創らせるということではなかった。南アフリカが申し出たのは、委任統治領の現地住民と相談するという約束だけだった――仮にスターリンなら自慢しただろう類の申し出だった[7]。

アメリカ合衆国がその考えに反感を示すところ大なのを知っていたスマッツはイギリスからの支援を願い、実際に労働党アトリー政権は彼を支持するのに同意した。けれども、その決定は公表されなかったし、その後経験豊富なベチュアナランドの摂政ツェケディ・カーマによって南アフリカに反対するきわめて効果的な外交上のキャンペーンが行われたことで、込み入ったものになってしまった。ツェケディ・カーマにはＡＮＣ（アフリカ民族会議）の指導部から、助力を請いたいという接触がそれまでもあった。もっとも、カーマは自身の利益にも直接的な関心を抱いていた。というのも、仮に南西アフリカが併合されたら、カーマと彼の国民、そして南アフリカ連邦内の他の高等弁務官地域（スワジランド、バストランド）も後に続く可能性が高かったのである。

かくて近代史において初めて、アフリカの政治指導者の一人が他の保護領に代わって国際的にロビー活動をしたことになるが、それを可能にしたのは新たな国際機構によって提供されたフォーラムであった。スマッツは、カーマが口を封じられ、ロンドンにも来られぬことを望んだし、仮に自分の言い分が通らないなら力によって高等弁務官地域を接収すると脅したが、これが南アフリカの奥の手だった。結果として――ホワイトホールはそうしたことが起きるのに本物の懸念を抱いていたし、それを止める術がないのを弁《わきま》えていたので――イギリスはカーマの申し立てを国連に持ち出すのを拒絶し、カーマが訪問するのも何とか阻んだ。失望したカーマは、自分が国連総会にこの事案を提出するのを妨げられるなら「諸国家の信義誠実の原則」など国際連合機構（ＵＮＯ）に伏在していると言えるのかと公然と問いかけた。八月に入ってようやく、労働党政権はスマッツ支持について公に述べるに至った。その三ヶ月後、南西アフリカ問題がニューヨークで開催されている国連総会の場に現れた時までには、カーマのロビー活動は実を結び、イギリスは南アフリカによる併合を支持したことで戸惑いを隠せぬほど孤立してしまった。反南アフリカ感情に気づいたスマッツは引き下がり、総会においては、南西アフリカのアフリカ系住民は（スマッツによればだが）併合を望んでいることに「留意」されたい、と提案するに止めた。そうであってさえ、彼の動議は大多数の反対で否決され、南アフリカはその代わりに委任統治領変じて信託統治領とすることを国連総会に提案するよう勧められた。この目立たないけれど啓発的なできごとについて調べている歴史家はこう記している。ツェケディ・カーマは、「スマッツに楯突いて勝利した唯一のアフリカ人という点でユニークと言えるだろう」[*8]と。

南西アフリカをめぐってのスマッツの敗北は国際世論の潮目が変わりつつあることを示す重要な指標であった。一九一九年の時とは異なりスマッツは現に併合という考えへのイギリスの支持を取り付けたのだが、今回はイギリスの支持だけではもはや十分ではなかった。ホワイトホールは、国際連盟創立時のようには運転席に座ってはいなかったし、討議をコントロールできなかった。イギリスはツェケディ・カーマの口を封じようとしたが、カーマは以前なら用いることのできなかった、自由に操れる知略を備えていた。国際世論は、植民地支配がいかなるかたちにせよ拡大するのを至難のこととしていた――国連の究極的な成功のために不可欠として国連憲章前文にスマッツ自身が盛り込んだまさにその国際世論がである。しかり、今やその国際世論を、国連総会のうちで活動する非植民地国家群が表現してみせることができたのだ。たぶんもっと重要なこととして、国際世論はソ連によっても利用されたし、そのうえ、せめても戦略的に不可欠と見なしていない地域においてはソ連に凌駕されたくないと願うアメリカ合衆国によっても利用された。国連の安全保障理事会常任理事国は、国際連盟の常任理事国とは異なり、潜在的に、それどころかときおりは表に出るかたちで反植民地主義的要素を持っていた。つまるところ、スマッツの併合主義は、ひどく時代にそぐわぬものとなっていた。国連が慎重に旧来の帝国の維持を共謀して企てるのと、国連が帝国が実際に「拡大する」のを許すのとは、まるで別物であった。というのも、それでは信託統治の枠組みをまるで無意味なものとしてしまう恐れがあるからであった。それに、ツェケディ・カーマがとりわけ信頼できる国が一つあったが、国連におけるその役割はきわめて重要になりつつあった。インドである。南アフリカの南西アフリカを併合したいという要請はいずれにせよ拒まれたであろう可能性が高い。そう運命づけたのは、南アフリカのインド人の窮状という問題についてインド代表団が口火を切った第一回国連総会での、南西アフリカ併合問題に先んじてのはるかに広汎な議論だった。この事案は一九四六年度の国連総会の耳目をひく大事件《コーズ・セレブル》であったし、まるで違った将来を示唆するものであった。

＊

インド人が初めて南部アフリカに移住したのは、一八六〇年のインドとナタールとの間の、沿岸部の砂糖黍プランテーションでの年季契約労働者についての協定の後であった。[†] そもそも彼らの存在はインドとナタール植民地との間の諍いの種であったし、二度もインドは協定を破棄している。主として

---

† オランダ人に奴隷として連れてこられたのは一七世紀に遡る。ネルソン・マンデラとともにノーベル平和賞を受賞したフレデリック・ウィレム・デクラーク元大統領はユグノーの家系だが、自伝でインド人奴隷の血も引いていることを明らかにしている。

ナタールでのインド人を差別する立法が、長い間インド当局を怒らせていたが、ホワイトホールも南アフリカもおおむね平然としていた。二〇世紀初めにイギリス人官吏の一人がこう述べている。「仮にインド本土のインド人がこのイギリスに移民しようとする意向を少しでも見せたら」ホワイトホールも同じように行動せざるをえないだろう、と。一九〇三年五月ブール戦争終結後にアルフレッド・ミルナー(この時には子爵になっていたが)の著したものは、人種隔離主義に基づいた抑制策を正当化していた。「〔抑制策は〕肌の色とか何らかの特定の人種に向けられたものではない」と彼は主張している。「それは、人種や肌の色の如何を問わず、文明の発達した集団が、発達していない集団との接触を強いられることで堕落するのを防ぐためなのだ」。ミルナーの侍祭(取り巻き)たちは、彼らの愛するイギリス連邦の将来のために結論を導き出した。連邦概念の主席司祭にあたる若きライオネル・カーチスはこう記している。「これからの数世紀間でインド民族の巨大な溜池が……開放されイギリス帝国の自治領全部へと氾濫するのを許される」のでないかぎり、トランスヴァールのインド人には平等な権利を与えられるべきではない、と。[*9]

この問題は、青年期のガンジーにも大きな衝撃を与えた。彼が南アフリカにやって来たのは一八九三年のこと。翌一八九四年にはナタール・インド人会議創設に参加し、一九〇六年にはサチャグラハ(非暴力不服従)の政治運動を初めて組織していた。かくて、南アフリカのインド人の政治的覚醒と、イギリスのインド統治そのものにおける自由を求める闘争とに密接な繋がりが生じた。一九一三年にインド移民規制法が通過すると、ガンジーは二度目の大がかりなキャンペーンに着手し、規制法の修正を勝ち得た。第一次世界大戦終結後、既述のようにスマッツが実際には編み出した政策だが、南アフリカ中で人種隔離がますます基準となるにつれ、この問題は再浮上した。一九二一年、一九二三年のイギリス帝国会議で、スマッツは――近代的なイギリス連邦について先駆的で影響力を持つ青写真を提出していたというのに――南アフリカのインド人は「あらゆる公民権」を与えられるべきだというインド政府の要求を拒んでいる。その背景には、それが普通選挙権にまで拡大され、よってスマッツの観方では「南アフリカの終焉」に結びつくという危惧があった。ミルナーとカーチスによって明瞭に表現されていたこの危惧、つまり大量移民はイギリス連邦自体を汚染するという危惧は、よって第一次世界大戦後にも生き残っていたのだった。イギリスにも、カーチスの懇意な同僚ロシアン卿をはじめとして、インドはイギリス連邦に加盟すべきだと固く信ずる者もいくらかいた。けれど、イギリス政府が一九三五年に新インド統治法を通過させた時に、それは次のような点を明確にしていた。すなわち、インドの役割は従属的なものに留まり、自治領《ドミニオン》の地位は与えられず、自治領の総督よりはるかに全面的な権力を持つ総督によって支配されるのだ、と。*10

そうこうする間にも、戦間期を通じて南アフリカ連邦内のインド人に新たな人種隔離法が続けざまに適応されたし(むろん、アフリカ人に対するいっそう全面的な法案に関連してであるが)、一九三九年には、トランスヴァール・アジア人土地・商業法が、トランスヴァールのインド人にさらに二年間の土地売買と商業免許付与とを禁じた。インド・南アフリカ関係は、第二次世界大戦勃発時にはどん底と見えた。けれど、戦時中には、それをいっそう下回った。ナタールの白人は反インド人感情が強く、スマッツは一九四三年の選挙の直前には、トランスヴァールのさまざまな法案をナタールにまで拡大することで――いわゆるトランスヴァール・ナタール「ペギング法」――そうした感情に迎合した。

インド人は憤慨し、スマッツが戦争中は差別的立法は導入しないという約束を破ったと、きつく申し立てを行った。ダンバーの市庁舎での会議で、抗議するインド人の一人は、大西洋憲章の写しを引き裂き、大西洋憲章など「茶番の極み」だとくさした。それに続く興奮のなかでインド人の活動家とアフリカ人の活動家は初めて白人支配に対抗して手と手を携えることになった。アフリカ人と「カラード」†の運動を統合しようとして、インド人の小グループとアフリカ人のマルキシスト††により、NEUM(非白人統合運動)が結成された。戦時下の法案の知らせを、枢軸国側の宣伝機関は嬉々として取り上げた。ベルリンのラジオはペギング法を大西洋憲章の第一幕だと評したし、東京はそれを、ヨーロッパ人がアジア人をアフリカから追い出そうとしていることの徴《しるし》、それゆえ少なくともアジアはアジア人のためにあるべきだという徴として大歓迎した。いずれにせよ、これはインドでのイギリス支配への警告的意味合いを持っていたし、行政参事会のインド人メンバーの一人は同じ主張をした。いわく、ペギング法はインド本土でのいかなる煽動よりも早くイギリス帝国を分解させることになろう。何となれば、それは「アジア人のためのアジア」というスローガンにゆきつくからだ、と。そのインド人メンバーが「来るべきアジア人の連合」と評したもののなかには、ヨーロッパ人のいる場所はなくなることだろう。*11

インドに募るナショナリズムはかくて、たくさんのイギリス連邦の指導的な理論家たちに本来備わっている保守主義を目立たせることとなった。南アフリカでのミルナーの幼稚園《キンダーガルテン》時代に遡っても、ライオネル・カーチスは早くから、インドは長い期間の後見がないと自治は不可能だと決めつけていた。しかし、戦争がはっきりと後見期間を圧縮してしまって自治をずっと間近なものにしていたし、イギリスのために戦っている何十万というインド人の存在があったので、イギリスのインド支配の新しい総督

（副王）のアーチボルド・パーシバル・ウェーヴェルはインド側の不満を真面目に取り上げる義務があると感じていた。イギリス帝国の官僚制のなかのこうした緊張が帝国の結合を損ないインド本土の反植民地主義的感情を助長すると、ウェーヴェルはスマッツに向かって、あなたの政策には報復がありましょうと警告した。実際に一九四三年六月に、インド政府は、インドにいる南アフリカ人を南アフリカのインド人が扱われているように扱うのを許す法律（すぐに発効するものではなかったが）を通過させた。経済制裁も検討され、一九四四年の一一月には、ウェーヴェルと彼の率いる行政参事会は現実に相互的法案を適用した。それは基本的には象徴的なジェスチャーだったが、ロンドンは、それが戦時下でイギリス連邦内の不和を公開するようなものだというので、別段驚くことではなかったが冷淡このうえなかった。スマッツの方は心が沈んでいた。インド人を満足させるどんな解決法も白人を激怒させるし、逆もまた真であろう。彼があれほど尊重していたイギリス連邦が、今や分裂の危機にあった。すでに見てきたように、イギリスの思想家たちに世界秩序の説得力あるモデルをもたらしていた概念は、二〇世紀半ばの必要に応えるにはあまりにもはっきりと、一九世紀の人種的前提と人種的ヒエラルヒーとに根ざしていたのだ。

---

† 南アフリカにおけるアパルトヘイト体制での「人種分類」は、白人・カラード・アジア系・黒人と分類され、インド系は普通は「カラード」（白人と非白人との混血）には入れられないが、ここでは広く「有色人種」の意で使われている。

†† トロツキスト系であった。

このあたりで一歩退いて、第二次世界大戦中のインド洋で懸案になっていた広範な問題を吟味するのも役に立つことだろう。一九四〇年末に、南アフリカのインド人青年が、多くの非白人の複雑な心情を綴った手紙をガンジーに送った。

この重大時にインド人の姿勢はどうあるべきかについて困惑しております。「白人」は「有色人種《カラード》」についてはまるで無関心ですし、戦争にもかかわらず肌の色による偏見は弱まることなく続いておりますが、こと私どもインド人は白人のためにも生命を投げうたねばならないのでしょうか？　ごく最近ですが、ヨーロッパから当地に戻ってきたインド人学生が私どもに言うには、汽船が満杯でなかったにもかかわらず、イギリスの汽船会社は彼を乗せることに躊躇したというのです。そんな扱いを受けると私どもインド人も、またアフリカ人たちも、私ども有色人種に関する限りはナチスとブール人とイギリス人との間に差はないと思ってしまいます。仮に南アフリカでナチスの支配があったとして、私どもは今よりもひどい扱いを受けることはありますまい。私どものなかには、イギリス人は甘言を弄しつつも飾った言葉の裏側では自身の容赦のない政策を追求しているのだが、ヒトラーは率直なだけだと考える者がたくさんおります。ヒトラーは少なくとも自分の感じるところをそのまま述べています。こう考えることに真実はありませんでしょうか？[*12]

ガンジーの返事は慎重に言葉を選んだものだった。「イギリスとナチスとの間に選ぶところなんぞありないでしょう」とガンジーは記した。「とりわけ南アフリカでは、これは明々白々です。そこでは有色人種はあらゆる面ではっきりと劣等人種扱いをされているのですから。ナチスとてこれ以上のことを口にしたり行ったりはできないでしょう。イギリスの敗北がナチスの勝利を意味するのなら、再度記しますが、われわれはそれを望んでいませんし、また望んではならないのです。それゆえ、われわれは不偏不党でなければなりません。われわれは自身の独立を望んでいます。われわれは、そのためにはドイツ崩壊を望む、という理屈にもなりません。われわれは自分たちの力で自由を獲得し維持してゆかねばならないのです。われわれはそのためにイギリスからであれ、それ以外のものであれ、外部からの助けは要りません[*13]」。

よって、デリーから観ると、第二次世界大戦が提起した基本的な問題は、イギリスが勝つかドイツが勝つかではなく、独立への道をうまく均《なら》すために、ヨーロッパ諸国の戦いが提供した機会を非ヨーロッパ人がどう使うかだった。喫緊の戦略的問題は、対立するイギリス側とドイツ側との間で、どのように、かつどちらを選ぶかだったが、この選択は自明とは到底言えなかった。結局、枢軸国側も一九四〇年に世界を勢力圏に分けることを提案したのだが、連合国側とて変わりはなかった。一九四三年一一月末に三巨頭が初めてテヘランで会談した後に『ボンベイ・クロニクル』紙が述べたように、「目論見ははっきりしている。二つの世界が建設されつつあるのだ。一方は白人で帝国主義的な『ヨーロッパ』——これにはアメリカも含まれるが——他方はアジア・アフリカにおける有色人種の『隷属国』である」。要するに、戦争中を通じてふつふつと沸き立っていたのは深い不満の念であった。その不満は、一般には世界支配への西洋の姿勢、ことさらには西洋の普遍主義的な修辞にひそむ偽善性ゆえに、二〇世紀初めからとりわけアジアの全域で高まってきていたものだった。*14

最近の研究書二冊からわれわれが思い起こすのは、一九一九年のウィルソン主義絶頂期の後で世界中が味わった幻滅と、その結果生じた反植民地主義運動である。それらのなかでも、汎イスラム主義と汎アラブ主義とは、今にして思えば、イギリスやソ連の情報将校の心中にあったようには深刻な脅威でなかった。どちらの主義も、とりわけイギリスによる管理・監視からとにかく解放されたいと足掻いていた中東の新国家群からの支持は得られなかったのである。ヨーロッパとアメリカのヘゲモニーにとって深刻さで勝る異議申し立ては、汎アジア主義のイデオロギー、ことに日本から発せられるイデオロギーであった。日本は日露戦争に勝利を収めた一九〇五年以降は、内部から国際体制の西洋偏向に異議を申し立てられる恰好の位置にあるように見えた。一九二〇年代に日本は段々とジュネーヴから顔を背け、満州事変の年の一九三一年に断固国際連盟との関係を絶った。† その後の一四年間、ことに一九四〇年代初めは、ヨーロッパ支配への最も手強い挑戦者となったのは、軍事支配と（実際は知らず建前では）政治的解放という二つの基盤に危ういながらも則っての「汎アジア」のリーダーシップを主張する日本であった。一九四〇年の日本軍の東南アジア侵攻をもって、日本の「アジア諸民族のためのアジア」というスローガンが持つ潜在的な訴求力は、「アジア・モンロー主義」としてホワイトホールだけでなく、白人入植自治領にいっそう不安を与えた。ニュージーランドの新聞各紙は「われわれが知るところの文明が終わる」のを恐れた。ローズヴェルト大統領の助言者で外交官のウィリアム・フィリップスは、大統領の個人使節として派遣されていたインドから警告を発した。いわく、「西洋に対する嫌悪と不信とを募らせるのを含め、たくさんの事柄を共有する東洋諸民族からなる巨大なブロックがあるのです」。南アフリカでは、スマッツ自身が、黒人たちは日本軍がやって来るのを待っているのではないかと思案し、仮にインドが反乱を起こしたらその結果は如何なものとなるかと推量していた。スマッツの国際連合に抱いていた希《のぞ》みを現在となって理解する方法の一つは、こうした白人以外の敵対的な人種の攻勢に晒されるのに、白人側の協調・同盟の手段として国連が今やイギリス連邦よりも上手く対抗できると思えたから、とするものである。*15

デリーのインド人ナショナリストにとって、それゆえ、選択肢はイギリスかドイツかというのではなく、イギリスか日本かであった。もっとも、ある意味では国民会議派はどちらも選んだ。国民会議派には同じような者がたくさんいたが、ガンジーも日本の軍国主義を前に思いとどまり、既述のごとく、イギリス支配を条件つきで受け容れることを選んだ。ただし、国民会議派の運動の内外で、次のように思う者もたくさんいたのだ。つまりそうした姿勢は受動的であり、せっかく戦争のおかげで与えられた好機や戦争がヨーロッパ支配に開けた風穴に対し無関心過ぎる、と。この見解の最も重要な唱道者のスバス・チャンドラ・ボースは、一九四〇年に国民会議派を追われていたが、はじめはナチス・ドイツに援助を請うた。ヒトラーの小手先の援助に失望し——一九四二年五月の総統《フューラー》との会談はヒトラーの用心深

† 常任理事国であった日本が脱退したのは一九三三年三月である。首席全権松岡洋右出席の総会において二月にリットン報告書が圧倒的多数で可決され、翌三月には日本政府が脱退を通知した。

さをはっきりとさせた――ボースは東方に注意を向けた。彼は「いわゆる国際連合」とやらを一九四〇年締結の日独伊三国同盟の「貧相な模倣」と譏り、(チャーチルも主張していたことだが)大西洋憲章はインドには適応されるまいと警鐘を鳴らした。アメリカ合衆国の世論はインド独立の大義に同情的だとしても、ボースは「アメリカの世紀」の到来を歓迎する『ライフ』誌(一九四一年二月一七日号)のヘンリー・ルースによる有名な記事に窺える地政学的な野心に気づいていたし、ローズヴェルト政権はイギリス帝国に取って代わって国際情勢における支配権を握ることを夢見ていると主張した。よってインドをめぐる闘争は理屈から言っても「いわゆる国際連合の敵側」に目を向けることを余儀なくされた。[*16]

ボースが出現したので、日本はインドのことを真面目に考えざるをえなくなった。戦時下の「大東亜共栄圏」の合意では、インドにはわずかな役回りしか割り当てられていなかった。けれども大東亜共栄圏は、国家主権の尊重と国際協調という大西洋憲章の修辞の焼き直しであったとはいえ、国際連盟とその後継機構のヨーロッパ中心主義への、魅力的でまことしやかな批判ともなっていた。一九四三年一一月に東京で招集された「大東亜会議」(インドはオブザーバーとして参加)はイギリスのインド統治を非難し、ボース支持を誓約した。日本が勝てば、ボースのインド国民軍はインドをイギリスから解放し、日本を盟主とするアジアの「共栄圏」のなかでのインド独立を招来することになるはずであった。この見込みはローズヴェルトを脅かすに十分であって、彼はチャーチルにインドの希望に対しもっと譲歩させようとした。けれどチャーチルは妨害したし――チャーチルとイギリスの政策立案者の多くは日本に対するのと同じくらいアメリカ合衆国を恐れていた――ボースは結果として負け犬に賭けたことになった。一九四三年一一月に彼がシンガポールで宣言した自由インド仮政府は、国民会議派の支持を取り付けることはできなかった。この頃までには日本が敗北に直面しているのが明らかだっただけではない。国民会議派の者たちが十分に弁《わきま》えていたように、仮に日本が勝利したとしても、「大東亜共栄圏」のなかでインドに重要な役割が保証されるわけではなかったからである。*17

というのも、国民会議派の上層部には、世界におけるインドの位置についてまるで異なった観念があったからである。国民会議派での頂点をボースと競った身で、一九四二年以降はガンジーの後継者に指名されていたジャワハルラール・ネルーのこの問題についてのたくさんの演説や著作によく表されている観念である。ネルーは長い間、インドのナショナリストたちに国際的なセンスを持つよう呼びかけていたし、世界情勢の展開に対する己の関心を誇ってもいた。早くも一九二八年には、ネルーは、革新派の連携を唱えるようになっていたが、それはソ連とその「新しい文明」にも門戸を開いていた。「帝国主義」への阻害要因であるし、インドを「イギリスへの隷属、イギリスとの繋がりを必然と考える奇妙な心性」から救い出すのに役立つ、と考えたからだ。「イギリスは全能ではないというのを理解するのが大切です」と彼は論じてきた。そして「イギリス支配は余命いくばくもない」のを理解するのも大切だ、とも。ヨーロッパでファシズムが勃興したのは、火急の感を深めたに過ぎない。ネルーにとって、ファシズムは帝国主義という問題とつながっているし、帝国主義の実体を露わにするものだった。自称民主主義者のイギリス人は、インドでファシストのように振る舞っていたのだから。*18

もちろん、厳密な意味でのファシズムをネルーは脅威と見なしていたが、それが凱歌を揚げたように見えるとすぐに、ネルーは国際協調の復活を求めた。一九三九年の春に、ドイツがプラハに入城すると間をおかず、ネルーは国際連盟が失敗したところで成功を収むべく新たな努力を呼びかけた。ネルーにとっては、国際連盟は「幸先の悪い発足だった。……国際連盟は保ちこたえられないものを安定させようとし、帝国主義と戦勝国の特別な権益を守ろうとする試みであった」。裏返して言えば、安定していて持続しうる国際機構とは、定義からして反帝国主義でなければならなかった。しかし、国際連盟が大切にしていると信ぜられている理念、自由と民主主義に基づいた集団的な平和維持の理念は、ネルーが強く支持するところであった。スマッツより国家統制主義者であったネルーは、自治をする国民国家が世界連合議会に代表を送るような「世界連合」(World Union)を欲していた。その議会は国際的に計画経済・社会主義経済の原理を広めるものとなるはずであった。しかし、これが実行不可能であることがネルーを直ぐに打ちのめし、一年も経たずして(たぶん、インドの独立が多くの者が理解していたよりも早めに手が届くという認識にも影響されて)彼は「世界連合」の代わりに「世界連邦」(World Commonwealth of Nations)について記していたのだった。[*19]

この「世界連邦」ならば、スマッツ的な観念と変わらないと言いたくもなろう。けれども、きわめて重要な細部ではよしとしても、後はことごとくスマッツが非難するものであった――イギリスないしヨーロッパのリーダーシップを意図的に避けた「広汎な連邦」だったからだ。一九四四年のダンバートン・オークスでの四強大国の会談から誕生したものとしての、提案されている新たな国際連合は、ネルーのめざすものとははなはだ異なっていたが、彼はその価値も見出していた。ネルーは強大国がその機構を支持するのを確たるものとする必要も理解していたし、よって彼はそれが国際連盟の轍を踏まぬように安全保障理事会常任理事国に拒否権を与える必要性も納得していた。[*20]けれどそうだからと言って、ネルーは、それが国際連盟のヨーロッパ中心主義を帯びるのを許す気はさらさらなかったし、反植民地主義の大義を申し立てるために手に入るあらゆる手段を用いるのを怠る気もまたさらさらなかった。ヨーロッパ中心主義に反対することは、何よりもアジアの力を強く主張することにつながった。これは、ネルーが日本のインターナショナリストと同じように喜んで受け容れたことであった。けれどネルーにとって、それを実行するのはインドの務めであり、日本の務めではなかった。その地域でのインドのリーダーシップを確かなものにする方法は、日露戦争以来彼が関心を払ってきた課題であり、一九三二年には『新時代の呼びかけに対するアジアの対応』(*Asia's Response to the Call of the New Age*)でそれについて記してもいる。そこで述べているのは、アジアはヨーロッパの力に模倣をもって対応するのではなく、新時代に「アジア独自の文明の表現」を使って発言することで対応せねばならない。チャンドラ・ボースの戦略では日本のリーダーシップによる旗印の下でのインドの独立を意味したアジア主義だが、ネルーにとっては新たな米英ソ協調路線の枠組みのなかで働きかけることで、達成がうまくゆく類のものであった。

日本の敗北はボースの戦略を破綻させたし、ネルーにとって障碍はなくなった。ひとたび戦争が終わると、ネルーは時を措かずに、ヨーロッパの植民地支配を取り戻そうとする動きと戦った。早くも一九四五年一二月に、ネルーは地域の協調のためにアジア会議を開くことを提案している。三ヶ月後、東南アジア訪問をし、東南アジアでのフランスとオランダの支配にてこ入れしようとするイギリスの努力を十二分に認識して、彼はその呼びかけを繰り返した。「植民地主義と呼ばれている体制全体がなくならなければならない」と彼は一九四六年三月に『ニューヨーク・タイムズ』紙に述べた。「植民地帝国の隷属している民族が反乱に走ろうとしているが、長くは抑圧できぬし、また抑圧しようとするいかなる努力も宗主国にとって物入りとなりその国力を弱めるのは明々白々である。……退廃した植民地帝国がいっそうぐらついている他の植民地帝国を助けようとしているが、その過程でその植民地帝国自体の解体を早めているのだ」。ではどんな措置を講じれば良いのか？　ネルーの結論はこうである。「最初の大きな一手は、ゆっくりと進化している世界秩序の広い枠組みのなかで……植民地主義と帝国主義とをはっきりと放棄することである」。ネルーは明らかに、前年の春のサンフランシスコ会議はこの点で失敗だったと感じていた。*21

ひとたびインド独立への助走の暫定政府の長に据えられると、ネルーは国際連合機構（ＵＮＯ）に目を向けた。安全保障理事会に席を求めるかどうかを熟慮しながら、ネルーはインドが「潜在的には大国」であることに気づいていた――アジアとインド洋における将来の安全保障体制の要なのだ。「インドがどこかの小国のように扱われるのは馬鹿げている」。安全保障理事会に何が起ころうとも、インドの「自然な役割」は「アジアのすべての中小国」の指導者としてのそれだった。よって驚くほどタイミングの悪い南アフリカの反インド人法の一つ、一九四六年のアジア人土地保有・代議制度法が、インド人の投票権、居住権を制限しようと提議することでインド民族の心情を活気づけてしまった時に、彼はこの問題を捉えて己の広範なアジェンダを進めることにした。そのアジェンダによってインドは植民地支配への抵抗運動の前衛となるだろうし、地域によって異なった原理を適応するのを止めさせようという圧力を強めることとなろう。とりわけ、「ヨーロッパとアメリカとが近代文明の枢軸と見なされ、アジアが無視される謂われはない。アジアは将来必然的に国際情勢の大きな中心の一角を占めるし、これが認識され実行されるのが早ければ早いほど良いのだ」。九月末にはネルーは新聞に、インドの対外政策は「アジア全域での、それどころかアフリカでもどこでも植民地主義の終焉……ある民族が他の民族によって支配され搾取されることの終焉」をめぐって展開してゆくだろうと述べた。この頃までには、国際連合の精神についての闘争は、もう進行していたのである。[*22]

＊

まるですべてが一九四六年に起きたかのようだった。その年の初めに、第一回国連総会がロンドンで開かれ、南アフリカとインドの間の緊張が高まると、インドの南アフリカ駐在高等弁務官[†]は相談のためにインド本国に呼び戻されたが、その折にスマッツの新法案の輪郭を持って帰った。その裏では、インド総督（副王）のアーチボルド・パーシバル・ウェーヴェルがスマッツにそれを引き延ばすように頼んでいたが、功を奏さなかった。提議された新法案はインド世論に衝撃を与えた。内容が、インド人は投票権を与えられるがそれも二級市民としてであり、教育・資産面での資格を満たしている場合に限られ、居住制限はインド人の「ゲットー」をつくることになるというものだったからだ。

インドの政治家連はロンドンに動くよう望んだが、ホワイトホールは介入したくなかった。行き詰ま

† イギリス連邦の所属国同士（インドは独立前であったがその地位が単なる植民地ではなかったのは見てきたとおりである）は大使を交換せず、高等弁務官（High Commissioner）という外交使節団の長を交換する。大使館も高等弁務官事務所と呼ばれる。

りへの解決策を持たなかったし、その問題を「インドと南アフリカだけの」[23]問題と見なしていたからである。イギリス連邦にとって危機的な瞬間だった。一九二〇年代以降、連邦の考え方は、加盟国は加盟国同士の諍いを国際機構に持ち出さない方向に動いていた。他方では、連邦の結合力は加盟国間のある種の調停手続きをも含んでいたが、実際にはそうした公的な機関は存在せず、とりわけ国際機構におけるインドの地位そのものが先は兎も角まだ漠然としていたのだからなおさらであった。ホワイトホールの役人たちの発言はまことに力ないものだった。彼らは、ネルーが南アフリカ問題を国際連合に持ち出すなどという無益なジェスチャーなど見せなければ良かったのにとか、自分たちの力で「内輪の恥をさらす」のを避けられたら良かったのにとか、いまさらながら願っていた。しかし彼らは腰が引けていて、イギリス帝国の二つの価値ある加盟国のどちらかの肩を持ちたくはなかったし、ネルーの動きを所詮阻めないものとして眺めていた。ウェーヴェル総督が指摘したように、仮に「イギリス連邦内の機関」が存在していたとしても、ネルーは、他の連邦加盟国もまた人種的偏見を持つとみなしていたので利用しなかっただろうからである。[24]

要するに、スマッツ自身の政策でもあるが、人種主義的な政策が彼の愛するイギリス連邦の動きを取れなくさせているのだった。白人入植者支配は簡単にはイギリスの他の植民地の利益から切り離せないことがわかったし、しかも連邦が体現しているとされた「道義的共同体」は見せかけだけのものであることが判明した（実際、この過程は、カナダ、オーストラリア、ニュージーランドが戦争があったので戦略的にどんどんアメリカ合衆国に依存するようになった経緯にも見て取れたことを付け加えてもよい。一九四〇年代末までには、自治領《ドミニオン》という語もすでに用いられなくなっていた）。[25]ネルーの動きが伝わったことが引き金となって、独立した後のインドをそもそも連邦にとどまるように要請するべきかどうかについて、ロンドンで連邦の本性を明らかにするような会議が開かれた。引き留めることは、「現在の姿である、アングロ・サクソンのクラブの結合力を弱める」危険をもたらさないだろうか？　インド人に辟易しているホワイトホールの官吏の一人は、インド人は英米に対抗して「アジア・ブロック」を創り出そうとしていると思った し、仮にインドがイギリス連邦のなかに留まるなら、簡単に言って「もっと苛々させられるアイルランド」のように振る舞うだけだろうと考えた。もっとも、インドは、少なくとも陸海軍にとって、第二次世界大戦後のイギリス帝国の戦略の要の儘であった。ロンドンにとって最善の方法は、よって、インドと南アフリカの論争に知らぬ顔を決め込むことであった。イギリス帝国の支配は、ますます民主化される時代に増幅された帝国内部の矛盾の結果として急速に衰えつつあった。インド担当省は、独立後のインドをソ連の影響下に押しやることがないように、イギリス自身の国際連合への代表団には、来るべき論争において細心の注意で中立を保つよう促した。[*26]

口火を切ったのはナタール・インド人会議だった。提出されている南アフリカの新法案の知らせに反応して、デリーに助力をせっつき、インド政府が国連でその問題を取り上げるように提案したのだ。インドの首都デリーでは、行政参事会の一員で海外インド人担当のナラヤン・カールが、当初成功の確率は低いと懐疑的だったが、結局その提案を取り上げた。カールが後に回想しているが、議論を引き起こす性格の動きだった。「同僚の一人は私に面と向かって言ったものだ。ＩＣＳ（インド高等文官）の一人ならそれほど無責任に振る舞いはしなかったろうってね……総督は私のことを無責任だと責めたよ」[*27]。インドの対外関係部門のなかでも、高等文官たちは、そうした動きをすることがそもそも可能なのかと議論していた。可能であると結論づけたので、彼らはカーンにその問題を安全保障理事会でなく（何せ世界平和への脅威ではなかったので）、国連総会にかけるように助言した。南アフリカの側は、それが国内管轄権内にある事項だと主張する腹であり、恐らく分があるはずと踏んでいた。一方のインドも、道義的責任という言い回しを使って、南アフリカのインド人が公民権を十全なかたちで享受できるまで彼らの面倒を見る義務があると発言することがおそらくできるだろうと踏んでいた。

インドの対外政策部門の高級文官の一人は、この問題については適切に考えることと、国内管轄権内にある事項であるという反対を早急に斥けないように助言をした。つまるところ、「その国に複数の不満を持つマイノリティがいて、それらがさして友好的でないどこかの国家から、事案が国際連合機構に持ち出されることへの支援を取り付けられるとしたら、その後の段階」はどうなるのだろうか？（イギリスの法曹家たちが、インド独立を承認する条約草案に「マイノリティの保護条項」を含めるかどうかを検討していたのは、まさにこの時期であった）。けれども、「マイノリティの保護条項」が含められるリスクは軽微であるとして斥けられ――国民会議派の誰一人マイノリティの権利保護をもはや真面目に考えていなかったように思える――（マイノリティの権利保護に立脚するものではけっしてなかった）国際連合に持ち出そうという主張は抗しがたいものとみなされた。結局は、南アフリカは、自国の南西アフリカを併合するという願いをうまく実行するために「清廉な外観」を保ちたいだけだ、そう主張された。こうした論法でインドは、ツェケディ・カーマが南西アフリカ地域の申し立てに便乗しようとしたように、カーマの申し立てに便乗しようとした。[*28] この問題がイギリスのインド担当省にも、三月にインドに到着していた「閣僚使節団」にもまだ上がっていないという事実にも関わらず、インド総督は最小限の反対しかせず、またそれに応えて送られてきたロンドンからの難色を示した電報は簡単に無視された。というのも、それらの電報はすでにデリーで考察・検討されていた内容を繰り返すだけのものだったからである。[*29]

一九四六年六月に南アフリカ・アジア人土地保有・代議制度法が発効し、ナタールとトランスヴァールとで、大いに喧伝された市民的不服従の運動が始められた。二週間後には、インド総督の行政参事会は最終的に国連総会に訴え出ることを決め、申し立ては六月末に正式に提出された。提起したナラヤン・カールにとって腹立たしいことに、その年の九月に暫定政権の座に就き自分たちの功績にしてしまうのは、ネルーが率い、同時に外相代行を務める国民会議派だったのだ。カールは一九三八年に国民会議派から除名されていたし、少しも会議派を好んでいなかったのである。南アフリカは、ネルーがウェーヴェルと一緒に提出した最初の事案だった。そしてガンジーは、総督と相談し、ニューヨークの国連総会に強力な代表団を派遣する腹を決めた。代表団長はネルーの手強い妹のビジャエラクシュミー・パンディットだった。ネルーの言葉によれば、ガンジーもネルーも、仮に南アフリカが「ナチスの原理」に従うなら、国際連合機構（ＵＮＯ）に南アフリカとの関係を絶たせ、南アフリカを構成諸国家から切り離させることを固く決意していた。ネルーは国連を支える有力国に警告も発していた。仮に、国連機構、ヨーロッパ、アメリカがそうしなかったなら、「アジア全体がそれを行い、アフリカにも及ぶ時が訪れるだろう」と。[*30]

この事案についての南アフリカとインド間の長期にわたる敵意にもかかわらず、スマッツがインドの議案提出権について仰天したのももっともだった。まず第一に、新たな世界組織が加盟国の内政――いわゆる国内管轄権内にある事項――に干渉するのを防ぐという議題は、サンフランシスコ会議において、とりわけイギリス連邦の指導者たちによって、広汎に議論されていた。どの国家も、国際連合に国内政策に容喙させることには関心がなかった。南部の公民権について神経質になっているアメリカ合衆国然り、ソ連も然り、イギリス帝国また然りであった。自治領《ドミニオン》の指導者たちも、まさにそうした事案が国連に持ち出されるのを阻止すべく、いろいろ議論のあった国連憲章第一章第二条の七（「国内管轄権内にある事項についての制限条項[†]」）をかたちにするのに手を貸したが、彼らはアメリカ合衆国だけでなく、大国が国連を使って自分たちの国の内政に介入するのを恐れるたくさんの南アメリカ諸国の支持も受けていた。スマッツ自身が、南アフリカのインド人問題の申し出が認められないようそれまで保証を求めてきたし、南アフリカ議会にもそのように知らせてあった。また当時のインド政府もサンフランシスコ会議までは反対していた。もっとも、わずか一年足らずで、インド政府は、イギリス連邦の仲間の同盟国である南アフリカを非難し、スマッツ自身の「基本的な人権への信念」という修辞を憤怒のまま引用するといったようにまるで態度を改めたし、それもインドが独立さえ達成していない段階でのことだったのである。[*31]

イギリスについて言えば、彼らは仰天していた。インドの議案提出権は、「帝国概念そのものへの痛棒」であった。かつてはイギリスの理論家たちは、帝国に付随するものとしての世界的な安全保障機構を思い描いていたが、今では国連は帝国の存在を脅かすものに思えた。しかし実際には彼らはもっとずっと物騒な心配をしていた。たとえば、インド統治《ラジ》がまるごと把握できなくなったら、そして新たな国際機構が南アフリカだけでなくインドをも俎上に載せる羽目になったらどうなるのか？　現在となっては奇妙に思えるが、一九四六年を通じてのものとなったインド亜大陸の将来をめぐる熱を帯びた交渉で、イギリスの内閣が取り憑かれていた恐れとは次のようなものであった。仮に交渉に当たっている者たちが落としどころを見つけられぬ場合には、インド問題「全体」が国連に付託されることになるのでは、というのである。というのも、パレスチナとインド統治はまるで別物だったのであるし、イギリスの内閣は国連に介入させるという考えそのものを毛嫌いしていたのであった。外相のアーネスト・ベヴィンは、そんなことになったら「インド帝国をソ連の手に渡す」ことになる。というのも、ソ連が「そうした状況下で必要となる大量の部隊を派遣する意欲も能力もある唯一の国家」だからだ、そう警告していた。ソ連がそうした動きを取るとしても国民会議派の承認が明らかに必要となるだろうし、だからこそ、南アフリカ問題について国連に提出するというネルーの決断は、イギリス人にとって自分たちがイギリス帝国全体の将来は言うに及ばず、インドの将来だけについても唯一の決定者ではないことを思い出させるものであった。[*32]

一九四六年八月に、ガンジーと日々消耗してゆくネルーは、代表団に向かって「敵対する陣営のどちらにもつかぬよう努め、そうした陣営が生みだした緊張を沈めるよう努めるべき」だと訓令を送った。九月になると、ネルーは自らの見解を明らかにした。これは「単にインドの問題」ではなく、アジア人、

† 本文は「この憲章のいかなる規定も、本質上いずれかの国の国内管轄権内にある事項に干渉する権限を国際連合に与えるものではなく、また、その事項をこの憲章に基く解決に付託することを加盟国に要求するものでもない。但し、この原則は、第七章に基く強制措置の適用を妨げるものではない」。「 」内の訳は国連広報センターによる。

アフリカ人、「人種主義というナチスの原理に抗い、あらゆる人種の機会平等」を求めて闘うすべての者に関わる「国際的大義」なのだ、と。ネルーが戦後のインターナショナリズムを測る指標《パラメーター》としたものはすでに明白になっていた。強大国の間での冷戦構造下の対立において中立であることが、仮想としての「アジア」だけでなく世界中の植民地諸民族に替わっての鼓吹と相俟って、インドにリーダーシップを発揮する最良の機会を与えるのだった。*33

＊

一二月の国連総会がインドの申し立てを受け付けたこと自体が、新たな世界秩序のいくつかの驚くべき特徴を示していた。まずは、そもそも国連総会が喜んでそれを審理することだった。スマッツは、それがマイノリティをふたたび国際的な関心事——第3章で見てきたように、国連全体としては過去に追いやってやれやれと思っているように見えた問題——にしてしまうと警告していたが、他の代表団は先例は気にかけていないようだった（少々の機転は利かせたとしても完璧なロジックを使って、南アフリカでのスマッツの政敵の国民党は、後になって、東ヨーロッパ諸国がマイノリティを扱ったのと同じやり方をしてみせる、つまりインド人を追放に処してやると脅しをかけた）。戦間期には、国際連盟を通じてマイノリティを保護するとされていたのは国際法であった。けれど、国連総会は、法に政策を決定させるという考えにもどかしさを覚えているのがありありとしていた。アメリカ合衆国とイギリス、南アフリカをはじめとするイギリス連邦諸国は、国際司法裁判所に、インド側からの「南アフリカのインド人の扱いは国連憲章の定むる義務とは矛盾している」という主張を調査するよう望んだ。カナダは国際法尊重の支持を表明したし、イギリスは国連総会はまだ「世界議会」とはなっていないと警告した。しかしインドは、この問題は法曹家たちに任せるには重要すぎるとし、他のたくさんの国々が同調した。ソ連代表団は法的な対処を拒んだが、その言い分は、そうしたらこの問題の政治的重要性を矮小化してしまうし、国連そのものの権威を弱めることになるというものだった。この批判に潜む反植民地的な攻撃性は免れがたいものであった。植民地主義大国が今では国連総会で恒常的な少数派であることに触れ、イギリスは「植民地所有がそれだけで非難に値するものである」という「一般的な姿勢」が総会にあることを嘆いた。だがインドの申し立ての要点は、人種偏見は平和を脅かすものだという主張につきた。国内管轄権内にある事項という条項を厳密に解釈するのは脇に置かれた。法的に微妙な点は無視され、国際法の効力が衰えたもう一つの徴《しるし》として、国連憲章の字義どおりの意味は、皮肉なことに一年半前にスマッツ自身が呼びかけた「人権という精神と道徳的な怒り」を前には後退していった。スマッツは言うなれば墓穴を掘ったのである。*34

かくてインドの動議は委員会で投票に付され、いくらか修正が施されて、結局は総会においても危うい勝利を収めた（棄権七票、賛成三二票、反対一五票）。† インド代表団長のビジャエラクシュミー・パンデ

† 国連憲章第一八条二には「重要問題に関する総会の決定は、出席し且つ投票する構成国の三分の二の多数によって行われる。重要問題には、国際の平和及び安全の維持に関する勧告、……」とある。「」内の訳は国連広報センターによる。

ィットは「アジアの勝利」を宣言した。有名な話しだが、彼女はスマッツのところに近づき、仮に自分がガンジーによって定められた高邁な行動規範にふさわしくない行動をしたなら許して欲しいと願った。「あなたは虚しい勝利を収められた」とスマッツは言ったとされる。「この投票で私は次の総選挙では政権の座から滑り落ちるだろうけど、あなたも得るものは何もなかったということになりましょうて」[*35]。

インド代表団は歓喜に酔いしれ、祝電が殺到した。ネルーは国連総会は「インドの名誉を証したのみでなく、国連総会が人権の守護者であることを示した。今回のことは、国際連合機構（ＵＮＯ）の将来への、また文明への希望に満ちたものです」と感激したコメントを出した。ネルー個人としては、これでインドは単なる「イギリス軍部隊の雑用係」であるのではないことがはっきりと証明されたことも喜びの元であった。暫定政府はこうして世界のインド観を変えてみせたのだった。今や独自の対外政策と重ね合わされて、インドはアジアにおける正当な指導的地位を主張できたし、植民地主義大国と、ビルマ、仏領インドシナ、インドネシアなどで自由を求めて戦うアジア人たちの仲介者になれた。日本は占領されていたし、中国はアメリカにへつらっていた。米ソ関係のゆきづまりでネルーが考え抜いた挙げ句に中立を保ったのは、インドの新たな威信を際立たせた（それはまた、インド国内で吹き荒れていた暴力から目を背けさせるという余得もあったのだ）[*36]。スマッツの反応はまるで異なっていた。スマッツもまたアジアの権力構造の出現を認めたが、彼にとってはそれは、差し迫ったヨーロッパ文明の終焉を招くものであり、終戦時から彼に取り憑いていたぞっとするような思いを強めるものであった。終戦時にスマッツは、強大国が拮抗してゆきづまったのを目の当たりにして、まさに自分が「変遷」期に立ち往生しているのだという感覚を覚えたのだった。ジャワではオランダが「ひどく難渋しています」と彼は一九四五年一一月に友人宛の手紙に記した。「イギリスはインドで同様ですし、どちらも素晴らしい仕事をやってきたのに追い出されそうです。……そこから想起するのは、ローマ人を追い出した後のイングランドのブリトン人が経験したことと、彼らの状態が以前の野蛮な状態に戻ったことです。けれども、むろん民族が望むのは、他者による優れた統治よりも、質が悪かろうとも自治なのです」。インド総督のウェーヴェルに向けて、スマッツは一二月に、インドの「我が道を行く」という決断はインド帝国の「広大な全体構造」を打ち倒すという虫の知らせがすると書き送っている。その解体は、分離《パーティション》につながるし、インド亜大陸を「初めて亜大陸をまとめた……イギリスのインド統治《ラジ》以前の状態に」戻してしまうだろう。「実際にアジア全土がヨーロッパの指導者を除こうとしているように見えますし、暗闇の中危険な道にさまよい出るのでしょう。その先にあるのは、東洋対西洋の問題であり、そうなると我ら人類の将来に持つ意味は測り知れないものでしょう」。つまるところ、脱植民地化とは、（それまでヨーロッパ文明であったが）世界をまとめる力を破壊することで人類に脅威を与えるものであり、そこに伴う新たな危険とは、断片化、未開状態、そしてスマッツは滅多に銘記することはなかったが恐らくは「人種間戦争」だった[*37]。そうした考え方は南アフリカにおけるインド人問題についてのスマッツの態度を証すものだった。彼の感覚では「ヨーロッパ人は欠点にもかかわらず、アフリカに、インドではもたらせないメッセージをもたらす」のだった。一九四六年の夏に、スマッツはすでにニューヨークで冷ややかにもてなされることを予想していたが、さまで総スカンを食うとは予期していなかったように思える。その年の九月にパリでの講和会議で、スマッツは何万という旧大陸を離れて南アフリカへ移住したいと願う、ほとんどは難民だがヨーロッパ人に望みをかけていた。アフリカーナは不満を洩らすだろうが、これは

「少数派の白人の数を増やすのにもっと白人が欲しいのでチャンス」であった。この理屈からいうと、ヨーロッパ人がかなりの数で流入することは、南アフリカでの人種隔離を緩和する唯一の可能な手段となるのだった。インドが南アフリカに反対する当該の事案を国際連合機構（ＵＮＯ）に持ち出したことを知って、スマッツは、それをネルーが自国で抱えているトラブルから目を逸らしたいためだと解釈したし、半世紀前にスマッツがそうしたように、今一度ガンジーに対抗して結束する心構えをした。九月末までにスマッツは、ニューヨークでは「荒れ模様の天気」が待ち構えていることを理解していた。*38

　ニューヨークに赴くと、スマッツは、反対派が言わんとすることについて熟慮した。「南アフリカは暗黒大陸におけるヨーロッパ文明の小叙事詩です」と記している。その国を侵し「われわれがわれわれの運命と考えてきた役割を逆転させるのにあらゆる種類の姑息な手段を使って浸透」するインドとその「巨大な人口」によって脅かされているのは、ヨーロッパ文明の「高貴なる実験」なのだ。彼によれば、それに賭けられているものはこれ以上なく大きい。「東洋と西洋とが歴史のこの瞬間にそこで出会い、私は肌の色や人種に関わりなく人類すべてを愛し敬意を払っているけど、率直に言って私は西洋人なのだ。仮にインドが南アフリカの東部を押さえたとしても、われわれは世界に対して、やがて失われてしまうものを擁護してゆく」。これ要するに、文明と野蛮の間の地球規模での戦争というに等しく、南アフリカはその前線にいるのだった。スマッツにとっては、皮肉がきつかった。故国ではポグロムと人種間の敵意とを止めさせようとしていたスマッツが、人種主義として非難されていたのである。しかも非難している政府を擁する国が、南アフリカでは経験のない類の宗教集団《コミューン》間の暴力の阿鼻叫喚のなかにあったのだ。インドで起きている事は実際に「隔離」の主張ではないのか？　もっとも、スマッツは事態をそのように見られる唯一の存在であるように思えた。彼の愛するイギリス連邦でさえ、国際連合機構（ＵＮＯ）によって「単に他の劣った諸民族を搾取する」体制だとして矢面に立っていたのだ。スマッツの国連での使命は「失敗」に終わった。彼がインドに苦杯を喫したことは怒りを煽ったし、南アフリカの国民を「茫然自失」の態とした。スマッツ自身も「偽善者で、二面性を持った日和見主義者という顔を晒してしまった」のであり、自分の召使いや農場労働者から聞き及んでいた通り、アフリカ人も彼の「平等だの非人種差別だのという空論」に煽動されていたと思っていた。スマッツの唯一の慰めは、といっても大した慰めにもならなかったろうが、何ごとも壮大な歴史的な見地から眺めることだった。ヨーロッパはアジアと極東から追い出されかかっていた。ヨーロッパが戦禍で疲弊していた間に「何らかの大いなる変化が歴史に現れて来つつあるのだ」。「世界は白人と有色人種という二つの極の間で蹣跚たる足どりとなっている」。世界は「ローマ崩壊以来存在しなかったような不安定で危険な状態に今やあるのだ」。国際連機構（ＵＮＯ）だけではそこから引き出せはしない。国際連合機構そのものが問題の一部となったやに思えたのだから。*39

＊

翌一九四七年、同じ問題についての国連総会の討議において、いささかだがありがたい慰めがスマッツにはあった。南アフリカの事案は相変わらずぞんざいに提起され、ぞんざいに受けとめられた。スマッツ自身は、自国の南アフリカで国際連合を見くびった発言をして、自身の創造したものである戦後の人権への国際的取り組みを損なったとして、非難の矢面に立たされた。スマッツは国連憲章を起草するのに手を貸したかもしれないが、とポーランド代表は力説した。「けれども［彼の政府の］政策はその高貴な理想と真っ向から対立している」。スマッツが国内管轄権内にある事項を援用したことについては、「ポーランド国民は、ドイツ語の支配人種《ヘレンフォルク》を直ちに思い起こさせるこのファシスト的な考えを拒否する。人種差別は膨張主義と戦争につながるのだ」。西欧側の代表団はこの事案を受け入れるかどうかについて国際司法裁判所に決定を委ねることに他よりも共感を示したが、多数派はふたたび、法的問題は副次的だという観方になびいた。国連の威信は、国家公認の人種差別が有効であるのを許すなら損なわれることになろうというのだ。パルチザンであったユーゴスラヴィア代表が述べたところでは、「ヒトラー的精神構造と［南アフリカ］当局の精神構造との類似性は、しかのみならずそれが国連加盟国の一つの議会に発現していることもあって、まさに衝撃的である」。スマッツ個人については温かい言葉で語るなかなかの数になるそうした代表たちも、挙《こぞ》って彼の政府のことは批判した。アメリカ合衆国はどうかといえば、国際的な「権利の章典」の必要性を揚言し、法的な選択肢を支持し、会議には審議未了にするよう示唆するといった態で、居心地悪そうに日和見を決め込んだ。*40

けれど前年と同じで、ショウを攫ったのは、回転が速く雄弁なインド代表のビジャエラクシュミー・パンディットだった。彼女は、前年の決議に沿った行動がとられなかった点を指摘し――インドと南アフリカ間の交渉は実現していなかったのである――南アフリカの姿勢は世界的な影響を持つと警告した。「新世界秩序の創造を信ずる私どもは人種間の不調和が募るという危険を憂慮をもって眺めざるをえません――紛争と最後には大災厄とがそこにはあるからです」。厄介なのは、南アフリカが、人種隔離こそ「人種間の調和への最良の道」だと主張していることだった。この問題は、民族的マイノリティとその権利についての問題ではなく、「ヨーロッパ世界の傲慢と人種的な思い上がり」であった。こうしたビジャエラクシュミー・パンディットの告発に対して、自国の政策は人種的優越に関わるのではなく、単に発展段階の差ゆえだとする南アフリカの主張は、虚しいものに聞こえた。今回はインドは三分の二の必要票数を獲得できなかった。けれど、インド代表団を阻止できはしなかったし、国連総会は一〇年以上にわたって毎年この問題を取り上げた。道義的な勝利を勝ち取ったのは、デリーの方だったのだ。*41

*

国連総会においてまるで新たな世界秩序の概念――帝国の継続より崩壊を、国際法より政治を前提とした概念――が生じたことは、想像の産物ではなかった。国連総会そのものが、国連憲章の起草者たちが予期していたよりもずっと予想のつかぬものとなっていた。しかも、しばらくの間は、予期していたよりもずっと強力なものとなった。冷戦の勃発が段々と安全保障理事会を機能不全としてゆくにつれ、案件処理は国連総会へと移された。国連総会はスペインのフランコ体制を論議し、パレスチナを分割し、国際連盟がやったよりも強力に信託統治をめぐる紛争を裁定した。とりわけマグレブ三国とアフリカでの脱植民地化闘争には遠慮のない発言が続いた。一九四八年九月までには、イギリスの外相アーネスト・ベヴィンはパリにおける第三回の国連総会に向かって「植民地を所有することはそれだけで悪なのだという見当違いで誤った考え*42」を嘆く羽目になっていた。脱植民地化のどんな動きも加盟国を増やすことになって国連総会の規模を拡大させ、ヨーロッパの発言は希釈されてしまった。一九六〇年の加盟の嵐で——何せこの年には一六もの新国家が独立を果たし同時に加盟をしたのだったが——アフリカ・アジア諸国の票は九九票中四六票であった。一九四六年にはもっとも代表が少なかった大陸（エジプト、エチオピア、南アフリカ、リベリア）が二〇年も経たずに最も数の多い集団をなすようになったのである。*43

しかし、この新たな反植民地的な国連総会が成長する速度が増せば増すほど、しうることは少なくなっていった。南アフリカでは、スマッツが政権の座から追われると、新たな強面《こわもて》の国民党政権がアパルトヘイトの国家を創り始めた。インド人はひとまとめにして追放されることはなかった。けれども、一九五〇年には、「集団地域法」の下で南アフリカ国内に「ナショナルホーム」というものを持つものとされた。選挙権は剝奪され、一九五五年にはケープでの一般選挙人名簿からも消されてしまった。インドとパキスタンとは提携していつものこととして国連に申し立てを行い、国連総会での投票もまた同じようにいつものこととして南アフリカに不利なものであった。もっとも、こんなお定まりが効力を持ちはしなかった。一九六一年には国民党は南アフリカをイギリス連邦からの脱退に導き、イギリス連邦との結びつきの最後の名残を消し去ってしまった。国連さえ分裂してしまっていた。総会から発せられる南アフリカへのプレッシャーも、安全保障理事国——とりわけアメリカ合衆国とイギリス——が示したアパルトヘイト体制への寛容さによって緩和されてしまった。安保理として南アフリカ情勢を初めて議論した際には——一九六〇年のシャープヴィルの虐殺の余波だったが——イギリスもフランスも、国民党政権にアパルトヘイトを放棄するよう呼びかける投票においてさえ棄権したのだった。

南アフリカ政府が支持を集めようとする考えは、「西洋」にぞっとするような人種間のバランス・オブ・パワーについて警告することへつながった。南アフリカの代表は安保理に向かって、一〇年以内に、西洋国家は三七ヶ国、アフリカ・アジア諸国は五〇ヶ国、共産主義国家は一二ヶ国となるだろうと述べた。「一九七〇年に立場がどうなっているのかという問題に直面しているのは、ひとり南アフリカだけでなく、西洋国家すべてなのですぞ」。興味深い点は、こうした種類の言い回しが効力をいかに持たなかったかだった。一九二〇年代の恐れに満ちた雰囲気に比べて、一九六〇年代は奇妙なほど、地球規模での人種戦争や、「東洋」と「西洋」の間の衝突の見込みについて無関心だった。人びとは、先見の明のある観察者が初めから知っていたことを、経験から学んでいた。つまり、「アジア」はプロパガンダを使う者の想像の産物であり、内部はヨーロッパと同程度に分裂しているのだ。「西」というのがある以上、「東」もあるが、それは人種的に定義される「オリエント」ではなく、イデオロギー上の敵であるソヴィエト共産主義を指すようになっていた。よって、世界的な冷戦構造の「断層」を表す線は、大陸のなかに平面的に引かれているのではなく、立体的に引かれていたのだ。たとえば東洋のなかにも西洋のなかにも、あるいはアフリカのような大陸にも、新しい東と西とが入り混じってあったのだ。そして両陣営とも国連への参加に大きな価値を見出していたので、脱退することはなかった。[*44]

ネルーの「アジア主義」はかくて行きづまりを見せた。インドシナとインドネシアでの独立闘争へのインドの支持はほんものであった。しかし、アジア主義がインド的に具現化されたその頂点はおそらく、八月に分離独立した年である一九四七年の三月に開かれた「アジア人関係会議」であった。その会議でネルーは「アジア文明」の求心力を讃え、イギリスが退去することを待ち望んでいると発言したが、それというのも、彼の言葉を借りれば、イギリスが、実際には「重要な架け橋」であるインドと他のアジア地域とのつながりを絶っていたからだった。けれどネルーが会議に参集した代表団に創り出そうと呼びかけた「新生アジア」は実現しなかった。ネルーはアジアを世界に強く印象づけようと主張した。そして彼が一九五〇年代にヴェトナムと中国とで受けた熱狂的な歓迎は、そのメッセージが近隣地域のいくつかではよく伝わっていたことを示した。ただし、一九五五年のバンドン会議は、現実にはアジアが冷戦によってどうしようもないほど分断されていることを露呈した。冷戦の緊張から超然としていようというネルーの希望は所詮叶わぬものであった。さらに一九六二年の中印国境紛争は、「アジア的価値観」という古めかしい言い回しに、とどめを刺したとまで言わずとも大打撃を与えた。ネルーが一九五五年に述べたように、「[アジアを]一つの独立した存在として語ると混乱を来す」し、また「ヨーロッパ、アジア、アメリカと、それぞれを独立した存在として語るのもまた、何はともあれ今後を考えると、誤解を招きやすい」のだった。*45

しかしながら、インドの国連での戦略は、他の国や地域の従うべき道を切り拓いたのだった。というのは、国連総会は、もう一歩のところで、世界の注目を集めるフォーラムとなりうることを示したからであった。そして世界の注目を集めることも、(ウッドロウ・ウィルソンやアルフレッド・ジマーンのような国際精神の持ち主が常に主張していたように)影響力が大きかった。国連は強大国によって創立されたとはいえ、第三世界のナショナリストたちはその普遍主義的な修辞を額面どおりに受け取り、そのからくりを操り、継続する植民地支配への国際世論の反対を育んだ。反植民地主義は、実はそこにこそ国連のいちばんの弱点があった大義、非ヨーロッパ諸民族がきわめて有効に用いた大義をもたらした。インドがゴア駐留のポルトガル軍を破り、(植民地国家としてのポルトガルには主権を主張することなどできないという理屈で）ゴアを併合したとき、国連総会がそれを承認したことは、インターナショナリズムが昔日の帝国の最盛期からどれほどかけ離れたものとなったかを如実に示していた。二〇世紀初頭には、主権を決めるのも認めるのも植民地国家だった。今や植民地国家であるという立場そのものからして、主張するところがいかがわしく見られた。もっともその間の過程で、主権だの国家の地位だのという西洋の規範が大いに広まったし、戦後の政治学者たちが分析対象とした類の、国家群からなるほんとうの意味で「インターナショナルな社会」が初めて出現したのだった。*46 アジア諸国は独立を勝ち得ては国連に加わったし、アフリカも同様であった。冷戦でさえ国連の成長を阻めなかったし、スターリンの死後となると、アメリカ合衆国とソ連はお互いの贔屓を加盟させることを認めた。片やファシストのスペインとポルトガル、片や共産主義の衛星国家群である。あたかもスマッツが下図を描いた論理が、つまり強大国優先を認めつつも国家主権を尊重する諸国家の連邦という考えが、依然効力を発揮していたかのようだった。ただしこれは、人種への態度の点からも、道義的・精神的な統一性の欠如という点からも、スマッツの考えていた「連邦」ではなかった。実際に加盟国が世界中に広まったことの代償は高くついた。加盟国の主権へ過度の敬意を払うこと、国連自体が公言した理想に追いついてゆけぬこと、安保理と国連総会との溝がさらに深まり広がること……要するに、国連は世界の出来事からいっそう疎外されたのだ。かつての植民地領が、ひとたび独立すると、以前国連を宗主国の政《まつりごと》に引き入れようとした頃と同じように懸命に、国連を自国の政《まつりごと》から今度は遠ざけようとした。かつては国際機構を求めるいちばんの動機であった集団的安全保障は、地域的協約や、二つの超大国に引き寄せられる国家の集団《コンステレーション》の手に委ねられた。冷戦が無力・無気力のアリバイとなった。けれど一旦冷戦が終わりを告げ、ふたたび国連にスポットライトがあてられると、古き諸々の理想がまたまた語られることで、すぐにそれら理想の正体が露わにされた。けっして存在しなかった過去についての夢、先行き起こるかもしれぬことへの役に立たぬ手引き、という正体が。

終　章

国際情勢を真剣に研究する者にとって注目せねばならない点は、国際連合が過去との断絶を示しているわけではなく、むしろ、過去の経験に照らして必要と思われるいくばくかの変化はあれども旧来の理念や方法論の継続的な応用だということである。人びとがこの単純な真実を認めさえすれば、過去の努力を評価する際にはもっと知性を働かせようし、現在の努力の評価の面では寛容になるのではと愚考する。

――L・グッドリッチ「国際連盟から国際連合へ」、『インターナショナル・オーガニゼーション』誌一巻一号（一九四七年二月）、五頁

国際連合は仮に望んだとしてだが、創立者たちの理想に立ち返ることができるものだろうか？　その当時から世界が様相を変えた重要な面と、そうした理想そのものに内在する曖昧で実際のところ矛盾している性質を、二つながら無視することによっての話しだが。つまるところ、どんな創立者たちを指しているのだろうか？　冷笑的な人間は、国際連合が強大国の単なる道具として創立されたという自らの見解を擁護するために、ダンバートン・オークスの米英ソの政策立案者の間での会話に焦点をあてる。他方、楽観主義者は、国連憲章とその前文の意欲的な道徳的言い回しを強調する。そしてすでに本書で

見てきたように、国連にインスピレーションを与え設計した者のうち、ヨーロッパの植民地支配を維持しようとしたのもいるし、その崩壊を見越していたのもいた。要するに、国際連合創立者たちの希望が冷戦期に軌道から逸れたというよりも、むしろ、そうした曖昧でしばしば矛盾を孕んでいた希望が、われわれがそうであったろうと想像するようなものとは必ずしも言えず、またわれわれが考えるようには国連を形作ってゆくうえで決定的でもなかったのであった。よってわれわれは国連がその創立時の修辞が繰り広げた目標を達成できぬことがはなはだ多いと落胆すべきではなく、むしろ、本書で輪郭を述べた歴史的・政治的な諸々の要因の産物として機能してきたにもかかわらず、国連が新たな予見できぬ状況に直面しながらも何とかしてそれらを克服し、自らを再定義してきたやり方にこそ好奇心を持つべきなのだ。国連の時を超える柔軟性と、再生能力とは、疑いもなく、その欠陥に劣らず顕著なものであるのだから。

＊

国際連合が誕生するずっと前、国連憲章が起草されるより前にも、ある種の世界組織を創ろうという考えが下火にならぬように、国際協調についてはさまざまな模索がなされていた。人権を保護し、さらに尊重したいという欲求も模索の一部であったが、明らかに最重要なものではなかった。ずっと大切だったのは、著者がこれまで二〇世紀初頭の「帝国主義的インターナショナリズム」と呼んできたものが、イギリス帝国の利益と、イギリス帝国の文明化の使命維持とを融和させる道を求めたことだった。イギリス帝国の構成分子の間の組織的な提携関係を再定義することは、落ち目の帝国にてこ入れをする役に立つだろうし、自己定義ではあるが道義的目的という意識を世界中に投げかける新たな方法をもたらすのにも役立つだろう。再定義することはとりわけ、イギリス帝国と白人入植植民地でのナショナリズム勃興とを融和させ、帝国崩壊の危機を回避し、将来の脅威から帝国を守るのを確たるものとすることになろう。

ホワイトホールの実際的なものの観方からは、国際連盟はよって、アメリカ合衆国との同盟を強化し、ボルシェヴィニズムに対抗して東欧にいわば支え棒《つっか》をし、イギリスのヨーロッパへの関わり合いと己が帝国への関わり合いを連動させるのを同時にやってのけられるかに映る「帝国の事業」だった。もっとも、国際連盟自体が世界共同体という考えを具体化する可能性の一つに過ぎなかったし、実際上、（戦間期のたくさんのイギリスの時事解説者にとっては）国際連盟がそこから派生した「連邦概念」ほどにも説得力のあるモデルではなかった。連邦を鼓吹する者たちによれば、連邦は国際連盟よりも求心性と有機性に富んだ政治的統一体であり、そのわけは、まさに加盟国間の結合と相互依存、そして連邦の背後にある長い帝国の歴史によるのだった。同意する者たちはいくらもいた。「イギリス帝国は国際連盟のなかのもう一つの国際連盟である」と、一九二〇年代に日本の植民政策学者の矢内原忠雄は記している。「国際連盟よりも実体のある国家連合である。それぞれの自治領《ドミニオン》は国家としての自治を持ち、イギリス帝国は自治領のいずれに対しても植民地的支配をするとは見なされていない」。これは基本的にスマッツの観方であり、同時にジマーンの観方であったし、二人の心中では世界組織のひな型でもあった。*1

もっとも、連邦概念の人種的限界は、形成しつつある世界共同体についてのスマッツやジマーンの観念への制約でもあった。遠くない将来に、アフリカとアジアの諸民族に独立を与えることは無責任と見なされたし、大混乱に結びつく可能性があった。民族自決は基本的にヨーロッパ人向けのものであった。イラクが戦間期に独立を許された唯一の委任統治領だったし、しかも皮肉なことに、それはホワイトホールの次のような決断から生じたものであった。つまり、イギリス帝国にとって、コストのかかる委任統治領に固執するよりも名目的な独立を与える方が利益になるというのだ。一般論として、民族自決が誰に対しても適応されるわけではないのは明らかだという意識があった。よって、植民地担当省のイギリス人官吏が一九四三年にこう懸念することになったのだ。戦争の終結は植民地に独立をもたらし、そのことで「小さな主権国家がたくさんでき過ぎるのではないか。……この考え方は破滅的なものである」。続けてその官吏は、「当座はわれわれは、独立の過剰と相互依存の過小に悩まされるだろうとは、少なくとも言えるだろう」[*2]。

ヨーロッパの危機は連邦概念への致命的打撃であるだけではなかった。それは同様に国際連盟の欠陥をも赤裸々なかたちで浮き彫りにしたのだった。国際連盟がヴェルサイユ条約の取り決めを守りきれなかったことで、その取り決めは破綻したのだし、ヨーロッパの、なかんずくイギリスの国際情勢支配を終焉に導いたのだった。ヨーロッパ植民地帝国の崩壊を早めた第二次世界大戦は、民族が保護と国際的認知とを得られるのはマイノリティの権利を通じてなどでなく、自前の国家を持つことによってだけだということを、まざまざと血なまぐさいかたちで思い起こさせることになった。ナチズムもまた、ヨーロッパの国際法曹家の一九世紀に発展させた法規範に明示された「共通の文明」という観念を蝕んだ(「共通の文明」という観念は、これからは、新たなもっぱらヨーロッパ圏内の政府間組織や会議の発展の支えとなるだろう)。多くの点で第二次世界大戦は、自分たちこそ国家間の諍いを効果的に裁定できるのだとする法曹家連にとって痛棒となり、この職業の影響力をどん底に落とした。

一九四五年にサンフランシスコで日の目を見たのは、「グレートパワー・ポリティックス」という新たな構造の逃れようのない現実に対し——ダンバートン・オークスでの米英ソ三強大国会談のおかげで——適応のため修正され調整されていたとはいえ、国際連盟の再生であった。国際連盟と同じで、国際連合は、単なる同盟の遙か上をゆく、地球規模の意欲を持った国際機構であった。国際連盟と同じで、国際連合も人類を代表していたが、その活動は国家の政府を通じてのものだった。国際連盟と同じで、国際連合も、国際法について話題にはしたが、修辞に実体を持たせることは慎重に避けた。ただし今回は、民族自決への関わり合いも、法から目を背けることも、国際連盟よりずっと広範なものだった。よって緊張と曖昧さとが始めから国際連合には組み込まれていたのだった。国際連合は権利については国際連盟より大きなものを約束していたが、なしたことはむしろ小さかった。国際連合は安保理の常任理事国には国際連盟より大きな権限を与えたが、遙かに数の多くなった新興独立国家群に対して門戸を開放する点でも国際連盟とは比べものにならなかった。その結果は、新たな国際機構が国際情勢の風向きの変化に応えるべく次々と装いを変えてゆくのを許してしまい、弱点と柔軟性とが同居することになった。

国際連盟は帝国の手先であったたし、世界統治の基本的には帝国主義的な概念の一つを提示していた。その統治とは、リーダーシップは強大国の成熟した経綸の才に委ね、新加盟国は「文明化された」と見なされて初めて加盟を許されるというものであった。その議論を支えるのは、規範に則った結合意識であり、外から容易にうかがえるが著しい世界的なヒエラルヒーの感覚だった。スマッツのような者たちは――白人対黒人、白人対褐色人種、白人対黄色人種といった奇妙な表現をしていたが――世界的な人種戦争への恐怖や、汎アフリカ主義、汎アジア主義、汎イスラム主義のような反西洋の運動への恐怖に取り憑かれていた。そうした恐怖は一九四五年以降はおおむね消えてしまったし、そうなったのには一つの理由があった。国際連盟が恐れたよりもずっとマイノリティを恐れた国際連合は、原加盟国のうちのかなりを占める小国家群をファシズムの主要な犠牲者と見なしていたので、ナショナリズムもまた歓迎していた。ヨーロッパ内部においてだけでなく、外部においても、マイノリティの権利という観点でなく分離してしまう方が国際的平和に通じる新たな道であった……ないしはそう信ぜられていた。適応されるべき「文明の基準」はなかったし、新加盟国の政《まつりごと》への干渉もありえなかった。植民地世界全体で独立運動を喜んで認めようとするのは何を反映していたのだろうか。大国が自分たちの近代化理論や発展させるスキルという「文明化する能力」に信を置いていたことを反映していたのではなく、第二次世界大戦の結果としてのヨーロッパの衰退、アメリカ合衆国が冷戦を意識することから生み出された、共産主義が世界的に訴求力を持つのを削《そ》ぎ反植民地主義に向かって共産主義に代わるリーダーシップを発揮する必要、をこそ反映していたのであった。スマッツは早くも一九四六年に、国連が喜んで国連憲章を無視するのを見て驚きの念を覚えた。何せ南アフリカの人種政策を非難するためなら国連総会が国内管轄権の条項を蹂躙するのだから。けれどスマッツは心構えをしておくべきだったのだ。国連という国際機構はきちんとした法でなく道義心への訴えによって運営されているのだし、世界の良心は価値観と規範についての世論の風向きの変化によって形成される運命であって、しばしば自身で規則を書き換えてしまうのだ、ということについて。

反帝国主義的な国連の興隆は、むろん即座にそうなったわけではない。それどころか、一九四六年のインドの勝利にも関わらず、国連の主要な後ろ盾のかなりが当初意識していたのは、それが依然として旧来の目的に役立つだろうということだった。一九四八年一月に演説したイギリス首相アーネスト・ベヴィンは、国連憲章を、植民地アフリカの資源を利用することで西欧の復活を可能にするものと目していた。ソ連の拒否権に言及してベヴィンが述べたところでは、「つねに浮上してくるこのイデオロギー上の事柄」を迂回できれば、国連は依然として期待にも応えられるし、ナチスに対してしたように強大国の協調というかたちで活動もできるのだった。強大国が同意に達した場合には——たとえばイスラエルとか、アフリカの旧イタリア植民地をめぐる場合など——国連は決定的な役割を果たせた。しかしほとんどの場合に、同意に達することはありえなかった。冷戦は安保理を麻痺させていたし、三強大国の同意をほとんど不可能にすることで、安保理は自身を——よって国連をもだが——戦争と平和といった大きな問題では非力なものとする運命にあった。その代わりに、北大西洋条約機構（ＮＡＴＯ）のような地域的機構が集団的安全保障をもたらすものとして一九四九年に出現したし、人権保護のためには同年に発足した欧州評議会（ＣｏＥ）があった。一九四〇年代終わりまでには国連に残されたのは、一方では、経済的・社会的に世界を変革してゆくための専門機関を設けることであり、他方では、国連総会の場で植民地独立後の世界秩序を再建することだった。*3

国連総会のメンバーは彼らの政治的役割を主張するに倦むところなく、一九五〇年には短期間とはいえ、それがワシントンからの新たな関心を引きだした。ジョージ・ケナンのような現実主義者は「世界平和という考え全体」をせせら笑ったことだろうし、トルーマン自身も国連がアメリカ合衆国の安全保障を担えるのかと尋ねて不思議はなかった（実際に一九四七年にトルーマンはそう尋ねたことがあった）。それでも、国連総会が安保理よりもはるかに頻度高く集まり、信託統治領とか一般的に植民地諸民族の窮状のような問題について陣頭に立ったのは、アメリカ合衆国の慫慂あればこそだった。ワシントンは国連総会決議三七七号「平和のための結集決議」（一九五〇年）をアチソン・プランを基にまとめあげたが、この決議は数年後に第二代国連事務総長ダグ・ハマーショルド（在任は一九五三年から。一九六一年北ローデシアで墜落死を遂げた）に、彼が在任していることの認知度を高め、スエズ動乱後に新たな国連の活動である平和維持活動に乗り出す権限を与えた。第一次国際連合緊急軍（ＵＮＥＦ Ｉ）の結成である。なるほど、国連の軍事参謀委員会は確かに発育不全だったと言えよう。同様に核兵器を国際的管理下に置くために国連を利用しようとする試みも実を結ばなかったと言えよう。けれど、国際社会の上述のどちらかといえば慎ましい領域、平和維持活動で、この国際機構はその有用性をすばやく示して見せたのだった。*4

とはいえ、政治的色彩を強めた国連総会は、アメリカ合衆国の目的にとっては信頼できる道具ではなくなっていた。多数決は大国と同様に小国にも同じ力を与えたし、投票結果はワシントンにとって予想しがたいものだった。すぐにスマッツの居心地悪さをワシントンも追体験することになった。ジマーンのかつての弟子で、アメリカ合衆国国務長官ディーン・ラスクは、朝鮮戦争の時には国連の熱烈なファンだったが、ヴェトナム戦争までにはその有用性を信じなくなっていた。ラスクの後には、国連がアメリカの外交政策を進めるうえで中心的な役割を果たすと真面目に信じる、重鎮と言える外交官はいなくなった。第二次中東戦争でイスラエルがヨルダン川西岸地区を占領してからも変わらずにアメリカ合衆国がイスラエルを支持したことも、ワシントンと、パレスチナが民族自決のために戦っているのはヨーロッパ植民地主義に対する闘争の一段階であるという考えにますます同調の傾向を示す国連総会との間に、楔を打ち込む役割を果たした。レーガン政権の時代には国連を「反米」だとして公然と非難したし、アメリカの国連大使は、国連憲章が武力行使を禁じているのに唯々諾々として従うことに対して警告を発している。*5

実際に、国連はいちどもイデオロギー戦争の妥当な武器となったことはなかった。加盟に対する基準の緩和は、まさに国連の外での国際的な派閥や対抗する同盟関係が形成されるのを防止するために、加盟国拡大を助長するよう考えられたものであった。かくて加盟にあたっての唯一の基準は形式的な基準、つまりその国家が「平和愛好的」性格を持っていることを基準にすると慎重に定められたのであった。その結果、フランコのスペインも加盟を認められたし（アルゼンチンについてもそれ以前に同様の議論があったが）、アパルトヘイトの南アフリカも除名されなかった。こうすることで国連の道徳的・政治的な規範形成能力を切れ味悪いものにしてしまう可能性はあったが、同時に国連が忍耐心を持ち、国際政治の急速な変化に対応し、敵対する国同士に会談の機会を与えることができるようになった。一九五五年の大膨張（この年だけでも一六ヶ国が加盟し、原加盟国五一ヶ国が七六ヶ国となった）はこの願いが、鉄のカーテンを超えて共有されていることを示した。*6

脱植民地化はこうした異質性を加速させて、第三の国連とでもいうものを創り出した。冷戦が始まり、アメリカ合衆国が広範囲にわたる基地とたくさんの従属国を持つまさに世界的な超大国となり、新種の帝国にまで変わると、国連もまた変質を遂げていった。一九五五年から一九六五年までのさらなる膨張（加盟国が七六ヶ国から一一七ヶ国へと増加）で、国連総会は旧来の植民地体制への批判者の立場から、国民国家群の新世界秩序の擁護者へと変質していった。それは、ほとんど予期されていなかったが、国連のアイデンティティが今一度変化することであったし、またもその持つ権限と外見《そとみ》との不整合につながる変化だった。今や国連はそれまでになく、説得力をもって世界の諸国民・諸民族の代弁をすることができたが、それら諸国民・諸民族のために実際にできることは、いくつかの点ではそれまでより少なかった。学者たちは国家群からなる本当の意味での「国際社会」が出来《しゅったい》したと語った。けれど現在、国際連合加盟のいかな小国家といえども、長い一九世紀を通して強大国がしたよりももっと汲々として己が国の主権を守っているし、自称人道主義的介入論者による介入に対してはすっかり身に鎧をまとうている。早くも一九六一年に、アメリカの政治学者の一人はこう記したものだ。「今日《こんにち》云々されるのは、インターナショナリズムよりもナショナリズムの方だ[*7]」。

ゆえに今日《こんにち》の行き詰まりがある。国連の創立にあたっての修辞は、国家理性より優位に立つ道義性という理念に訴えるものである。よってうまうまと惑わされているので、国連の信奉者も中傷者も、国連が悲しいことに道義的な目的を失ったことについて述べ、道義的目的を取り戻そうとか、あるいは他に探そうとかする。けれど、どちらの側も修辞を現実と取り間違えているし、国連がいかなるものであったか、さらに言えばいかなるものでありえたかについて誤解している。国連の現加盟国が共有しているものは、基本的に言って、国家の承認と相互作用に関わる外交的・法的規範の諒解である。現加盟国はそれら外交的・法的規範が有用なので諦めるにはあまりにも惜しいと感じているが——加盟国で自発的に国連を脱退したのは、一九六五年のインドネシアの一例しかなく、それも一年と続かずに復帰した†——ジマーンをはじめとする理論家たちが主張していた加盟国を否応なく共通の文明に与《あずか》らせる「道義的共同体」という概念は、もはや存在していない。しばしば不明瞭だったり繋がりを欠いたりするが、国際世論の力は現実のものである。しかし加盟国の自分たちの政《まつりごと》に容喙されるのを拒もうという決意はかつてと同じように強い。実際のところ、第一次世界大戦前夜の世界に直面して思い描かれた国際機構の、法的側面を重視する選択肢も道義性を重視する選択肢も、どちらもが一世紀後には、主権国家というものが世界中で凱歌を揚げたことで敗れてしまったと言える。

ところが、主権がこれまでになく強固に国連に組み込まれた一方で、この四〇年間のグローバル化の過程は——リクィディティ資産、移住者《マイグラント》、武器、温室ガスなどの広汎なフローだが——主権国家という観念をあざ笑うかの如くである。さらに近年違った種類の挑戦を受けている。新たな人道主義の勃興が、国連に対しいわゆる「保護する責任」††を守るために加盟国の内政に干渉するよう呼びかけを強めているのだ。それを主唱する者たちは、こうすることがジェノサイド条約を守ってゆくのに必要だし、さらに一般化して言えば、国家が懲罰を受けずに人権を大きく侵害するのを防ぐために必要だとする。けれど、

† 実際は、一九六五年一月脱退、翌一九六六年九月に復帰した。
†† それまでの各種の議論や宣言を、二〇〇六年四月の国連安保理決議一六七四号が再確認した。基本理念には、国家が保護する責任を果たせない場合は国際社会がその責任を務めること、国際社会の保護する責任は不干渉原則に優先すること、なども盛り込まれている。

過去の政治は、新たな人道主義者たちが望むほどたやすくは無視したり一蹴したりはできない。人道主義は、それ自体を、純粋な善、同情心溢れる友愛精神という反政治的な意思表示行為という観点で眺めたがる。だが、人権を粗末に扱うことや、たくさんの新しくまだ不安定な国家が主張する主権という「組織だった猫かぶり《ヒポクリシー》」への告発の音頭を現在とっているのは、かつては帝国主義国家として自由の名の下に世界中に介入したその同じ国家であることが普通である。植民地主義国家としての過去は忘れ、西洋諸国は自分たちのリベラリズムのなかに、国際的な意欲を持った善良な面しか覗き見ていない。けれども西洋諸国が対象とする国家群はおおむねが帝国が崩壊した跡の瓦礫のなかから近年出現したものであり、現在の世代の心地よい人道主義的な言い回しで表されている「失敗国家《フェイルドステート》†」という批評は、ヤン・スマッツの世代の文明を盾に取った傲慢さと同じく耳障りに聞こえる。実際に、国際連盟のマイノリティの権利保護の体制に取り憑いた問題は、まだ人目を引かなくなったわけではない。介入すべき折り合いを決めるのは誰か、そして「保護する責任」が適応されるのはどこに対してか？　それは本当に普遍性を持つのか？　アフリカ以外にも、たとえばガザ回廊とかコロンビアとか北東インドにまで広がるのか？　主権国家群から成り立つ世界は、自国民に対して犯罪行為をなす政治指導者を抱え込む可能性もあるが、アフガニスタンの例から容易に見て取れるように、介入はたくさんの不利益の可能性を伴う政治的・軍事的行動となる。

国際連合の物語を失敗として描くのはこれほど安易なことはない。なるほど、世界中で国連は、リベラルな帝国がその価値観とそれに伴う「文明」を広めるのを助けるという、当初の意図の具現化に失敗した。ヒトラーの死の後に続く「帝国」というものの崩壊を食い止められなかったからである（国連の起源と密な繋がりを持つ「連邦」概念が、国連と比較してもさらにうまくゆかなかったのは、偶然の一致ではない。連邦概念の歴史はこれまで「絶え間ない壊変」の歴史だった)。*8 そしてまた、国連は、強大国が同盟して世界平和の警察官の役割を果たすという、第二の意図の具現化においても失敗した。何せ、米英ソ間の戦時中の同盟関係の継続が前提となっていたためである。米英ソの団結が損なわれたことが、国連が否定的な意味で強大国の理事会としての機能しか果たせなかったことにつながった。拒否権の関係で、他の強大国が反対したら個々の強大国が欲することを国連はなしえなかったが、自国の意思に反する事態の発生を防ぐことはできた。その結果はと言えば、国際連合はヨーロッパにおいても、拡大の結果としてヨーロッパ以外のどの地域においても、安全保障にはきわめて僅かな影響しか与えられなかった。

もっとも、さらに衝撃的なことは、述べられることは概して少ないとはいえ国連がそうした失敗によって枷をかけられてこなかったことだ。これは、国連が、そうでなくても多くを負うている前身の国際連盟と異なる点である。ヨーロッパの講和の取り決めにへその緒でつながっていた国際連盟は、ナチスの勃興とともに消滅した。しかし、第二次世界大戦終結の一九四五年以降のヨーロッパの和解を守る責任を国際連合に負わせることはできなかったし、いずれにせよ、基本的な意味合いからも、ドイツの

---

† 失敗国家(failed state)は、破綻国家(collapsed state)、脆弱国家(weak state)とも呼ばれるが、最後のものがいちばん刺激が少ない表現であろう。また三つを、国内政治情勢が不安定になる潜在性があるが統治は可能な脆弱国家、すでに武装集団が活動を展開し統治が揺らいでいる失敗国家、権力の空白が見られる破綻国家に分けるというカテゴライゼーションも存在しないわけではない。

「分割」が現に平和の基礎となった。国連憲章に見られる曖昧さと国連内部からの行動主義とが柔軟さと適応性をもたらしたように、国際情勢の只中にいないということが存続をもたらしたのかもしれない。実績として、国際連合は国際連盟の三倍以上の長きにわたって存在してきたのである。国連は、国連憲章からはうかがい知れなかった機能だが平和維持のための機関を通じて、また国際連盟から引き継いだ専門機関を広く拡大することによって、国際社会に介入してきたのである。それら機関の働きだけでは国連を国際的な体制の中心に戻すことはできないとしても、そうしたことがあってこそ、国連は国際政治のいわば生態系《エコロジー》における重要な要素となっているのである。大規模な改革は国連の世界情勢における役割を全面的に変質させることを目論んでのことだという最近見られる主張は、よって注意して眺める必要がある。改革にはまっとうな理由がいくつもあるだろう。けれど国連に、国際法、人権の強化、民主主義的価値観などの点で革命を目論むように呼びかけてもおそらく失敗に終わるだろうし、九・一一の後できわめて厳格な反テロ立法を調整するうえで国連が果たした役割が何らかの指標になるなら、失敗に終わるだろうことはむしろ良かったのかもしれない。過去は未来を測る術《すべ》にはまるでならないし、国連の起源が国連の将来を決する必然性もない。けれども、国連が誕生した歴史的・政治的な文脈をいくぶんなりと理解することなくしては、われわれは、過去の議論を首尾良く超克するのでなく、たんに過去の議論を反芻し続けることになる可能性が高いのだ。

解説
「逆説」の理想的国際平和機構論

渡邊啓貴（国際政治学者）

帝国主義者の国際平和機構論の真理

「温故知新」という言葉がある。もちろん歴史研究をそのような視点から軽々に論ずるものではないことは筆者も十分承知しているつもりである。仮に過去の事件と酷似して見える事象でも、その結末が同じであることはまずない。現実はつねに「一回性」のもので、決して同じことを繰り返すことはない。筆者も基本的には歴史の「一回性」の議論に賛成である。

しかしにもかかわらず、私たちは歴史に問いかける。結局学ぶべきことは歴史からでしかないからである。本書で英国の著名な歴史学者マーク・マゾワーのとったアプローチは国際関係思想史研究とも言うべき姿勢であり、誤解を恐れずに言えば、イギリス帝国史の延長上で国際連盟や国際連合を問い直そうとしたことである。

そのことは一見矛盾した試みに見える。本来国連研究は国際法・機構研究の分野であり、理想主義＝リベラリズムの立場からの法・制度研究が中心である。つまり国連研究の多くは国際政治をパワーポリティックスの立場からではなく、むしろ国際規範・慣習を基礎とした平和研究として捉える立場である。しかし本書は、そうした国際協調・平和研究志向とは相容れない、イギリス帝国・イギリス連邦の信奉者で、南アフリカの軍人政治家ヤン・スマッツという「帝国主義者」の思想を通して国際連合・国際機構のあるべき理想的将来像のための叡智を追い求めた点に大きな特徴がある。それは一見矛盾である。その意味では本書は「逆説の書」「逆説の理想的国際平和機構論」とも言うことができよう。それというのも、イギリス帝国・連邦を国際平和機構との関連で論じるとするなら、むしろ国際連盟や国際連合の創設時以来の限界を論じるほうが一般的であるからである。

こうした点に、筆者は本書に対するマゾワーの知的アクロバチックな論法の妙を見出すが、同時に物事を多面的に捉え、一見矛盾するもののなかに隠された人間世界の真実を読み取ろうとする歴史家の「嗅覚」を感じる。それこそが、本書に息づくマゾワーの真骨頂であろう。そのことはこの著名な歴史学者の歴史研究に対する深い愛情と洞察力をあらためて語ることでもあろう。古きを尋ねて新しきを知ろうとする、良識的歴史家のあくなき「野心」を垣間見る思いがする。

国連の限界——冷戦終結と「九・一一同時多発テロ」

著者マゾワーの本書執筆の直接的動機は、冷戦後あらためて浮き彫りにされた国連の「無力」の実態であった。それは二〇〇二年から二〇〇三年にかけての国連安全保障理事会におけるイラク攻撃をめぐる独仏対米英の対立の構図のなかで、最終的には国連の機能が踏みにじられた現実を指す。

当時露呈した国連の無力は、筆者も大いに共有する認識である。当時筆者はワシントンDCのジョージ・ワシントン大学大学院エリオットスクール付属の研究機関で客員研究員を勤めていた。二〇〇二年九月一一日「同時多発テロ」一周年記念の日、筆者は家族ともどもアーリントン公園で追悼の鐘を撞き、記念コンサートに列席した。その直後からであった。すでに議論の俎上に載っていたアメリカのイラク攻撃がG・W・ブッシュ政権の最重要課題として過熱しはじめた。連日マスメディアはフセイン政権の大量破壊兵器の存在の脅威について論じ、外交安全保障分野での「世界最大」のシンクタンク・ブルッキングス研究所をはじめとする名だたるシンクタンクはいずれもイラク戦争大キャンペーンに奔走しはじめた。筆者の旧知であり、世界で二番目のシンクタンクCSIS（戦略国際問題研究所）の著名な欧州研究部長は何ヶ月も前から筆者に対して攻撃開始の日時を予測してみせた。

筆者も連日、国務省やホワイトハウスや各シンクタンクのシンポジウムに出かけ、個別にインタヴューして回り、情報や知見の収集と意見交換をする毎日が翌年夏まで続いた。そのときの結論のひとつは多国間協調主義と国際機構、とくに国際連合の無力であった。筆者はこの当時の米欧関係を中心とした一極主義と多極主義の攻防のなかに今日の国際政治社会の本質を見る思いがした（拙書『ポスト帝国――二つの普遍主義の衝突』駿河台出版、二〇〇六年、『米欧同盟の協調と対立――二十一世紀国際社会の構造』有斐閣、二〇〇八年参照）。

本書の著者マゾワーの本書執筆の第一の動機は、この国連の無力への痛恨の思いであった。冷戦終結後ブトロス・ブトロス゠ガリ国連事務総長によって『平和への課題』として提起された国連機能の強化の試みにもかかわらず、実際にはバルカン半島、アフリカでの内戦、ルワンダでのジェノサイド、コソボ空爆という一連の国際機構の失態の一方で、冷戦終結後世界秩序への積極的な介入を躊躇していたアメリカは、ボスニア紛争終結の成功（「デイトン合意」）を背景に次第に自信を深め、ついにG・W・ブッシュ政権のネオコン（新保守主義）派と呼ばれる一連の急進派の主導によるイラク攻撃に邁進する結果となった。

しかしこのブッシュ大統領の単独行動主義的な対外政策は当時の多くのアメリカ人とネオコン派にとって決して独断的で攻撃的なものではなかった。それは「善なる大国」アメリカによる世界秩序の安定のための止むをえざる行動であったと考えられていた。したがって、当時のブッシュ政権は国際社会の承認を得ずとも単独でイラクを攻撃することができる、と豪語した。しかし、実際にはアメリカの攻撃が単なる「復讐」ではなく、大量破壊兵器の使用を事前に不可能にし、国際正義を貫くための行為であることを正統化する必要があった。国際連合の安保理の承認をアメリカが求めた所以であった。

しかし実際には最強国であるアメリカはかつてハーバード大学の著名な国際政治学者スタンレー・ホフマンが一九六〇年代に用いた表現を用いると、「ガリバーの苦悩」状態に陥っていた。「巨人ガリバー」がいくら巨人であっても多数の小人によって手足を縛られてしまっては身動きが取れない。冷戦終結後のガリバー・アメリカは仏独主導のイラク戦争に反対する諸国によって足枷をつけられて身動きができなくなった。仕方がないので、力づくで小人たちを蹴散らして自分の道に進んだのである。つまり国連決議を得ずにイラク攻撃を開始した。国連は無視されたのである。しかし小人の力を軽視し、自己の力を過信したガリバー一人では世界を治めることはできない。イラク戦争開始後一二年を経てなお、イラクの事態は平和を回復したとは言えない。事態はアメリカの楽観論を証明しただけであった。国際社会＝多国間協調主義の国際平和機構の存在は無視できない。要は、それをどのようにして実現していくのか。

先述のようにその問いこそ、歴史家でありながらマゾワーがあえて「国連論」に挑戦した意義であった。国際連合の存在意義の是非をめぐる議論は、多々アメリカの影響力と結びつけて論じられる。これに対してマゾワーは、本書でイギリス帝国の歴史的に果たした意義とその思想に注目し、そこに理念的な解明の糸口を見出そうと試みている。本書の重要な視点のひとつである。

マゾワーは言う。「本書では、関連しあう二つの歴史上の定説に異議を唱えたい。一つ目は、アフロディテが泡から生まれたのと同じ様に、国際連合は第二次世界大戦のなかから生まれたのであり、純粋であって、大戦前の失敗作の国際連盟とのいかなる重要なつながりにも毒されていない、というものである。そして二つ目は、国連がなによりアメリカのものであり、公開の討議の場でも秘密の話し合いにおいても他の国々はほとんど役割を果たしていないところで生み出された、というものである。そうではなく、著者としては国際連合を次のように描写したい。国際連合は国際連盟から始まった国際機構の歴史の本質的には続きの章であり、国際連盟を通じて「帝国」という問題や、イギリス帝国のとりわけ最後の数十年間の話しだがそこで生まれた「世界秩序」というヴィジョンと結びついていたのだ」、と（本書一五頁）。

そこには国際連盟と国際連合の創設に際して国際平和の先駆者として重要な役割を演じたイギリス外交に対する誇りが見られると言ってよいだろう。それはマゾワー自身の歴史家としての誇りでもあるかのようだ。

強者の論理とその普遍主義――帝国主義的インターナショナリズム

その際にマゾワーが論じるイギリス帝国と国際平和機関を結ぶキー概念に「帝国主義的インターナショナリズム」である。それではマゾワーが論じたこの「帝国主義的インターナショナリズム」とは何であろうか。

筆者は先述の米欧関係に関する研究で、G・W・ブッシュ政権の単独行動の源泉をアメリカの「帝国性」と「優位性」という言葉で表現した。ここで言う「帝国性」とは絶対的優位にある国が相対的に弱小である国や地域に対して強引で自己中心的な価値観や行動を最後には押しつけがちとなるという強国の論理・行動慣習を意味する。上下関係を前提としない民主主義的関係の構造においては、それは「覇権」や「独裁」という表現ではなく、「優位性」や「リーダーシップ」という穏やかな言葉で表現することもできるが、結局は対立を解決する最後の局面では力や影響力が行使される。しかしその行動は多くの場合単独行動主義的なものではなく、「普遍的な善」を正統化のための目的とする。

それは別な言い方をすれば、「賢者の正義」でもある。ネオコンの源泉はヨーロッパ出身でシカゴ大学で教鞭をとったレオ・シュトラウスであるが、彼は古代ギリシャのプラトンにその思想形成の範を求めた。当然現代の平等な民主主義については弱者が数の上で優ることへの警戒感にもつながった。ネオコンはもともと国連総会に見られる一国一票主義の平等主義の多国間協調主義の実効性については懐疑的である。それはマゾワーが第2章で議論するジマーンの思想的背景となったのもギリシャ哲学であったことと軌を一にする。イギリス連邦を支持するスマッツの国際観もそれと傾向を同じくするものである。「白人の国」として南アフリカを自治領と認め、特別の地位を与えたイギリス連邦を理想の統治形態とするヤン・スマッツはイギリス連邦を国際連盟の萌芽であるとまで礼賛したのであった。

国際連盟下の「委任統治領」の概念はその象徴である。先進文明国であるヨーロッパ列強は、「未開の」地域がしかるべき発展段階に到達するまで、その後見人となり、「未開の地域」を実質的な保護領化する。植民地の継続を公認したのが、「民族自決」と「民主主義」の名の下に出発した国際連盟の実態であった。それを推進したイギリスの主張の背景にあったものが、イギリス帝国とそのより近代的な形態としての「イギリス連邦」であったというのがスマッツの発想であった。

しかし旧宗主国がどんなにそこに調和的な関係を演出しようとも、実態として人種隔離、差別の関係が歴然としている以上、「連邦」には優劣と上下の関係が構造化されていることには変わりはなかった。つまり「大イギリス連邦の平和」の名の下に「階等的な国際秩序」を認めた平和観であった。そのことをマゾワーは「帝国主義インターナショナリズム」と表現したのである。

実は、イラク戦争間際の時期に、ネオコンの理論家ロバート・ケーガンがアメリカの意志を国際社会によって承認させ、正当化させるために国際機関をある意味で「利用する」ことを説いたことがあった。これは『ワシントンポスト』のなかで「アメリカ的多国間主義」という表題で論じられ、ワシントン官庁界・シンクタンクなどで話題となった。[1] これはフランス流に言うと、「ア・ラ・カルト方式（御都合主義的な）」の国際協調ということになる。[2] 実はアメリカと一線を画すイギリス帝国の国際秩序間の根底にこうした超大国の独善性が共有されていることは明らかであった。

マゾワーが呼んだ先進的なイギリス連邦が国際連盟と国際連合を支持する論拠とした「帝国主義的インターナショナリズム」とは、先のネオコン流の呼び方からすると、「イギリス流の多国間主義」と言うことができはしまいか。

その意味では戦後イギリスが国際連合設立に貢献した意図は、「本質的には、彼らは新しい国際連合機構（UNO）を、目的の点では前身の国際連盟と似通っていると見なしていた。それは、イギリス帝国への影響を和らげ、アメリカ合衆国との結びつきを固め、ソ連が世界的強国になっているという遺憾ではあるが我慢はできる事実と折り合いをつけるための装置となるはずであった。平和を保つことでこの機構は、ヨーロッパ、加えてアメリカ合衆国、ソ連など後追いをする国々の、世界におけるヘゲモニーを維持することになろう」（本書第3章冒頭部分）とマゾワーは喝破した。

「数の論理」による普遍主義への疑問

このようにイギリスの国際平和機構設立の動機は、依然として西欧列強優位の世界観を反映したものであった。そして一九世紀に顕著となった西欧植民地列強の対外進出の正当化の論理はしばしば「文明の伝播者」という意味づけを与えられた。

本書第2章でマゾワーが取り上げる英国の政治学者で国際関係論の草分けの一人であるジマーンは、国際平和秩序の前提として「道義的・道徳的な国際共同体」を主張したが、それは共通の文化規範・文明の下に構築された国際平和秩序のことであった。そして、その議論は「世界平和は「イギリスの道義的勇気」」に基づいており、「「白人の優越に基づいて」イギリスの永久的な支配を支持する」（九八頁）

というイギリス帝国中心の国際秩序観へと収斂していった。

そしてその同じ論法は、ブッシュ大統領が民主主義化のためにイラクに進出すると豪語した論理とも重なっていた。それは民主主義を普及させ、近代的な国家建設のための支援をする、文字どおり「善なる国家」＝「啓蒙国家アメリカ」のことを意味した。そして二〇世紀のアメリカは経済的、軍事的援助による「世界民主主義の救済」という名前の下に、「介入主義」＝「国際主義」を肯定した。インターナショナリズムは「介入」の問題と重なり、その正統化の根拠としてのマイノリティ・人権の議論が不可欠となる。

第3章以下で、マゾワーはこの人権とマイノリティ、そしてひところ米国で流行した介入主義的インターナショナリズムについて論じている。きわめて今日的な議論でありながら、それはすでにイギリス帝国・イギリス連邦の国際秩序においてすでに明示されていたことでもあった。

マイノリティの議論をめぐるイギリス連邦の歴史的経験についてマゾワーはきわめて悲観的であるように見える。たとえば、ユダヤ人の処遇に代表されるマイノリティ擁護の議論ですら、国際法の規制の対象とはならず、第二次大戦後に可決されたジェノサイド条約は国際法としては機能しなかった。それは政治的文脈のなかで解釈されるに過ぎなくなった。冷戦期には国際社会のこうした傾向はさらに強まり、道義主義の下に旧植民地大国は国連で劣勢にたたされ、インドの独立は南アフリカでの人種差別主義を理由にインド人の権利を国際社会が承認したことを契機に、いっそうの盛り上がりを見せたのであった。

こうした展開はまさに国際連盟の創設に関わったスマッツらイギリス連邦の擁護者から見ると、真の意味での道義性を共有する国際共同体ではない。国際連合側は偏った普遍主義に基づく数の論理に堕してしまった。

国連は加盟国が増えて拡大するとともに、形式的な規律において合意形成し、機能することはできても、真の意味での平和のためのヴィジョンや精神的共通の意識を持つまでには到っていない。かつてのイギリス連邦のような歴史に培われた知見を持つ国が率先する組織とはなっていないからである。イギリス帝国の階等的な秩序観を現代に再現することをマゾワーが必ずしも主張しているわけではないが、アメリカ的な強制的な世界秩序でもなく、第三世界論者にしばしばみられる、その時々の政治的風向きに翻弄される発想に迎合した世界秩序にも同調したくないというのがマゾワーの主張である。

現代の国際政治学の理論的系譜から言うと、マゾワーの議論はジョン・G・ラギーに代表される多国間主義を正面から論じているわけではない。制度的な側面は本書の中心的テーマではない。しかし他方で共通の価値観を伴った国際共同体の議論に強い関心を示しているところからすると、国際政治研究の最近の理論的研究である「コンストラクティヴィズム（構成主義）」というリベラリズムの議論に敷衍しようとしていることは明白である。マゾワー自身はこうした国際政治学の理論を意識した叙述を行っているわけではないが、そうした国際社会の一般的傾向を敏感に取り入れた見方にマゾワーは到達したのであろう。

しかしマゾワーは国連に代表される国際機関における第三世界中心主義的発想を礼賛する立場を取っていない。その国際共同体の牽引者として、第三世界や多くの小国のグループに期待していないことも確かである。植民地国というだけで、悪者扱いされるような偏狭な勧善懲悪的世界観に著者は反感を覚えている。

しかしだからと言ってマゾワーは国連の無力をただ糾弾しているわけではない。マゾワーは、国連は「国際政治の生態系のなかの重要な要素」と位置づけ、国際社会の改革の重要な媒介であり、場所であると述べている。

そしてマゾワーがあるべき国連の姿として描いているのは、ジマーンの考え方を引きながら、「堅苦しい規範や、ましてや扱いにくい利己的な官僚組織を備えた国際機構によってではなく、道徳的共同体意識を共有することでつながっている「国際社会」(international society、ジマーンが始めた表現と思える)という考え」(二〇八頁)を基礎にした国際平和機構である。そして具体的には、まとまった形でマゾワーは提起していないが、「スマッツが下図を描いた論理」とは、「強大国優先を認めつつも国家主権を尊重する諸国家の連邦という考えが、依然効力を発揮し」、人種への態度の点からも、「道義的・精神的な統一性」を強固に維持する「連邦」というイギリス連邦を出発点とする理想論であった(二〇三頁)。

「イギリス連邦」という理想像

本書は「国連」というタイトルを冠せられてはいるが、実際にはイギリス帝国の衰退と国際社会との関係を英国の存在感と影響力の後退の歴史の一こまとして論じた業績と見ることもできる。そしてマゾワーが問いかけているのは、牽引力の弱い国際機構ではなく、実効性のある国際機構をどのようにして形成していくのか、というより現実的な国際社会の平和への試みの模索である。

その意味ではマゾワーが、独善と単独行動主義を排しつつ、道義面での核となる大国の主導に期待していることは確かである。その意味では、精神的・道義的な「ヘゲモン（覇権国）」の存在の必要性も暗示している。本書が国際連合をはじめとする国際機構を主としてテーマとする多国間主義研究とは対極的にあるヘゲモニー論（覇権論）としての性格をも同時に兼ね備えている点である。

その意味ではヨーロッパにおける同様の植民地大国と比較してみることは、このマゾワーの議論の妥当性を斟酌するうえで有効であるかもしれない。筆者自身はフランス外交を専門にするので、ここではフランスの外交について簡単に触れてみよう。

周知のように、フランスは一九世紀植民地の拡大に乗り出した。フランスの植民地拡大政策の背景にあったのも、イギリスと同じ「文明化の使命」であった。『八〇日間世界一周』で有名なジュール・ヴェルヌの作品は冒険活劇の夢多き物語であると同時に、フランス植民地拡大の肯定論となっていることはあらためて言うまでもない。

杉本淑彦『文明の帝国——ジュール・ヴェルヌとフランス帝国主義化』（山川出版、一九九五年）によると、当時のフランス国民は植民地住民に対する抑圧の意識は明確ではなく、その意味では社会帝国主義ではなかったが、諸所に見られるヴェルヌ自身が持つ人種差別の無意識的な感情は明白であった。そうした矛盾を相殺する意味で持ち出されたのが、カトリック信仰を伴った穏和共和主義による改革推進的な側面であった。今日から見ると、これは擬制にすぎない。その点は英仏いずれの帝国主義もその正当化の論理に大きな違いはない。

しかし他方で、イギリス帝国主義と比べた場合のフランス帝国主義の大きな違いは、しばしば語られるようにフランスの対外進出が「高利貸し的金融帝国主義」として性格づけられる点であった（権上康男『フランス帝国主義とアジア――インドシナ銀行史研究』東京大学出版会、一九八五年)。つまりフランスの帝国主義資本は植民地の現場に直接出かけて行ったわけではなく、金融債権者として植民地の実態を理解することなく、植民地主義拡大を支持していたのである。

したがって、フランスは第一次世界大戦後の国際秩序形成に対して多くの期待を抱いていたわけではなかった。イギリスとはその点異なっていた。とくに普仏戦争以後、フランス外交は「対独復讐」をスローガンに進められ、第一次大戦はまさにその結晶であり、大戦により疲弊したフランスにとって戦後あらためて「ドイツの脅威」が再現したというのが現実であった。当然フランスの戦後の国際秩序形成には隣国ドイツをどのように処遇するのかという問題が最重要であった。普遍的な国際平和機構の創設よりも隣国との間の安全保障こそ喫緊の課題だったのである。

当初、パリ会議代表のクレマンソーは国際連盟に期待していたが、その前提となる世界観は、スマッツと同様大国間支配の構造を前提とする国際平和機構の構想であった。普遍主義的な多国間協調主義による国際組織への期待ではなかった。そうした機構の設立には米英仏の大国間協力を条件としていたが、周知のようにアメリカの不参加でそれは潰えてしまった。それに機構そのものに弱点があるとフランスは当初より指摘していた。パリ会議国際連盟委員会代表・初代総会議長を勤めた首相・外相経験者のレオン・ブルジョワは、国際連盟に軍事的制裁義務を付与し、常設軍隊を創設することを提案していたのである。彼は連盟で人種差別に反対した日本の主張を支持したことでも知られている。

フランスにとって、国際連盟はもともと不完全なものでしかなかった。そこでフランスが持ち出す構想は、地域的集団安全保障体制の試みであった。イギリスと大きく違う点は第一次大戦終結後も第二次大戦終結後も、フランスにとって最重要な問題は隣国ドイツの脅威であった点である。いずれの大戦後もヨーロッパの勢力均衡的な安定を欲してドイツに一定の役割を期待した米英と、フランスとの国際秩序観は大きく乖離していた。両大戦間期に相対的安定期を特徴付けたロカルノ体制、さらにブリアン仏外相が提唱した今日のＥＵに酷似した欧州統合計画の背景にはそうしたイギリスとの国際認識の違いが歴然としていた。それは今日に到るも、その片鱗を残している。

そして第二次世界大戦において、フランスはペタン政権の下に対独協力政権を設立させ、その後のシャルル・ドゴールのレジスタンスの巻き返しにもかかわらず、戦勝国とは名ばかりで、ヤルタ会談にも、国連設立のための会合であったダンバートン・オークス会議にもフランス代表は招集されなかった。フランスは実質的に国際連合構想をめぐる議論の蚊帳の外に置かれていた。ウィンストン・チャーチルの口添えでドイツ占領の一角にようやく加わったに過ぎなかった。ただ、ドゴールがいち早くソ連と友好条約を締結した事実の一方で、フランスもイギリスと同じく、ヨーロッパの安全保障にはアメリカのコミットが不可欠であったと確信していた。

その意味では、第二次大戦後の国際連合を主導したのはアメリカであったことは否めない。しかし疲弊したヨーロッパ列強の間にあって、イギリスだけはかろうじて、こうした戦後の国際秩序形成の議論に存在感を示したことも確かであった。

マゾワーが本書で主張したかったのは、一九世紀的なヨーロッパ植民地帝国のリベラルなインターナショナリズムの試みが、国際連盟と国際連合に代表される国際平和機構の発展に貢献したはずであり、イギリスはその大いなる貢献者であるという点である。決してアメリカだけがその功労者ではない。

しかもそのアメリカが、数で圧倒する第三世界諸国の壁に阻まれて自由が利かない。国連は機能不全を起こしている。そうした現状において、実現しなかったが、かつてのイギリス連邦が理想としてめざした真の意味でのリベラルな「帝国」についてもう一度冷静になって再考してみたらどうなのか。それはあえて言えば「国際共同体」という道義的意識を前提にする。実はそうした高度の共有意識こそ、今日の国際平和機構の礎として欠如している部分だ、というのがマゾワーの真意である。そのことは万人にとって普遍的な警告であることに違いはない。

1) Kegan, R., "American Multilateralism", *Washington Post*, September 13, 2002
2) Kauffmann, Sylvie, "Le nouvel unilatéralisme américain" *Le monde*, le 2 janvier 2002.

訳者あとがき

本書は Mark Mazower, *No Enchanted Palace: The End of Empire and the Ideological Origins of the United Nations* (Princeton University Press, 2009) の全訳である。

著者マーク・マゾワー(一九五八年イギリスに生まれる。オクスフォード大学では古典学と哲学を専攻。現在コロンビア大学教授)は、バルカン半島の専門家として、また汎く二〇世紀ヨーロッパを俯瞰する研究書の著者として、さらには国際情勢について有力紙誌への寄稿者として、きわめて高名な学者である。本書が刊行されるのは七月の予定と聞いているが、その前後にそれぞれ別の書肆から *Dark Continent: Europe's 20th Century* と *Governing the World: The History of an Idea* の訳書が刊行されると仄聞している。二〇一五年は、マゾワーが、賑々しく日本の出版界に初お目見えする年になる模様である。

原著の題名の由来を知るには、「序章」のエピグラフをご覧いただきたい。副題は「帝国の終焉と国連のイデオロギー上の起源」であるが、国際連合は今年で誕生から七〇年を迎える(一九四五年四月二五日から六月二六日にかけてサンフランシスコで「国際機構に関する連合国会議」が開かれた。正式な発足は同年一〇月二四日で、一〇月二四日は「国連デー」となっている)。いわずもがな、国連七〇年は戦後七〇年と同じである。「国連創設七〇周年、二〇〇五年国連首脳会合一〇周年である二〇一五年に向けて」(外務省)繰り広げてきた、日本政府の悲願とする安全保障理事会常任理事国入り問題についてのニュースも、これからいろいろと飛びこんでくることであろう。二〇〇四年から翌年にかけてG4案(G4構成国は、日本、ドイツ、ブラジル、インドであった)、AU案、UFC案が入り乱れた挙げ句にどれも採択されなかったのは、原加盟国の四倍近くにまで拡大した国連の抱える矛盾や難しさを浮き彫りにしたものだった。常任理事国の持つ拒否権、安保理と総会の対立、公用語の問題など、どれもが国連のイデオロギー上の起源、そして国連の揺籃期にまで遡らねば理解の難しいものであった。

それに答える内容を持つ本書は、伝統あるプリンストン大学のローレンス・ストーン連続講演を元にしている。数多のブックレヴューやインタビューのなかで、「ボストン・グローブ」紙のインタビュー記事では、いわば exordium として、*Hitler's Empire: How the Nazis Ruled Europe*, *Salonica, City of Ghosts: Christians, Muslims and Jews, 1430–1950*, *Dark Continent: Europe's Twentieth Century* の三冊を挙げた後で「対照的に[本書は]植民地帝国主義における国連の起源、初期の展開、そして南アフリカ首相のヤン・スマッツであるとか、アルフレッド・ジマーンなどの戦間期インターナショナリズムの理論家たちとかのような影響力ある人物たちの果たした役割を明らかにする、スリムだが挑発的な書である」としている。たしかに、分量の点ではマゾワーの他の分厚い著作に比べれば「スリム」であろうが、文章の平明さについてはまた別に思えた。それでも翻訳を引き受けたのは、訳者の好奇心のしからしむるところであった(現在の帝国主義解釈とは異次元の、ヘレニズムに則った人道主義や文明化の使命の概念がヤン・スマッツらにさまで血肉化されていたこと、訳者の専門にも関わるがフランクリン・デラノ・ローズヴェルトの指示で発足したMプロジェクトのことなど、好奇心の向かう先は多かった)。

国連については、欧米の知人らと遣り取りをしていても、なぜ日本人は国連のことをさまで有り難がるのかと不思議がられることがしばしばである。かといって、訳者はけっしてイコノクラスティックな動機から本書の翻訳を志したわけではない。国際連盟(その背景にはさまざまな「連邦」概念があったのだが)との連続性を強調し、イギリス帝国・連邦の延命のための国際機構として設計された国連の成立事情を詳述し、安保理と総会の対立、帝国主義的インターナショナリズムやマイノリティ保護の思想史、東西対立や加盟国増など国連のその後の展開といったものを読み解いてゆく本書が、大仰な表現と感じられたらご宥恕を請いたいが、日本人の一般的に持つ国連理解を修補するところが少なからずあろうと信じてのことである。

ちなみに、副題にある「帝国の終焉」についてだが、すでに連邦化もかなり進んでいたイギリス植民地主義帝国が第二次世界大戦によっていよいよ「死に体」化していたのは事実であった。さりながら、大戦終結時に、南アジア、アフリカを中心にかなりの植民地を保有していたのもまた確かであり、終焉を刻した時期については、植民地からの段階的撤退やあるいはスエズ動乱などを踏まえ諸説が成立しうる。国連に絡んでは、本書一五七頁にあるように「こうした[加盟国の]拡大は、反植民地活動家たちには好意的な表現で語られ、一九六〇年には国連総会決議一五一四号「植民地と人民に独立を付与する宣言」として表明された」ことに着目してもよい。緒方貞子・半澤朝彦編著『グローヴァル・ガヴァナンスの歴史的変容』(二〇〇七年)第6章では、それを「国連に対するイギリスの封じ込め政策」が破綻した徴《しるし》としてとらえている。

本書には、ヤン・スマッツ(造語にホーリズムがある)、アルフレッド・ジマーン(イギリス連邦という語を最初に使った一人。造語に福祉国家がある)、共にアメリカ合衆国への亡命ユダヤ人であるラファエル・レムキン(造語にジェノサイドがある)とヨゼフ・シェクトマン、ジャワハルラール・ネルーといった主要人物に加え、脇役としてW・E・B・デュボイス(アメリカの黒人指導者)、ツェケディ・カーマ(ベチュアナランドの摂政)、マハトマ・ガンジー、スバス・チャンドラ・ボース、ビジャエラクシュミー・パンディット(ネルーの妹)、何人ものシオニズム指導者など多彩な人物が登場する。おそらくそのなかで、本書のあちこちに顔を出すウッドロウ・ウィルソン、ウィンストン・チャーチル、フランクリン・デラノ・ローズヴェルト、ヨシフ・スターリンなどの「巨人」に匹敵する名声を誇るのは、ネルーとガンジーだけであろうが、一読すれば本書において政治家ヤン・スマッツの持つ存在感は圧倒的である。

一八七〇年にアフリカーナとして生まれたヤン・クリスティアン・スマッツは、ケンブリッジ大学で法学を修め、故国南アフリカで弁護士として出発。ブール戦争では「イマヌエル・カントを一冊ナップサックに忍ばせ」アフリカーナのコマンド部隊を率いた。やがてイギリス系とアフリカーナの融合のうえに南アフリカ連邦を成立させ(その際には南アフリカ憲法を中心となり起草)、その後はイギリス帝国――と彼にとって好ましいイギリス連邦という進化形――の命運に深い関わりを持った。両次大戦の講和条約調印に首相として参加した唯一人の政治家であり、国際連盟創立のキーパーソンの一人であっただけでなく、四半世紀後には国連憲章の前文を起草した男でもある。スマッツの好奇心の赴く先と業績は、哲学や植物学をはじめ多岐にわたったし、セントアンドルーズ大学、ケンブリッジ大学の総長も務めた。白人文明の優越性を信じ、故国での人種隔離については当然とみなしつつも、アフリカーナの主張するアパルトヘイトへとつながる道を敷いたのは不本意な妥協であった。「一九四六年国連総会におけるネルーとの『決闘』は本書の最大の読みどころである」とブックレヴューの著者の一人は述べているが（J・P・ドートン）、第二次世界大戦後の五年間は、自らが手を貸して創りあげたイギリス連邦においても国連においても、さらには故国南アフリカでも、意のままにならぬ思いを抱いたまま一九五〇年に没している。ロンドンはウエストミンスターの議会広場には現在一一の銅像が建つが、七名の歴代のイギリスの錚々たる政治家の他に外国人の像もあり、そのなかには軍服姿のヤン・スマッツも含まれている。

本書は、訳者が三月の最終講義までに素訳だけは終えていた点からは、定年前の最後の翻訳と言えるかもしれない。学部の事情から、それこそ最後の年度まで十数年間にわたって役職や校務にひたすら追われるばかりで、二〇〇九年に翻訳を再開してから刊行された実質五年間で一〇冊の訳書は、いずれも午前零時を過ぎてからの時間を利用して何ヶ月間も徹夜に近い状態を続けて生み出したものであった。

そうしたなかで、無理を押して、最後の年度に十何年ぶりかで他大学に出講が叶った。東京外国語大学、一橋大学での講義は楽しかったし、試みに前者の三、四年生向けの講義の一環として、原著の内の一〇頁ほどを読んでもみた。たしかに、段落が二頁を超えることもままあるし、一文が一〇行を超えるのはざらである文章は初めは戸惑いをもって迎えられたが、内容面での議論から、この書が日本の良質な読書層に十分受け入れられるという手応えを得られた。とりわけ、中東欧のような地続きで多民族の混在する土地においては、「民族自決」がしばしば虚妄とならざるをえぬこと、「マイノリティ」の観念自体が（たとえばアメリカ合衆国のアフリカ系住民のようには）一筋縄ではいかないことには反応が大きかった。

その東京外国語大学大学院の教授で、まさに一読巻を措く能わず徹宵して読み耽った評伝『シャルル・ドゴール』（二〇一三年）の著者である渡邊啓貴氏に、原著のみ携えて「解説」を依頼しにあがったのは、素訳もなされていない師走のことであった。「国際政治」の専門家の立場から、加えてイギリス帝国主義と並ぶフランス帝国主義についての言及も含めて「解説」をと、随分と身勝手な願いであったが、斯界の権威は快くお引き受けくださった。また、上に述べたように我ながらずいぶんと苛酷な環境に置かれていたなかで、本書を含めると慶應義塾大学出版会からだけでも半ダースもの訳書が刊行されるのは、編集の上村和馬氏のそれぞれの原著への選球眼の良さの賜である。いずれもが訳者がのめり込むテーマばかりであった。疑問の点についてはマゾワー氏からもクイックレスポンスを得られた。翻訳にあたっては先達の著訳書や論文からも訳語をはじめとして貴重な示唆を得たが（加えて少しでも読みやすいものとするために、海保重人・児島由理両氏と池田詩穂に日本文の表記について幾度か意見を求めた）、もとより訳文についてはすべて訳者の責任である。読者諸賢のご叱正を賜れれば幸いである。

本書は次のように締め括られている。

「……国連が誕生した歴史的・政治的な文脈をいくぶんなりと理解することなくしては、われわれは、過去の議論を首尾良く超克するのでなく、たんに過去の議論を反芻し続けることになる可能性が高いのだ」。

国連創立七〇年を迎え、そのイデオロギー上の起源を探ることは意義あることに思える。

池田年穂

平成二七年四月二三日

国連と帝国
——世界秩序をめぐる攻防の 20 世紀

2015 年 8 月 5 日　初版第 1 刷発行

著　者————マーク・マゾワー
訳　者————池田年穂
発行者————坂上 弘
発行所————慶應義塾大学出版会株式会社
〒108-8346　東京都港区三田 2-19-30
TEL〔編集部〕03-3451-0931
〔営業部〕03-3451-3584〈ご注文〉
〔　〃　〕03-3451-6926
FAX〔営業部〕03-3451-3122
振替　00190-8-155497
http://www.keio-up.co.jp/
装　丁————阿部卓也
印刷・製本——株式会社理想社
カバー印刷——株式会社太平印刷社

Printed in Japan　ISBN 978-4-7664-2243-6

著訳者略歴

［著者］

マーク・マゾワー Mark Mazower

1958年ロンドン生まれ。オクスフォード大学で古典学と哲学を専攻。ジョンズ・ホプキンス大学で修士号、オクスフォード大学で博士号を取得。現在コロンビア大学教授。ギリシャを中心とするバルカンの専門家であるにとどまらず、20世紀ヨーロッパ史の世界的権威である。「フィナンシャル・タイムズ」紙、「インデペンデント」紙などの寄稿者でもある。バルカンを扱った *Inside Hitler's Greece: The Experience of Occupation, 1941–44*（1993）、*The Balkans: A Short History*（2002）、*Salonica, City of Ghosts: Christians, Muslims and Jews, 1430–1950*（2004）で次々と権威ある賞を受ける。20世紀ヨーロッパ史を扱ったものとしては *No Enchanted Palace: The End of Empire and the Ideological Origins of the United Nations*（2009）（本書）、*Dark Continent: Europe's 20th Century*（1998）（未來社より近刊）、*Hitler's Empire: Nazi Rule in Occupied Europe*（2008）、*Governing the World: The History of an Idea*（2012）（NTT出版より『国際協調の先駆者たち』として刊行）などのベストセラーがある。

［訳者］

池田年穂（いけだ　としほ）

1950年横浜市生まれ。慶應義塾大学名誉教授。専門は移民論、移民文学、アメリカ社会史。ティモシー・スナイダー『赤い大公――ハプスブルク家と東欧の20世紀』（2014年度「義塾賞」）、アダム・シュレイガー『日系人を救った政治家ラルフ・カー』（2013年）、ジョーン・ディディオン『悲しみにある者』『さよなら、私のクィンターナ』（2011年、2012年）、ジェームズ・ウォルヴィン『奴隷制を生きた男たち』（2010年）、『生寡婦』（2002年度「カナダ首相出版賞」）など多数の訳書がある。

索　引

欧 文

CSOP（平和機構研究委員会）Commission to Study the Organization of the Peace　16, 64
LEP（平和促進連盟）League to Enforce Peace　47
M プロジェクト M-Project　119–123, 126, 155, 157
NAACP（全米黒人地位向上協会）National Association for the Advancement of Colored People　158
NATO（北大西洋条約機構）North Atlantic Treaty Organization（NATO）　2, 211
NEUM（非白人統合運動）Non-European Unity Movement　174

ア 行

アイケンベリー，G. ジョン Ikenberry, G. John　12
アイルランド Ireland　41, 84
アジア（人）Asia
　——からの移民 immigration from　39
　——の国際的な役割 international role of　28, 174–185, 189, 201–202
　——の植民地 colonies in　164
　——の特性 character of　201–202
　——の役割についてのネルーの考え Nehru on role of　183–185
　——における人口移送 population transfers in　150–151, 158
　——におけるナショナリズムと民族自決 nationalism and self-determination in　25, 112
　第二次大戦中の諸問題 issues in, during Second World War　176–185
　汎アジア主義 Pan-Asianism　178, 210
アジア人関係会議（1947 年）Inter-Asian Relations conference（1947）　201
アジア人土地保有・代議制度法（南アフリカ，1946 年）Asiatic Land Tenure and Indian Representation Act（South Africa, 1946）　184, 189
アッシリア Assyria　151
アテナイ Athens　→ギリシャ：古代 Greece: ancient
アフリカ Africa:
　——と民族自決 and national selfdetermination　112
　——における文明化の使命 civilizing mission in　25, 47–48, 53, 58–59, 89
　帝国主義と—— imperialism and　22, 52, 54–56, 62, 81, 85, 96
　汎アフリカ主義 Pan Africanism　156, 210
　→南アフリカ South Africa
アフリカ系アメリカ人 African Americans　158
アフリカーナ Afrikaners　37, 39, 56, 58, 61, 62, 168, 195
アフリカ民族会議（ANC）African National Congress（ANC）　61, 169
アメリカ United States:
　——とイギリス帝国の関係 British Empire's relations with　23, 40, 42, 50, 64, 91–93, 186
　——とイスラエル and Israel　213
　——とインターナショナリズム and internationalism　35, 89
　——とインド and India　180, 192, 200
　——と国際連合 and UN　2–4, 12–13, 25, 66, 106–109, 212
　——と国際連合の創立 and founding of UN　14–18
　——と国際連盟 and League of Nations　93
　——とジェノサイド条約 and Genocide

Convention　142
——と人権 and human rights　141
——と帝国主義 and imperialism　49, 107, 109, 164–165, 212
——と難民危機 and refugee crisis　26, 114, 118
——とパレスチナ and Palestine　155
——とマイノリティの権利 and minority rights　158
——と南アフリカ and South Africa　200
——の指導的役割 leadership role of　25, 99, 101, 106–109, 119, 180
——の反植民地主義 anticolonialism of　165, 210
——のモデルとしての古代ギリシャ ancient Greece as model for　102, 104
ソ連と—— USSR and　203
ジマーンと—— Zimmern and　101–103, 106–109
例外主義 exceptionalism in　105
アメリカ国務省 U. S. State Department　15, 64, 106
アメリカ・ユダヤ人委員会 American Jewish Committee　68
アメリカ陸軍省 U. S. Department of War　136
アメリー，レオ Amery, Leo　65
アラブ人（諸国）Arabs:
——の人口移送 population transfer of　120, 143–144, 155
——の発言の軽視 disregard for voice of　155
——の反植民地主義 anticolonialism of　165
——の文明化 civilizing mission for　58
——民族国家の誕生 nation-states emerging in　145
難民としての—— as refugees　148–149
パレスチナの—— in Palestine　128, 143–145, 149–151
汎アラブ主義 Pan Arabism　156, 178
アリストテレス Aristotle　78, 80–81, 104
アルゼンチン Argentina　213
アルメニア Armenia　151
アレクサンダー大王 Alexander the Great　102
アンゴラ Angola　129
安全保障理事会 Security Council:
——と国連総会の関係 General Assembly in relation to　203
——における争い controversies in　106
——の軽視 bypassing of　2
——の権限 power of　4, 65, 162–163, 199
——の政治学 politics of　211
ネルーと—— Nehru and　184

イギリス空軍 British Royal Air Force　34
イギリス帝国／ブリテン British Empire/Britain:
——とアメリカの関係 U. S. relations with　22–23, 40, 43, 49, 62–63, 91, 93, 186
——とインターナショナリズム and internationalism　36–37, 40–43, 74–75, 206
——と国際連合 and UN　34–35, 168–170
——と国際連合の創立 and founding of UN　15–16, 18–19
——と国際連盟 and League of Nations　14–15, 23, 85, 91–93, 96–97, 207
——と国内管轄権 and domestic jurisdiction　189
——の指導的役割 leadership role of　22, 42, 78, 92–93, 98
——と人口移送 and population transfer　143
——と人種 and race　97, 172–173, 186, 206–207
——と帝国主義 and imperialism　58, 165, 187
——とパレスチナ and Palestine　114, 126, 143, 155, 165
——と南アフリカ and South Africa　34, 39, 57–59, 166–169, 200
——とユダヤ人の移住問題 and Jewish

resettlement　114, 126, 128
——のモデルとして古代ギリシャ ancient Greece as model for　77–79, 83–85, 92–93
インドと—— India and　85, 96–97, 173–184
ジマーンと—— Zimmern and　95–98　→イギリス連邦 commonwealth
世界共同体のモデルとしての——as model for world community　91, 96–98, 207
イギリス帝国会議（1907年）Imperial Conference（1907）　39
イギリス帝国戦時内閣 Imperial War Cabinet　34, 44–47
イギリス帝国戦争会議 Imperial War Conference　40
イギリス連邦 British Commonwealth　→連邦 commonwealth
イーストマン，クリスタル・キャサリン Eastman, Crystal　36
イスラエル Israel　27, 121, 144, 146–153, 213
イスラム Islam　→汎イスラム主義 Pan-Islamism
イタリア Italy　51, 68, 118
イデオロギー ideology　10, 13
委任統治領 mandates　50–51, 57, 59, 69, 90, 92, 97, 168　→信託統治領 trusteeships
移民 immigration　51
移民規制法（南アフリカ，1913年）Immigration Regulation Act（South Africa, 1913）　172
イラク Iraq　120, 145, 150–151, 208
イラク戦争 Iraq War　2–5
インクワイアリー（戦時下の専門家集団）Inquiry, the（wartime experts）　48
インターナショナリズム internationalism:
——の起源 origins of　74
アメリカと—— United States and　91
イギリス帝国と—— British Empire and　36, 40–43, 74–75, 206–207
イギリス連邦と—— commonwealth and　38–41, 84, 207
ウィルソンと—— Wilson and　13, 47–51, 106, 202
ジマーンと—— Zimmern and　75–76, 84, 98–100, 104, 106, 202
人種と—— race and　203
スマッツと—— Smuts and　23, 44–46, 49–50, 65–57, 90
ナショナリズムと—— nationalism and　23, 38, 46–48, 74–75, 81, 89, 112
ネルーと—— Nehru and　183
『インターナショナル・アフェアーズ』誌 *International Affairs*（journal）　98
インド India:
——と国際連合 and UN　184–197
——と国際連盟 and League of Nations　97
——と人種 and race　97, 194–197
——とソ連 and USSR　181, 187, 191
——と日本 and Japan　178–183
——とマイノリティの権利 and minority rights　27, 138, 165, 172–175
——と南アフリカ and South Africa　27, 171–175, 184–197
——における人口移送 population transfers in　151
——におけるナショナリズム nationalism in　174, 179, 181
——の指導的役割 leadership role of　183–185, 192, 194, 201–202
アメリカと—— United States and　180, 192, 198
イギリスと—— Britain and　85, 97, 173–180, 185–192
インド国民会議派 Indian National Congress　179
インドシナ Indochina　201
インドネシア Indonesia　194, 201, 215

ヴァイツマン，ハイム Weizmann, Chaim　144–145, 148
ヴァンデンバーグ，アーサー Vandenburg, Arthur　18

ヴィクトリア朝の精神 Victorian mentality 24, 61, 76, 105, 107, 132
ウィリアムズ，ジョン・フィッシャー Williams, John Fischer 105
ウィルソン，ウッドロウ Wilson, Woodrow:
——とインターナショナリズム and internationalism 13–14, 46–48, 104, 202–203
——と国際連盟 and League of Nations 47–48, 91
——と民族自決 and national self-determination 48, 88
——と倫理的なガバナンス and ethical governance 82, 86
14ヶ条の平和原則 Fourteen Points 48, 61
スマッツと—— Smuts and 22, 42–43, 47–49
ウェーヴェル，アーチボルド・パーシバル Wavell, Percival, Lord 175, 185–186, 189, 195
ヴェトナム Vietnam 202
ウェブスター，チャールズ Webster, Charles 8, 16, 69–70
ウエルズ，H. G. Wells, H. G. 58, 90
ウエルズ，サムナー Welles, Sumner 165
ウォーバーク，フェリックス Warburg, Felix 146
ウォーレス，ヘンリー Wallace, Henry 134, 148
ウクライナ Ukraine 115
ウッドワード，エドワード Woodward, Edward 105
ウルフ，レナード Woolf, Leonard 84, 88
『国際政府』 *International Government* 44
『国連なき世界』 *A World without a UN* 4

エクアドル Ecuador 68
エジプト Egypt 68, 81, 97
エリトリア Eritrea 157

欧州協調（コンサート・オブ・ヨーロッパ）Concert of Europe 44, 90
欧州評議会（CoE）Council of Europe 143, 211
王立国際問題研究所 Institute for International Affairs 99
オーストラリア Australia 39, 83, 84, 186
オスマントルコ Ottoman Empire 50–51, 92
オバマ政権 Obama administration 11
オルブライト，マデレーン Albright, Madeleine 108

カ 行

カー，E. H.『危機の 20 年』Carr, E. H., *Twenty Years' Crisis* 100
外交問題評議会 Council on Foreign Relations 99
カサン，ルネ Cassin, Rene 6
カーソン卿，ジョージ・ナサニエル Curzon, George Nathaniel 46
カーチス，ライオネル Curtis, Lionel 37, 49, 172, 174
『連邦の問題』 *The Problem of the Commonwealth* 85
カナダ Canada 39, 84, 186, 193
カーネギー基金 Carnegie Endowment 134
カーマ，ツェケディ Khama, Tshekedi 56, 168–171, 188
カール，ナラヤン Khare, Narayan 187, 189
ガンジー，マハトマ Gandhi, Mohandas 172, 176–177, 179, 181, 189, 191, 194, 196
カント，イマヌエル Kant, Immanuel 12, 33, 36, 74, 80–81
カンボジア Cambodia 159

教育 education 94–95, 99
強大国 great powers:
——と国際法 and international law 137
——と国際連合の創立 and founding of UN 8, 10, 17–18
——とマイノリティの権利 and minority rights 116
——の責務 responsibilities of 33
国際連合と—— UN and 64, 68–69, 162–

163, 182, 217　→三強大国 Big Three
国際連盟と―― League of Nations and　22, 50
ギリシャ Greece:
古代 ancient　76–78, 83–84, 88, 93, 104
現代 modern　144, 152
キリスト教 Christianity　23, 63, 80, 100

クリッシャー，ユージーン Kulischer, Eugene　121–124, 130
『移動するヨーロッパ』*Europe on the Move*　122
クリュチェフスキー，ヴァシリー Kliuchevsky, Vasili　123
グリーン，トーマス・ヒル Green, Thomas Hill　80–82, 94, 100
クリントン政権 Clinton administration　2
クロード，イニス Claude, Inis,　*3* 註＊11

ケストラー，アーサー Koestler, Arthur　126
ケナン，ジョージ Kennan, George　10, 211
ケニア Kenya　56, 60
ゲーム理論 game theory　10
ゲリグ，ベンジャミン Gerig, Benjamin　15

ゴア Goa　202
高等弁務官地域 High Commission Territories　55, 60, 169
国際軍事裁判所憲章 International Military Tribunal　137
国際刑事裁判所 International Criminal Court　2
国際司法裁判所 International Court of Justice　2, 28, 192, 198
国際人権章典 International Bill of Human Rights　68, 159
国際知的協力機関（IIIC）International Institute for Intellectual Cooperation　24, 94, 99, 101–102
国際的な兵器管理 international arms control　2
国際法 international law:
――とマイノリティの権利 and minority rights　26, 114, 137–142, 192
――への懐疑 skepticism about　94, 124–125, 131, 158–159
――へのナチズムの挑戦 Nazism's challenge to　113, 203
――を軽視することの帰結 consequences of disdain for　132–134
インターナショナリズムと―― internationalism and　35, 86
強大国と―― great powers and　137
国際連合と―― UN and　140–142, 163, 193–194, 197–199
国際連合 United Nations（UN）:
――人権委員会 Commission on Human Rights　158
――への幻滅 disillusionment with　2–4, 212, 216–217
――経済社会理事会 Economic and Social Council　138
――の創立 founding of　1, 6–10, 14–18, 32, 63–71, 205–206
――の理想 ideals of　202–203, 213
――の使命 missions of　1–2, 206
――の創立への観方 perspectives on founding of　6–10, 205–206
――の目的 purpose of　28, 112, 203
――による新国家の承認 recognition of new states by　156, *14* 註＊37
――に対する改革の提案 reform proposals for　3, 218
国際的なフォーラムとしての―― as global forum　166, 202
国際連盟と―― League of Nations and　14–16, 64, 70, 153, 162–164
戦争犯罪委員会 War Crimes Commission　136　→国連憲章 Charter of the United Nations　→国連総会 General Assembly　→国連憲章前文 preamble to UN Charter
専門機関 technical agencies of　218
帝国後の―― post-imperial　211–218
国際連盟 League of Nations:

——と委任統治領 and mandates　50, 56–57, 90, 92, 97
——と人口移送 and population transfer　151
——と帝国主義 and imperialism　25, 50, 58, 182, 207
——と難民 and refugees　118, 121
——とマイノリティの権利 and minority rights　26, 57, 89, 92, 113, 115–116, 127, 157
——と民族自決 and national self-determination　88
——の欠陥 deficiencies of　208
——の創立 founding of　85–87
——の目的 purpose of　93
イギリス帝国と—— British Empire and　14–15, 23, 84, 91–93, 97–98, 207
ウィルソンと—— Wilson and　47–48
強大国と—— great powers and　22, 49
国際連合と—— UN and　14–20, 66, 71, 153–154, 162–163
ジマーンと—— Zimmern and　76, 87–88, 91–103
スマッツと—— Smuts and　15, 22–23, 32, 58, 86
ネルーと—— Nehru on　182
ユートピア思想 utopianism of　7
国際連盟協会（1917 年）League of Nations Society　87
国際連盟協会（1924 年）League of Nations Association　16
国際労働機関（ILO）International Labor Office　124
国内管轄権 domestic jurisdiction　188–189, 193, 198, 210, *17* 註＊32　→主権（国家の）sovereignty, national
国務省国連局 Office of UN Affairs, U. S. State Department　106
国連憲章 Charter of the United Nations:
——と国内管轄権 and national sovereignty　27
——と武力行使 and use of force　213　→国連憲章前文 preamble to UN Charter
——の起草 drafting of　16, 32, 67–68
——のなかの矛盾した要素 contradictory elements in　218
国内管轄権内の制限条項 domestic jurisdiction reservation　190
国連憲章前文 preamble to UN Charter:
スマッツと—— Smuts and　9, 21, 23, 67, 70
国連総会 General Assembly:
——と安全保障理事会との関係 Security Council in relation to　203
——とジェノサイド and genocide　138–142
——と反植民地主義 and anticolonialism　27, 165, 193, 199–200, 202–203, 211, 214
——とパレスチナ and Palestine　213
——と南アフリカのインド人問題 and India-South Africa dispute　188, 195, 198–199
——におけるマイノリティの権利 minority rights in　151–152
——の権限 power of　162, 199, 212
パブリック・フォーラムとしての—— as public forum　202
コズモポリタニズム cosmopolitanism　35, 81
コソボ Kosovo　2
古代ギリシャ人 ancient Greeks　102
国家とナショナリズム nations and nationalism:
——とマイノリティの権利 and minority rights　25, 124
イギリス連邦と—— commonwealth and　40–43, 84, 207
インターナショナリズムと—— internationalism and　23, 38, 47, 74, 81, 88, 112
インド人のナショナリズム Indian nationalism　174, 179, 181
国際連合と—— UN and　210, 214
主権 sovereignty　26, 203, 215

誕生 emerging　121, 145, 156, 200, *14* 註＊37
民主的ナショナリズム democratic nationalism　36
民族自決 self-determination　14, 20, 25, 27–28, 48–49, 88, 97, 112–114, 154, 156, 208–209, 213

サ 行

ザカリア，ファリード Zakaria, Fareed　108
三強大国 Big Three　17, 32, 66, 144, 177, 209, 211, 217　→強大国 great powers　→国際人権章典 International Bill of Human Rights
シェクトマン，ヨゼフ Schechtman, Joseph　20
——とシオニスム and Zionism　126, 128, 146–147
——と人口移送 and population transfer　26, 124–125, 143, 146–153
『アジアにおける住民移送の数々』 *Population Transfers in Asia*　150–151
『ヨーロッパの人口移送』*European Population Transfers*　135, 149
ジェノサイド genocide　135, 138–142, 153
ジェノサイド条約 Genocide Convention　8, 26, 138–142, 153, 159, 215
ジェブ，グラッドウィン Jebb, Gladwyn　8
シエルトク，モシェ Shertok, Moshe　149–150
シオニズム Zionism:
アメリカ—— American　144
核心部 mainstream　126
修正主義者 Revisionist　125–127, 143, 146, 149, 152
自治領 Dominions　39, 83, 96, 173, 186, 207
失敗国家（フェイルドステート）failed states　216
シートン＝ワトソン，R. W.　Seton-Watson, Robert　88
ジマーン，アルフレッド Zimmern, Alfred　20
——と UNESCO　and UNESCO　101–102
——とアメリカ and United States　99, 106–109
——とイギリス帝国 and British Empire　95–99, 101
——とイギリス連邦 and commonwealth　83–84, 95
——とインターナショナリズム and internationalism　75, 86, 98–99, 104, 203
——と教育 and education　94–95
——と国際連盟 and League of Nations　75, 85–87, 91–93
——と道徳 and morality　23–24, 99–101
——の理想主義 idealism of　78–79, 84, 99–101
『ギリシャの連邦』*The Greek Commonwealth*　77, 83–85, 93
『世界平和へのアメリカの道程』*The American Road to World Peace*　103
『第三イギリス帝国』*The Third British Empire*　98
シャープヴィルの虐殺 Sharpeville massacre　200
ジャボチンスキー，ゼエヴ・ウラディーミル Jabotinsky, Vladimir　125–131, 147–148
ジャワ Java　194
自由 freedom　77–79, 93, 106
修正主義シオニズム Revisionist Zionism　125–126, 143–144, 147, 149–150
集団地域法（南アフリカ，1950 年）Group Areas Act（South Africa, 1950）　200
14 ヶ条の平和原則 Fourteen Points　48, 61
主権（国家の）sovereignty, national　26, 203, 215
常設委任統治委員会（国際連盟）Permanent Mandates Commission, League of Nations　57, 59, 92
植民地主義 colonialism　→反植民地主義 anticolonialism　→帝国主義 imperialism
植民地と人民に独立を付与する宣言 Declaration on Granting Independence to

Colonial Countries and Peoples　157
ジョージ，ロイド Lloyd George, David　46
ジョージ 5 世 George V, King of England　58
ショートウエル，ジェームズ Shotwell, James　99
シリア Syria　150
シルヴァー，アバ・ヒレル Silver, Abba Hillel　146
新インド統治法（イギリス，1935 年）Government of India Act（Britain, 1935）173
人権 human rights:
アメリカにおける—— in United States 158
国際連合と—— UN and　2, 8, 139–142
集団から個人へのシフト shift from collective to individual　133, 140
ヨーロッパ人権条約 European Convention on　9
人権宣言 Declaration of Human Rights　→世界人権宣言 Universal Declaration of Human Rights
人口 population:
——の移住 migrations of　122–123
——の移送 transfers of　26, 115, 119–121, 124–131, 143–153, 158
——の研究 studies of　118, 121–131
ヨーロッパの余剰人口 European overpopulation　118, 122
新シオニスト機構（NZO）New Zionist Organization　126
人種 race:
——と移民 and immigration　51
——と平等 and equality　97
——による区別 differentiation by　57–58, 61, 70, 172–173, 197–199
イギリス帝国と—— British Empire and 97, 172–173, 186, 206–207
インターナショナリズムと—— internationalism and　23, 200–201
インドにおける—— in India　195
国連憲章と—— Charter and　67
スマッツと—— Smuts and　52, 59, 70, 173, 178, 192, 195
南アフリカにおける in South Africa　21, 27–28, 38, 52–53, 57–59, 200　→マイノリティの合理的選択理論 minorities rational choice theory　10
民族自決と—— self-determination and　49, 97
ヨーロッパと—— Europe and　59–60
新世界秩序 new world order:
——に対するオバマ政権の見解 Obama administration's view of　11
国際連合と—— UN and　3
スマッツと—— Smuts and　63
第二次世界大戦後 post-Second World War 8
帝国以後 post-empire　192, 199
道徳と—— morality and　74
ブッシュ，ジョージ・H. W.　George H. W. Bush and 5
信託統治領 trusteeships　50, 69, 89, 97, 163, 168, 199　→委任統治領 mandates
人道主義 humanitarianism　7–9, 215–216
人道的介入 humanitarian intervention　2
人道に対する罪 crimes against humanity　137
シンプソン，A・ブライアン Simpson, A. Brian 9
新マルクス主義 neo-Marxism　109

スターリン，ヨシフ Stalin, Joseph　65–66, 100, 165, 203
スティムソン，ヘンリー Stimson, Henry 22, 137
ストッタード，ローター『白人世界の優越を脅かす有色人種の上げ潮』Stoddard, Lothar, *The Rising Tide of Color against White World Supremacy*　54
スペイン Spain　199, 203, 213, *17* 註＊32
スマッツ，ヤン Smuts, Jan　21
——（国連憲章）前文 and preamble　9, 21, 23, 67, 70
——とアメリカ and United States　43–44

——とイギリス連邦 and commonwealth 34, 39–43
——とインターナショナリズム and internationalism 23, 45–47, 52, 89
——とインド and Indians 173–175, 189, 192–197
——と国際連合 and UN 22–23, 32–34, 65–71, 166–171, 185, 189, 210
——と国際連盟 and League of Nations 14, 22, 32, 86
——と人種 and race 52, 59, 70, 173, 178, 192, 195
——と道徳 and morality 23, 33, 40, 49, 63–64, 193
——とナショナリズム and nationalism 38
——とマイノリティの権利 and minority rights 27
——と南アフリカの政治 and South African politics 34, 38–40, 52–63
——とユダヤ人の再定住 and Jewish resettlement 130
——の進化論的哲学 evolutionary philosophy of 55, 58, 63–64, 70
ヨーロッパ文明の終焉について on European civilization's end 194

セイアー，フランシス Sayre, Francis 132
政府間委員会（IGC）Intergovernmental Committee on Refugees 118, 128, *12* 註＊3
生物兵器 biological weapons 2
西洋文明 Western civilization 105 →文明化の使命 civilizing mission →ヨーロッパ文明 European civilization
世界国家 World-State 36, 90–91
世界市民 citizenship, world 88
世界人権宣言 Universal Declaration of Human Rights 8, 138–142, 153
セシル卿，ロバート Cecil, Robert 46, 48–49
戦時経済局 Bureau of Economic Warfare 134（135の訳註参照）
戦争犯罪 war crimes 137
戦略情報局（OSS）Office of Strategic Services（OSS） 124

ソ連 Union of Soviet Socialist Republics（USSR）:
——からのユダヤ人 Jews from 145
——とインド and India 181, 187, 191, 193
——と国際連合 and UN 22, 66, 106
——とパレスチナ and Palestine 155
——の反植民地主義 anticolonialism of 165, 170
アメリカと—— United States and 203

タ 行

第一次世界大戦 First World War 19, 22, 37, 39–40, 54, 85, 96–97
大西洋憲章 Atlantic Charter 61, 68, 174, 180
大東亜共栄圏 Greater East Asian Co-Prosperity Sphere 180
第二次世界大戦 Second World War 18, 25, 32, 62–63, 101, 166–168, 208–209
『タイム』誌 *Time*（magazine） 68
多国間主義 multilateralism 11
脱植民地主義 decolonization →反植民地主義的な民主主義 anticolonialism democracy 35, 86
ダレス，ジョン・フォスター Dulles, John Foster 16
単独行動主義 unilateralism 3, 6, 11, 13
ダンバートン・オークス会議（1944年）Dumbarton Oaks conversations（1944） 17, 32, 65, 182, 205, 209

チェンバレン，ヒューストン Chamberlain, Houston 52
チャーチル，ウィンストン Churchill, Winston 10, 18, 46, 61, 64–66, 165, 180
中央ヨーロッパ Central Europe 112–113
中国 China 3, 106, 165, 194, 202

中東 Middle East　92, 121, 146, 165, 178　→アラブ諸国 Arabs　→パレスチナ Palestine
朝鮮戦争 Korean War　20, 106
地理学者と難民危機 geographers and refugee crisis　118–121, 130

ディキンソン，ロウズ『ギリシャ人の生命観』Dickinson, Lowes, *The Greek View of Life*　77
帝国主義 imperialism:
——の批評 critiques of　36, 82–83
アメリカと—— United States and　49, 106, 109, 163–164
イギリスと—— Britain and　60–61, 165, 186
国際連合と—— UN and　14, 17–18, 68, 70–71, 164, 199, 211–218
国際連盟と—— League of Nations and　25, 50, 59, 182, 207
自由と—— freedom and　93
人種と—— race and　37–38, 54–55, 59–63
ネルーと—— Nehru on　182–185
リベラリズムと—— liberalism and　76
帝国主義的インターナショナリズム imperial internationalism　20, 25, 206, 224, 226
デュボイス，W. E. B.　Du Bois, W. E. B.　21, 68

ドイツ民族 Germans, ethnic　113, 144, 147
ドイツ Germany　42, 48, 50, 68, 94, 99, 118, 137–138, 217　→ヒトラー，アドルフ Hitler, Adolf　→ナチズム Nazism
トインビー，アーノルド・J.　Toynbee, Arnold　88, 105
トゥーキュディデース Thucydides　104
道徳 morality:
——の基盤としての共同体 community as ground of　78, 80
インターナショナリズムと—— internationalism and　24, 74–76, 84, 86–87, 92, 94, 108–109
ウィルソンと—— Wilson and　49
国際連合と—— UN and　211, 215
ジマーンと—— Zimmern and　24, 99–100
スマッツと—— Smuts and　23, 33, 40, 50, 63, 193
トラウブ，ジェームズ『フリーダム・アジェンダ』Traub, James, *The Freedom Agenda*　108
トランスヴァール Transvaal　189
トランスヴァール・アジア人土地・商業法（南アフリカ，1939 年）Transvaal Asiatic Land and Trading Act（South Africa, 1939）　173
トランスヨルダン Transjordan　150
トルコ Turkey　144, 151　→オスマントルコ Ottoman Empire
トルーマン政権 Truman administration　104
トルーマン・ドクトリン Truman Doctrine　102
トルーマン，ハリー Truman, Harry S.　18, 67, 106, 149, 212

ナ 行

ナタール Natal　171–173, 187
ナタール・インド人会議 Natal Indian Congress　172, 187
『ナタール・デイリー・ニューズ』*Natal Daily News*（newspaper）　167
ナチズム Nazism　10, 100
——研究 studies of　26, 114, 134–136, 143–144　→ヒトラー，アドルフ Hitler, Adolf
——と人口移送 and population transfer　145, 148
——と難民危機 and refugee crisis　114, 116–117
——とユダヤ人 and the Jews　26, 114, 129
——に対するマイノリティの見解 minority perspectives on　176–177
——に対抗する新たな世界秩序 new world order opposed to　8, 32–33, 59, 64, 114–115

——による国際法の軽視 international law undermined by　26, 113, 207
南西アフリカ South-West Africa 55–56, 60, 166
ナンセン，フリチョフ Nansen, Fridtjof　117
南米 South America　138, 190
難民危機 refugee crisis:
アメリカと—— United States and　26, 114, 118–121
国際連盟と—— League of Nations and　118, 121
ナチズムと—— Nazism and　26, 114, 117
難民（パレスチナ）refugees, Palestinian 149–150

ニーチェ Nietzsche, Friedrich　78
日独伊三国同盟 Tripartite Pact（1940）　68, 180
日本 Japan　25, 51, 62, 96, 98, 120, 134, 178–181, 183, 194, 207
ニュージーランド New Zealand　39, 84, 178, 186
『ニューヨーク・タイムズ』紙 *New York Times*（newspaper）　17, 183
『ニューリパブリック』紙 *New Republic*（magazine）　148
ニュルンベルク裁判 Nuremberg Trials　136
人間の安全保障 human security　3

ネイミア，ルイス Namier, Louis　88
ネオリベラルな新制度論 neoliberal institutionalism　11
ネグリ，アントニオ Negri, Antonio　109
ネルー，ジャワハルラール Nehru, Jawaharlal 19, 166, 181–185, 189, 191, 194–197, 201–202
『新時代の呼びかけに対するアジアの対応』*Asia's Response to the Call of the New Age*　183

ハ 行

パキスタン Pakistan　200
ハーグ国際条約 Hague Conventions　87
ハクスリー，ジュリアン Huxley, Julian　24, 101
ハーグ陸戦条約 Hague Regulations　135
ハート，マイケル Hardt, Michael　109
ハマーショルド，ダグ Hammarskjold, Dag 212
バランス・オブ・パワー balance of power 44, 47, 91, 93–94
ハリファックス卿 Halifax, Lord　1
ハル，コーデル Hull, Cordell　132
バルカン半島 Balkans　2, 66
バルフォア卿，アーサー・ジェームズ Balfour, Arthur James　46, 154
パレスチナ Palestine:
——からの難民 refugees from　149
——におけるユダヤ人の再定住 Jewish resettlement in　126, 143, 146–153, 155
——のアラブ人 Arabs in　128, 145, 149
——の分割 partition of　27, 151, 153, 155–156, 199
イギリス帝国と—— British Empire and 58, 114, 155, 165
国際連合と—— UN and　26, 155–156, 165, 213
汎アジア主義 Pan-Asianism　178, 210
汎アフリカ主義 Pan-Africanism　156, 210
汎アラブ主義 Pan-Arabism　156, 178
汎イスラム主義 Pan-Islamism　210
ハンキー，モーリス Hankey, Maurice　18, 43–44
バングラデッシュ Bangladesh　157
万国郵便連合 Universal Postal Union　87
反植民地主義 anticolonialism:
——運動 movements connected with　156, 178
アメリカと—— United States and　165, 210　→アパルトヘイト imperialism apartheid　21, 57, 200　→南アフリカ South Africa　→人種 race
国連と—— UN and　19, 27–28, 156–157, 170, 202–203

国連総会と―― General Assembly and 166, 193, 199–200, 211, 213–214
パンディット，ビジャヤエラクシュミー Pandit, Vijaya Lakshmi 189, 193, 199
バンドン会議（1955 年）Bandung conference (1955) 202

ビアフラ Biafra 157
東アフリカ East Africa 55
東ヨーロッパ Eastern Europe:
――の防疫線 cordon sanitaire in 157
――のユダヤ人 Jews from 128, 148
――におけるナショナリズムと民族性 nationalism and ethnicity in 88, 92, 112–115, 157
――におけるマイノリティの権利 minority rights in 25–26, 114–116
非自治地域 Non-Self-Governing Territories 163
ビドー，ジョルジュ Bidault, Georges 164
ヒトラー，アドルフ Hitler, Adolf 32, 59, 64, 99, 117, 179
ヒューズ，ビリー Hughes, Billy 50
ピール委員会 Peel Commission 145
ビルマ Burma 194

ファシズム fascism 24, 99, 181 →ナチズム Nazism
フィリップス，ウィリアム Phillips, William 178
フィリピン Philippines 68, 165
フィールド，ヘンリー Field, Hemy 119–120
フーヴァー，ハーバート Hoover, Herbert 148
フェビアニズム Fabianism 43–44, 75, 88
『フォーリン・アフェアーズ』誌 *Foreign Affairs*（journal） 146
フセイン，サダム Hussein, Saddam 4
ブッシュ，ジョージ・H. W. Bush, George H. W. 5
ブッシュ（ジョージ・W）政権 Bush (George W.) administration 2–6, 11, 13, 108
仏領インドシナ French Indochina 194
ブトロス＝ガーリ，ブトロス Boutros-Ghali, Boutros 1, 4
プラトン Plato 104
フランコ，フランシスコ Franco, Francisco 199, 213
フランス France 200
フリードマン，ヴォルフガング Friedmann, Wolfgang 132
ブール戦争 Boer War 17, 20, 34–35, 37–39, 52, 77, 82
ブレトン・ウッズ体制 Bretton Woods system 11
分割 segregation →人種 race
文化的ジェノサイド cultural genocide 140, 142, 153
文明化の使命 civilizing mission 22–23, 37, 39, 54–55, 58–59, 82, 85, 89, 92–95 →ヨーロッパ文明 European civilization →西洋文明 Western civilization

平和主義 pacifism 99
平和のための結集 Uniting for Peace 212
『平和への課題』（国連報告書）*Agenda for Peace*（UN） 2
ベヴィン，アーネスト Bevin, Ernest 105, 191, 199, 211
ペギング法（南アフリカ，1943 年） Pegging Act（South Africa, 1943） 173–174
ヘーゲルとヘーゲル主義 Hegel, G. W. F., and Hegelianism 23, 70, 80–81, 107, 122
ベチュアナランド Bechuanaland 56, 169
ペリクレス Pericles 74
ベルギー Belgium 51
ベルナドッテ伯，フォルケ Bernadotte, Folke 149
ベン＝グリオン，ダヴィド Ben Gurion, David 129, 144, 145, 150
ベンサム，ジェレミー Bentham, Jeremy 74

ホイットマン，ウォルト Whitman, Walt 70
『法の下自由な世界を創造する』*Forging a World of Liberty under Law* 108
ボウマン，イザイア Bowman, Isaiah 15, 119–120, 123, 128
ボーグワート，エリザベス Borgwardt, Elizabeth 148
保護する責任 responsibility to protect 215
ボース，スバス・チャンドラ Bose, Subhas Chandra 179–181, 183
ボスニア Bosnia 159
ホブソン，ジョン・アトキンソン Hobson, J. A. 36, 82–83, 84, 89
ホブハウス，レオナード Hobhouse, Leonard 35
ポーランド Poland 115–116, 126–131, 136, 145
ボルチモア会議 Biltmore conference（1942） 146
ポルトガル Portugal 51, 202–203
ボンデルスワルトの虐殺 Bondelzwaarts massacre 56
『ボンベイ・クロニクル』紙 *Bombay Chronicle*（newspaper） 177

マ 行

マイノリティ minorities:
——の移送 transfers of 26, 115, 119–121, 125–131, 143–153, 158
——の権利 rights of 20, 25–26, 89, 113–116, 124, 127–128, 131, 133, 139–140, 152–154, 157–158, 162, 188, 208, 210, 216
——の姿勢 attitudes of 176
国際連合と——UN and 139, 150–153, 157–159, 192 →ジェノサイド genocide →人種 race
『マイノリティ条約は失敗だったのか？』*Were the Minority Treaties a Failure?* 131
マクダーモット，マイケル McDermott, Michael 134
マクドナルド，ジェームズ MacDonald, James 117
マグレブ Maghreb 199
マーシャル，ジョージ Marshall, George 105
マーシャル・プラン Marshall Plan 106
マダガスカル Madagascar 129
マハフィー，ジョン「ギリシャ人は近代文明に何をもたらしたか」Mahaffy, John, *What Have the Greeks Done for Modern Civilization?* 77
マルクス主義 Marxism 174
マレー，ギルバート Murray, Gilbert 58, 83–84
満州 Manchuria 178

南アフリカ South Africa:
——と人種 and race 21, 37–38, 52–53, 57, 200
——と帝国 and empire 21, 52–60
——と南西アフリカ and South-West Africa 55–56, 60, 166
——におけるインド人 Indians in 27–28, 171–175, 185–192
アメリカと—— United States and 200 →スマッツ，ヤン Smuts, Jan
イギリスと—— Britain and 34, 39, 57–59, 166–169, 200
南ローデシア Southern Rhodesia 56
ミル，ジョン・スチュアート Mill, John Stuart 12
ミルナー，サー・アルフレッド Milner, Alfred 37–38, 45–46, 84, 172–173
民主的ナショナリズム democratic nationalism 36
民主的平和論 democratic peace theory 12

モイン卿 Moyne, Walter Guinness, Lord 129
モイン，サミュエル Moyn, Samuel 9
モーゲンソー，ハンス Morgenthau, Hans 10, 104, 131
モスクワ宣言 Moscow Declaration 18

モロッコ Morocco　157

ヤ 行

矢内原忠雄 Yanaihara Tadao　207

ユダヤ機関 Jewish Agency　129, 144, 149–150
ユダヤ人 Jews:
　——と国籍問題 and nationality issues　26, 115–116
　——とマイノリティの権利 and minority rights　115–116
　——に関する学問研究や主義主張 post Second World War scholarship and advocacy of　153
　——の再定住 resettlement of　116, 119–120, 125–131, 143–150
　国際連盟と——League of Nations and　115
　ナチズムと——Nazism and　26, 115, 129
ユダヤ人問題研究所（IJA） Institute for Jewish Affairs　124, 130
ユートピア思想 utopianism　6

幼稚園（キンダーガルテン） Kindergarten　37, 174
予防戦争 preemptive war　2
ヨーロッパ人権条約 European Convention on Human Rights　9
ヨーロッパ中心主義 Eurocentrism　128, 155, 180, 182
ヨーロッパにおける国連の役割の縮減 Europe, diminished UN role of　164
ヨーロッパの余剰人口 European overpopulation　118, 122
　——の移住 migrations of　122–123
　——の移送 transfers of　26, 115, 119–121, 124–131, 143–153, 158
　——の研究 studies of　118, 121–131
ヨーロッパ文明 European civilization　39, 55, 105, 132, 159, 194–197　→文明化の使命 civilizing mission　→西洋文明 Western civilization

四強大国 Big Four　182

ラ 行

『ライフ』誌 *Life*（magazine）　62
ラウンドテーブル Round Table　44, 83, 85
ラスク，ディーン Rusk, Dean　106, 212

理想主義 idealism　78, 84, 100–101
リップマン，ウォルター Lippmann, Walter　10
リー，トリグブ・ハルブダン Lie, Trygve　138
リビングストーン，リチャード『ギリシャ精神とわれわれにとっての意味』 Livingstone, Richard, *The Greek Genius and Its Meaning to Us*　77
リベラル／左翼 liberals/the Left:
　——と国連憲章前文 and preamble to UN Charter　67
　——と帝国主義 and imperialism　75–76
　——の幻滅 disillusionment of　20
　——の第二次大戦以前の分裂 pre-Second World War split among　105
　国際連合に対する見解 their views on the UN　10
　民主的平和論 democratic peace theory of　12
リベラルな「民主的平和論」のテーゼ liberal democratic peace thesis　12

ルイス，ウィリアム・ロジャー Louis, W. Roger　34
ルガード卿，フレデリック Lugard, Frederick　59
ルース，ヘンリー Luce, Henry　180
ルーマニア Romania　115
ルワンダ Rwanda　2, 159

冷戦 Cold War　1, 5, 104–105, 142, 192, 199, 201, 203, 210–211, 213
レーガン政権 Reagan administration　2, 213
レムキン，ラファエル Lemkin, Raphael　6,

20
——とジェノサイド and genocide　138–142, 158
——とマイノリティの権利 and minority rights　26, 133–142, 158–159
——の戦争体験 wartime experience of 134
『占領下ヨーロッパにおける枢軸国側の支配』*Axis Rule in Occupied Europe*　135
連邦 commonwealth:
——とナショナリズム，インターナショナリズムの問題 and nationalism-internationalism issue　38–39, 84, 206
——における分離の論争 dispute resolution in　186–187
——に関心をもつラウンドテーブル Round Table interest in　83–85
——の意識の統合 unifying character of　85, 95, 98, 200, 207
——の構想 concept of　22
——の失敗 failure of　216
古代ギリシャと—— ancient Greece and　76–79, 83–84
ジマーンと—— Zimmern and　83–86, 95
→イギリス帝国の道義的基盤 British Empire/morality grounded in　77–78
スマッツと—— Smuts and　34, 38–43
ネルーと—— Nehru and　182
連邦主義 confederalism　156
連邦主義 federalism　36, 38, 48, 103

ロシアン卿 Lothian, Philip Kerr, Lord　173
ロシア Russia　→ソ連 Union of Soviet Socialist Republics
ローズヴェルト，エレノア Roosevelt, Eleanor　6
ローズヴェルト，シオドア Roosevelt, Theodore　14
ローズヴェルト，フランクリン・デラノ Roosevelt, Franklin Delano　6, 14, 18, 61, 66, 104, 118–120, 129, 148, 163, 165, 180
ローターパクト，ハーシュ Lauterpacht, Hersch　*14* 註＊37
ロビンソン，ジェイコブ（ヤコブ） Robinson, Jacob　130

ワ 行

ワイズ，スティーヴン・サミュエル Wise, Stephen　144, 146
ワイツ，ジョゼフ Weitz, Yosef　150

原　註

細かな誤りは訳者によって訂正してあるが、
補いとしての訳者の註は〔　　〕に入れた。

序 章

＊1. B. Boutros-Ghali, "Empowering the United Nations," *Foreign Affairs* 71: 6 (winter 1992–93): 89–102. また次の論文と報告書も参照。Bruce Russett and James S. Sutterlin, "The UN in a New World Order," *Foreign Affairs* 70: 2 (spring 1991): 69–83. 及び "An Agenda for Peace: Preventive Diplomacy, Peacemaking, and Peace-keeping," Report of the Secretary-General Pursuant to the Statement Adopted by the Summit Meeting of the Security Council on 31 January 1992, UN document A/47/277-S/24111, 17 June 1992.

＊2. 全体的な改革論議についての洞察力に満ちた批判的分析を知るためには次を参照。Hans-Martin Jaeger, "UN Reform, Biopolitics, and Global Governmentality,"（未刊行論文）〔結局2010年3月号の *International Theory* 紙に発表された〕イェーガー教授には論文を閲覧させていただいたことに感謝したい。

＊3. 出発点の一つとして次を参照。G. John Ikenberry and Anne-Marie Slaughter, *Forging a World of Liberty under the Law: U. S. National Security in the 21st Century, Final Report of the Princeton Project on National Security* (Princeton, 2006). そのなかに "Charter for a Concert of Democracies" の草稿が含まれている。〔Concert of Democracies または League of Democracies は、2004年に唱えられた。上にあるように、2006年には、G. John Ikenberry と Anne-Marie Slaughter も *Final Report of the Princeton Project on National Security* に「憲章」を付した。ちなみに、既存の政府間組織としては、Community of Democracies（2000年から。外務省は「民主主義共同体」と呼んでいる。日本も加盟27ヶ国に含まれる）がある〕「民主主義的平和」についての文献の嚆矢としては次が挙げられる。Michael Doyle, "Kant, Liberal Legacies, and Foreign Affairs," *Philosophy and Public Affairs* 12: 3 (summer 1983): 205–35; and 12:4 (October 1983): 325–53. また、次も参照。Michael Doyle, "Three Pillars of the Liberal Peace," *American Political Science Review* 99: 3 (August 2005): 463–66.

＊4. Michael J. Glennon, "Why the Security Council Failed," *Foreign Affairs* 82: 3 (May/June 2003) 及び Alexandru Grigorescu, "Mapping the UN-League of Nations Analogy: Are There Still Lessons to Be Learned from the League?" *Global Governance* 11 (2005): 25–42.

＊5. 次を参照。Akira Iriye, *Global Community: The Role of International Organizations in the Making of the Modern World* (California, 2002). インターナショ

ナリズムの観念を歴史の文脈に置く点では、偏りはあるとはいえ簡潔なものとして次を参照。Perry Anderson, "Internationalism: A Breviary," *New Left Review* 14（Mar.-Apr. 2002）.

＊6. 例外としては次の2つが傑出している。Robert Hilderbrand, *Dumbarton Oaks: The Origins of the United Nations and the Search for Postwar Security*（Chapel Hill, 1990）及び Brian Urquhart, *Ralph Bunche: An American Life*（New York, 1993）. 歴史的関心が新たに首をもたげる兆しとなったものとしては次を参照。Sunil Amrith and Glenda Sluga, "New Histories of the United Nations," *Journal of World History* 19: 3（Sept. 2008）: 251–74 及び同論文に続く同号掲載の複数論文。

＊7. J. Winter, *Dreams of Peace and Freedom: Utopian Moments in the 20th Century*（New Haven, 2006）, 1. この流れにあるものとしては次のような6冊の研究書が挙げられる。1）Stephen Schlesinger, *Act of Creation: The Founding of the United Nations*（New York, 2003）, 2）M. A. Glendon, *A World Made New: Eleanor Roosevelt and the Universal Declaration of Human Rights*（New York, 2001）, 3）Elizabeth Borgwardt, *A New Deal for the World: America's Vision for Human Rights*（Cambridge, MA, 2005）, 4）Paul Kennedy, *The Parliament of Man: The Past, Present, and Future of the United Nations*（New York, 2006）, 5）Samantha Power, *A Problem from Hell: America and the Age of Genocide*（New York, 2002）, 6）John Cooper, *Raphael Lemkin and the Struggle for the Genocide Convention*（London, 2008）. The UN Intellectual History Project は、質の点ではばらつきがあるとはいえ、〔原著刊行次点までで〕9巻を数える。おそらく最良のものは次の2冊であろう。John Toye and Robert Toye, eds., *The UN and Global Political Economy: Trade, Finance, and Development*（Indiana, 2004）及び Roger Normand and Sarah Zaidi, eds., *Human Rights at the UN: The Political History of Universal Justice*（Indiana, 2008）.

＊8. P. A. Reynolds and E. J. Hughes, eds., *The Historian as Diplomat: Charles Kingsley Webster and the United Nations, 1939–1946*（London, 1976）, 69–71 及び Kirsten Sellars, *The Rise and Rise of Human Rights*（Stroud, Gloucestershire, UK, 2002）, 8–10.

＊9. Samuel Moyn, "On the Genealogy of Morals," *The Nation*（16 April 2007）及び A. Brian Simpson, *Human Rights and the End of Empire: Britain and the Genesis of the European Convention*（Oxford, 2001）及び Mark Mazower, "The Strange Triumph of Human Rights: 1933–1950," *Historical Journal* 47: 2（2004）: 379–98. 20世紀における人権運動の歴史はまた、2008年のベルリンの社会科学研究センターでのコンファレンスの主題ともなっていた。その報告は次のウェブサイトで読むことができる。http://hsozkult.geschichte.hu-berlin.de/tagungsberichte/id=2208&count=122&recno=8&sort=datum&order=down&geschichte=79.

＊10. その分野の内部から出現した最近の仮借ない批評としては次を参照。R. N. LeBow, *A Cultural Theory of International Relations*（Cambridge, 2008）.

同書は、おそらく古代ギリシャ人によって最初に明瞭に表現された恒久的な文化的・心理的価値観に基づいた新たなきわめて特異な枠組みを提示する前に、この辺りの欠点につき辛辣な分析を行っている。こうした枠組み＝理論は批評よりもずっと価値の乏しいものである。国際関係論の部外者なら、そのことこそが、なにより問題なのはこの領域において「理論」、「理論」と探し求めることにあるのを示している、そう感じるのではないか。1945年以降のアメリカの社会科学のいまだ研究不足な歴史を探索したい者には次が必須である。Philip Mirowski, *Machine Dreams: Economics Becomes a Cyborg Science*（Cambridge, 2002）. また、次も参照。Donald Green and Ian Shapiro, *Pathologies of Rational Choice Theory: A Critique of Applications in Political Science*（New Haven, 1994）.

＊11. 1）Nicolas Guilhot, "The Realist Gambit: Postwar American Political Science and the Birth of IR Theory," *International Political Sociology* 2: 4（Dec. 2008）: 281–304. 2）George Kennan, *Memoirs, 1925–1950*（New York, 1967）の pp. 229–32 にある Kennan のコメント。3）J. G. Ruggie, *Constructing the World Polity: Essays on International Institutionalization*（London, 1998）, 212–13. また次の書評も参照。4）Perry Anderson, "Our Man,"（a review of James Traub, *The Best of Intentions: Kofi Annan and the UN in the Era of American World Power* and Stanley Meisler, *Kofi Annan: A Man of Peace in a World of War*）*London Review of Books*（10 May 2007）. 理由を知るうえでの諸問題について洞察力に富んだコメントを求めるなら同一書に所収の次の2編の論文を参照〔5）, 6）のうち5）は序論代わりの論文である〕。5）J. G. Ruggie, *Constructing the World Polity: Essays on International Institutionalization*（London, 1998）と6）Peter Wilson, "*The Twenty Years' Crisis* and the Category of 'Idealism' in International Relations," in *Thinkers of the Twenty Years' Crisis: Interwar Idealism Revisited*, eds. David Long and Peter Wilson（Oxford, 1995）, 1–25. 第二次世界大戦後10年、20年という間の国際機構の分析におけるイニス・クロード（Inis Claude）のような政治学者の役割をむろん軽視したくはないものだが、彼らが国際関係論に与えた影響はわずかであった〔イニス・クロードの著作は註の「第3章＊1」でも紹介されている〕。

＊12. G. John Ikenberry による次の2つの研究書を参照。*After Victory: Institutions, Strategic Restraint, and the Rebuilding of Order after Major Wars*（Princeton, 2001）及び *Liberal Order and Imperial Ambition*（London, 2006）. 国連への懐疑を明記しているものとして、たとえば次を参照。G. John Ikenberry and Anne-Marie Slaughter, *Forging a World of Liberty*. Slaughter は "The Real New World Order," *Foreign Affairs* 76: 5（Sept-Oct. 1997）: 183–98. を著していたし、*A New World Order*（Princeton, 2004）においてさらに議論を深めていた。

＊13. G. John Ikenberry, "Illusions of Empire: Defining the New American Order," *Foreign Affairs* 83: 2（Mar.-Apr. 2004）: 144–55.「民主的平和論」の知的な

系譜への批評は次に見出せるであろう。Beate Jahn, "Classical Smoke, Classical Mirror: Kant and Mill in Liberal International Relations Theory," in *Classical Theory in International Relations,* ed. Jahn（Cambridge, 2006）, 178–207.「近代的なるものに至る一つの道」については次を参照。Daniel Deudney and G. John Ikenberry, "The Myth of the Autocratic Revival: Why Liberal Democracy Will Prevail," *Foreign Affairs* 88:1（Jan/Feb 2009）: 77–94. 多国間主義と民主主義の両立については次を参照。Robert Keohane, Steven Macedo, and Andrew Moravcsik, "Democracy-enhancing Multilateralism," *International Organization* 63（winter 2009）: 1–31.

＊14. G. John Ikenberry, T. J. Knock, Anne-Marie Slaughter, and T. Smith, *The Crisis of American Foreign Policy: Wilsonianism in the Twenty First Century*（Princeton, 2009）.

＊15. 次を参照。A. Smith, *America's Mission: The United States and the Worldwide Struggle for Democracy*（Princeton, 1994）, chapters 1–4. また、Erez Manela, *The Wilsonian Moment: Self-Determination and the International Origins of Anticolonial Nationalism*（Oxford, 2007）は、ウッドロウ・ウィルソンと彼のメッセージへの国際的な信頼が高まり、そして急速に萎んでいったさまを、記録をつけるように描き出している。

＊16. 1）Clark Eichelberger, *Organizing for Peace: A Personal History of the Founding of the United Nations*（London, 1977）. 2）Andrew Williams, *Failed Imagination? New World Orders of the Twentieth Century*（Manchester, 1998）のなかで、ダレスについては p. 96, チャタムハウス（本文 99 頁に出てくる「王立国際問題研究所」）・グループについては pp. 130–31、国務省については pp. 189–91 を参照。3）P. A. Reynolds and E. J. Hughes, eds., *Historian as Diplomat,* 28–29. 4）D. C. Watt, "Every War Must End: Wartime Planning for Postwar Security in Britain and America in the Wars of 1914–1918 and 1939–1945: The Role of Historical Example and of Professional Historians," *Transactions of the Royal Historical Society* 28（1978）: 159–73. のなかで D. C. Watt は 1918 年–19 年と 1939 年–45 年のイギリス側の政策立案者に見られる継続性について、すでに述べている。5）Nicholas Mansergh, *Survey of British Commonwealth Affairs*（Oxford, 1958）, 308. 6）E. J. Hughes, "Winston Churchill and the Formation of the United Nations Organization," *Journal of Contemporary History* 9: 4（Oct. 1974）: 177–94. のなかで、基本的に親国際連盟的態度と結びついた、チャーチルの〔新しい国際機構〕支持の欠如について分析されている。

＊17. *New York Times* 紙記事は Robert Divine, *Second Chance: The Triumph of Internationalism in America during World War II*（New York, 1971）, 228. に引用されている。

＊18. Ruth B. Russell, *A History of the United Nations Charter: The Role of the United States, 1940–1945*（Washington, DC, 1958）, 195. 及び Maurice Hankey, *Diplomacy by Conference: Studies in Public Affairs, 1920–1946*（London, 1946）, 121.

概説として次を参照。A. Grigorescu, "Mapping the UN-League of Nations Analogy: Are There Still Lessons to Be Learned from the League?" *Global Governance* 11（2005）: 25–42.

＊19. R. B. Russell, *A History of the United Nations Charter* 及び Harley A. Notter, *Postwar Foreign Policy Preparation, 1939–1945*（Washington, 1949）.

＊20. W. E. B. DuBois, "Prospects of a World without Race Conflict," *American Journal of Sociology* 49: 5（March 1944）: 450.

＊21. スティムソンの表現については A. Williams, *Failed Imagination? New World Orders of the Twentieth Century*, 84. に引用されている。

＊22. Vincenzo Pavone, *From the Labyrinth of the World to the Paradise of the Heart: Science and Humanism in UNESCO's Approach to Globalization*（Lanham, MD, 2008）, 71–72.

＊23. P. A. Reynolds and E. J. Hughes, eds., *Historian as Diplomat*, 68.

＊24. 次を参照。H. McKinnon Wood, "Notes on the Question of Domestic Jurisdiction under the Charter of the United Nations," *British Documents on Foreign Affairs*, series IV: M: 2（1946）（Bethesda, MD, 2002）, 281–83.

第1章　ヤン・スマッツと帝国主義的インターナショナリズム

＊1. *Documents of the UN Conference on International Organization*（London, 1945）, I, 420–26.

＊2. J. A. Hobson, "The Scientific Basis of Imperialism," *Political Science Quarterly* 17: 3（Sept. 1902）: 489 及び D. Bell, "Democracy and Empire: Hobson, Hobhouse, and the Crisis of Liberalism" in *British International Thinkers from Thomas Hobbes to Lewis Namier,* eds. Ian Hall and Lisa Hill（Basingstoke, UK, 2009）.

＊3. 1880年代以降世紀末までの運動については次を参照。Duncan J. Bell, *The Idea of Greater Britain: Empire and the Future of World Order, 1860–1900*（Cambridge, 2008）.

＊4. S. Dubow, "Colonial Nationalism, the Milner Kindergarten, and the Rise of South Africanism, 1902–1910," *History Workshop Journal* 43（1997）: 53–85. ミルナーの「幼稚園（キンダーガルテン）」などの背景を知るためには次の2冊を参照。J. E. Kendle, *The Round Table and Imperial Union*（Toronto, 1975）及び W. Nimocks, *Milner's Young Men: The "Kindergarten" in Edwardian Imperial Affairs*（Durham, NC, 1968）.

＊5. M. Lake and H. Reynolds, *Drawing the Global Colour Line: White Men's Countries and the International Challenge of Racial Equality*（Cambridge, 2008）.

＊6. J. Smuts, *Wartime Speeches: A Compilation of Public Utterances in Great Britain*（New York, 1917）, vi.

＊7. W. K. Hancock, *Smuts: The Sanguine Years, 1870–1919*（Cambridge, 1962）, 1: 198.

＊8. P. Anker, *Imperial Ecology: Environmental Order in the British Empire, 1895–1945*（Cambridge, MA, 2001）, 46–47 及び Hancock, *Smuts: Sanguine Years*, 1: 428–31

及び W. K. Hancock and J. van der Poel, eds., *Selections from the Smuts Papers* (Cambridge, 1973), 5: 111.

＊9. Hancock, *Sanguine Years,* 1: 431–38, 500.

＊10. Ibid., 1: 467.

＊11. Ibid., 1: 501.

＊12. G. W. Egerton, *Great Britain and the Creation of the League of Nations* (Chapel Hill, 1978), 421.

＊13. レナード・ウルフについては次を参照。Peter Wilson, *The International Theory of Leonard Woolf: A Study in Twentieth-Century Idealism* (Basingstoke, UK, 2003), chaps. 3–4.

＊14. J. Smuts, *The League of Nations: A Practical Suggestion* (London, 1918) 及び P. Yearwood, "'On the Safe and Right Lines': The Lloyd George Government and the Origins of the League of Nations, 1916–1918," *Historical Journal* 32: 1 (March 1989): 131–55, 151.

＊15. G. Egerton, *Great Britain and the Creation of the League of Nations* (Chapel Hill, 1978), 103–7 及び P. Raffo, "The Anglo-American Preliminary Negotiations for a League of Nations," *Journal of Contemporary History,* 9: 4 (Oct. 1974): 153–76.

＊16. George Curry, "Woodrow Wilson, Jan Smuts, and the Versailles Settlement," *American Historical Review* 66: 4 (July 1961): 968–86.

＊17. 規範となる研究書として次がある。T. Knock, *To End All Wars: Woodrow Wilson and the Quest for a New World Order* (Oxford, 1992).

＊18. V. H. Rothwell, *British War Aims and Peace Diplomacy, 1914–1918* (Oxford, 1971), 212.

＊19. Egerton, *Great Britain and the Creation,* 118. また次も参照。Knock, *To End All Wars*, 201–7.

＊20. Kendle, *Round Table*, 256–57 及び W. Roger Louis, "The Repartition of Africa" and "The United States and the Colonial Settlement of 1919," reprinted in W. Roger Louis, *Ends of British Imperialism* (London, 2006), 205–25, 225–51 及び Knock, *To End All Wars*, 214–16.

＊21. E. Haas, "The Reconciliation of Conflicting Colonial Policy Aims: Acceptance of the League of Nations Mandate System," *International Organization* 6: 4 (Nov. 1952): 321–36.

＊22. Louis, "Repartition of Africa," 208.

＊23. Louis, *Ends of British Imperialism,* 198–99. 及び Hancock, *Sanguine Years,* 1: 507.

＊24. Smuts, *Wartime Speeches* (New York, 1917), 75.

＊25. Ibid., 77.

＊26. W. K. Hancock, *Smuts: The Fields of Force, 1919–1950* (Cambridge, 1968), 2: 56–57.

＊27. L. Stoddard, *The Rising Tide of Color against White World Supremacy* (New

York, 1922), 1–6.

＊28. Ibid., 89. ストッタードの〔トルコや日本など〕アジア人読者に与えた影響については次を参照。Aydin, *The Politics of Anti-Westernism in Asia* (New York, 2007), 150.

＊29. R. Hyam, *The Failure of South African Expansion, 1908–1948* (New York, 1972), chap. 1 及び Louis, *Ends of British Imperialism*, 109 及び Hancock, *Sanguine Years*, 1: 223, 189.

＊30. 1) T.H.R. Davenport, *South Africa: A Modern History* (London, 1977), 233–35, 252–53. 2) Hancock, *Fields of Force*, 2: 117. 3) Robert M. Maxon, "The Devonshire Declaration: The Myth of Missionary Intervention," *History in Africa* 18 (1991): 259–71. 4) S. Dubow, *Racial Segregation and the Origins of Apartheid in South Africa, 1919–1936* (London, 1989), 4.

＊31. Hancock, *Sanguine Years,* 1: 284 及び Hancock and van der Poel, eds., *Smuts Papers,* 5: 35.

＊32. Donald Birn, *The League of Nations Union, 1918–1945* (Oxford, 1981), 123.

＊33. Anker, *Imperial Ecology* 及び Jeanne Morefield, *Covenants without Swords: Idealist Liberalism and the Spirit of Empire* (Princeton, 2005), chap. 3 及び Hancock and van der Poel, eds., *Smuts Papers,* 5: 439.

＊34. Hancock and van der Poel, eds., *Smuts Papers,* 5: 511.

＊35. W. Roger Louis, *Imperialism at Bay: The United States and the Decolonization of the British Empire, 1941–1945* (Oxford, 1978), 318 及び Hyam, *Failure of South African Expansion,* 198.

＊36. Hyam, *Failure of South African Expansion,* 191.

＊37. Hancock, *Sanguine Years,* 1: 371 及び Hancock and van der Poel, eds., *Smuts Papers,* 6: 331–43.

＊38. Hancock and van der Poel, eds., *Smuts Papers,* 6: 456–69 及び S. Gish, *Alfred B. Xuma: African, American, South African* (New York, 2000), 121–27 及び Louis, *Imperialism at Bay*, 106, 172, 219, 337–42.

＊39. Smuts, *Toward a Better World* (New York, 1944), 233, 245 及び Hancock and van der Poel, eds., *Smuts Papers*, 6: 269–74.

＊40. 議論の生々しい叙述は、〔国際連盟協会や CSOP の長であった〕クラーク・アイケルバーガーの次の著作に見られる。Clark Eichelberger, *Organizing for Peace: A Personal History of the Founding of the United Nations* (London, 1977). この観点から見た国際機構については次を参照。R. Hillmann, "Quincy Wright and the Commission to Study the Organization of the Peace," *Global Governance* 4: 4 (Oct-Dec 1998). レオ・アメリーについては次を参照。C. Brewin, "Arnold Toynbee, Chatham House, and Research in a Global Context," in *Thinkers of the Twenty Years' Crisis: Interwar Idealism Revisited,* ed. D. Long and P. Wilson (Oxford, 1991), 291.

＊41. R. C. Hilderbrand, *Dumbarton Oaks: The Origins of the United Nations and the Search for Postwar Security* (Chapel Hill, 1990), 226–27. 大要を知るには次を

参照。R. B. Russell, *A History of the United Nations Charter: The Role of the United States, 1940–1945*（Washington, DC, 1958）. チャーチルについては次を参照。E. J. Hughes, "Winston Churchill and the Formation of the United Nations Organization," *Journal of Contemporary History* 9: 4（Oct. 1974）: 190.

＊42. R. B. Russell, *A History of the United Nations Charter*, 43.

＊43. P. A. Reynolds and E. J. Hughes, *The Historian as Diplomat: Charles Kingsley Webster and the United Nations, 1939–1946*（London, 1976）, 57.

＊44. T. Hoopes and D. Brinkley, *FDR and the Creation of the United Nations*（New Haven, 1997）, 204.

＊45. H. Aptheker, ed., *Correspondence of W. E. B. DuBois: Selections, 1944–1963*（Amherst, MA, 1997）, 24–25, 39.

＊46. *Documents of the UNCIO*（New York, 1945）, 1: 233–34, 710–11 及び M. Sherwood, "There is No New Deal for the Blackman in San Francisco: African Attempts to Influence the Founding Conference of the United Nations, April-June 1945," *International Journal of African Historical Studies,* 29:1（1996）: 90–93. 国連と植民地については次を参照。R. B. Russell, *A History of the United Nations Charter,* 808–24. 及び R. Normand and S. Zaidi, eds., *Human Rights at the UN: The Political History of Universal Justice*（Indiana, 2008）, 127–35. 及び P. Orders, "Adjusting to a New Period in World History: Franklin Roosevelt and European Colonialism," and V. Pungong, "The US and the International Trusteeship System," in *The US and Decolonisation,* eds. M. Ryan and V. Pungong（New York, 2000）, 63–84, 85–101.

＊47. Reynolds and Hughes, *Historian as Diplomat,* 69–71.

＊48. S. Dubow, "Smuts, the United Nations and the Rhetoric of Race and Rights," *Journal of Contemporary History* 43: 1（2008）: 43–72, esp. 56–57.

＊49. W. K. Hancock, *Sanguine Years,* 1: 55–56. 背景を知るためには次を参照。Louis, *Imperialism at Bay,* chap. 34.

第2章　アルフレッド・ジマーンと自由の帝国

＊1. アルフレッド・ジマーンについては次を参照。D. J. Markwell, "Sir Alfred Zimmern Revisited: Fifty Years On," *Review of International Studies* 12（1986）: 279–92. 及び J. Morefield, *Covenants without Swords: Idealist Imperialism and the Spirit of Empire*（Princeton, 2005）及び P. Rich, "Alfred Zimmern's Cautious Idealism: The League of Nations, International Education and the Commonwealth," in *Thinkers of the Twenty Years' Crisis: Interwar Idealism Reconsidered,* eds. D. Long and P. Wilson（Oxford, 1995）, 79–100. 次の研究書と論文は有益な見解をもたらしてくれる。Polly Low, *Interstate Relations in Classical Greece: Morality and Power*（Cambridge, 2007）及び Frank Trentmann, "After the Nation-State: Citizenship, Empire, and Global Coordination in the New Internationalism, 1914–1930," in *Beyond Sovereignty: Britain, Empire and Transnationalism, c1880–1950,* eds. K. Grant, P. Levine, and F. Trentmann（New York,

2007), 34–54.

* 2. A. Zimmern, *The Greek Commonwealth: Politics and Economics in Fifth Century Athens* (New York, 1961 [1911]), 19–20. 次も参照。Julia Stapleton, "The Classicist as Liberal Intellectual: Gilbert Murray and Alfred Eckhard Zimmern," in *Gilbert Murray Reassessed: Hellenism, Theatre, and International Politics,* ed. C. Stray (Oxford, 2007), 261–93.
* 3. A. Zimmern, *The Greek Commonwealth,* 191–96.
* 4. 優れた研究書 J. Morefield, *Covenants without Swords,* 68–73 のなかにすばらしい議論が見られる。背景を知るには次を参照。Sandra M. Den Otter, *British Idealism and Social Explanation* (Oxford, 1996) 及び Frank Turner, *The Greek Heritage in Victorian Britain* (New Haven, 1981), 366–67. 及び M. Richter, *The Politics of Conscience: T. H. Green and His Age* (Cambridge, MA, 1964). ちなみに、J. H. Muirhead, *Chapters from Aristotle's Ethics* (Oxford, 1900) のなかにこうある。「個人にとっての善は、その者が一部をなすところの全体にとっての善とけっして切り離されてはならない――政治としての倫理」。
* 5. R. L. Nettleship, *Memoir of Thomas Hill Green* (London, 1906), 238 に引用されている。次のものも参照。D. Bell and C. Sylvest, "International Society in Victorian Political Thought: T. H. Green, Herbert Spencer, and Henry Sidgwick," *Modern Intellectual History* 3: 2 (2006): 207–38.
* 6. John A. Hobson, *Imperialism, A Study* (London, 1902), chap. 4. オクスフォード大学のなかでの帝国への姿勢の変容を知るには次を参照。R. Symonds, *Oxford and Empire: The Last Lost Cause?* (Basingstoke, UK, 1986).
* 7. G. Murray, "The Exploitation of Inferior Races in Ancient and Modern Times," in *Liberalism and the Empire,* eds. F. Hirst, G. Murray, and J. L. Hammond (London, 1900), 118–57.
* 8. D. Gorman, "Lionel Curtis, Imperial Citizenship, and the Quest for Unity," *The Historian* 66 (2004): 67–96.
* 9. 次を参照。J. E. Kendle, *The Round Table Movement and Imperial Union* (Toronto, 1975), 171–73. 精緻で詳細な分析は次のものに見られる。J. Morefield, "'An Education to Greece': The Round Table, Imperial Theory and the Uses of History," *History of Political Thought* 28: 2 (2007): 328–61.
* 10. Stray, ed., *Gilbert Murray,* 12–13. 及び Peter Wilson, *The International Theory of Leonard Woolf: A Study in Twentieth-Century Idealism* (Basingstoke, UK, 2003), 44–51.
* 11. G. K. Peatling, "Globalism, Hegemonism, and British Power: J. A. Hobson and Alfred Zimmern Reconsidered," *History* 89: 295 (2004): 381–98. 及び J. Morefield, *Covenants without Sword,* 145–46. 及び Kendle, *The Round Table Movement,* 224–27. (最後のものはインドについて).
* 12. Kendle, *The Round Table Movement,* 253. 及び A. Zimmern, *Nationality and Government* (New York, 1918), 355.

* 13. Knock, *To End All Wars*, 3. アイデアを聞かせてくれたスチーブン・ワータイムに感謝する。
* 14. 次を参照。A. Sharp, "Some Relevant Historians-The Political Intelligence Department of the Foreign Office, 1918–1920," *Australian Journal of Politics and History* 34: 3（1989）: 359–68.
* 15. A. Zimmern, *The League of Nations and the Rule of Law*, 1918–1935（London, 1936）, 160–78.
* 16. 関連して、A. Zimmern, *Nationality & Government: With Other Wartime Essays*（New York, 1918）に発表した複数の論文。
* 17. Ibid., 193–211.
* 18. Kendle, *The Round Table Movement*, 255.
* 19. H. G. ウェルズの考え方を知るには次を参照。J. S. Partington, *Building Cosmopolis: The Political Thought of H. G. Wells*（London, 2003）.
* 20. Peter Yearwood, "'On the Safe and Right Lines': The Lloyd George Government and the Origins of the League of Nations, 1916–1918," *Historical Journal* 32: 1（March 1989）: 131–55. 及び Paul Rich, "Alfred Zimmern's Cautious Idealism: The League of Nations, International Education, and the Commonwealth," in *Thinkers of the Twenty Years' Crisis*, 79–100.
* 21. Kendle, *The Round Table Movement*, 256.
* 22. Peatling, "Globalism, Hegemonism, and British Power: J. A. Hobson and Alfred Zimmern Reconsidered," 391.
* 23. J. Stapleton, "The Classicist as Liberal Intellectual: Gilbert Murray and Alfred Eckhard Zimmern," 281.
* 24. A. Zimmern, *Europe in Convalescence*（New York, 1922）, 214–19.
* 25. A ndreas Osiander, "Rereading Early Twentieth-Century IR Theory: Idealism Revisited," *International Studies Quarterly* 42: 3（1998）: 419.
* 26. A. Zimmern, *The League of Nations and the Rule of Law*, 1918–1935（London, 1936）, 278.
* 27. J. Darwin, "A Third British Empire? The Dominion Idea in Imperial Politics," *Oxford History of the British Empire*（Oxford, 1998）, 69–72.
* 28. A. Zimmern, *The Third British Empire: Being a Course of Lecture Delivered at Columbia University, New York*（London, 1926）.
* 29. Ibid., 60–92.
* 30. J. Coatman, review of Zimmern, *The Third British Empire*, 3d ed.（1934）, *International Affairs* 14: 3（May-June 1935）, 419–20.
* 31. A. Osiander, "Rereading Early Twentieth-Century IR Theory," 409–32.
* 32. I. Parmar, "Anglo-American Elites in the Interwar Years: Idealism and Power in the Intellectual Roots of Chatham House and the Council on Foreign Relations," *International Relations* 16: 1（Apr. 2002）, 53–75.「戦争が不合理であることを学ばせる」一例として次の啓蒙的著作を参照。A. Zimmern, ed., *University Teaching of International Relations: A Record of the Eleventh Session of the*

International Studies Conference, Prague 1938（Paris, 1939）.

＊33. P. Wilson, "The Myth of the First Great Debate," *Review of International Studies* 24: 5（1998）: 1–15. 及び J. Quirk and D. Vigneswaran, "The Construction of an Edifice: The Story of a First Great Debate," *Review of International Studies*（2005）31: 89–107. 及び R. Rich, "Reinventing Peace: David Davies, Alfred Zimmern, and Liberal Internationalism in Interwar Britain," *International Relations* 16（2002）: 117–33.

＊34. H. De Capello, "The Creation of the United Nations Educational, Scientific, and Cultural Organization," *International Organization* 24: 1（winter 1970）: 1–30. 及び F. R. Cowell, "Planning the Organization of UNESCO, 1942–1946: A Personal Record," *Journal of World History* 10（1966）: 210–56.

＊35. A. Zimmern. "Athens and America," *Classical Journal* 43: 1（Oct. 1947）: 3–11 及び "Our Greek Augustan Age," *Classical Journal* 46: 7（Apr. 1951）: 325–54 及び *The American Road to World Peace*（New York, 1953）.

＊36. J. Quirk and D. Vigneswaran, "The Construction of an Edifice."

＊37. この辺りについての先行的な考察をいくらか知るためには著者による次の２つを参照。"'An International Civilization'? Empire, Internationalism, and the Crisis of the Mid-20th Century," *International Affairs* 82: 3（2006）: 553–66. 及び "Paved Intentions: Civilization and Imperialism," *World Affairs*（fall 2008）.

＊38. T. W. Zeiler, *Dean Rusk: Defending the American Mission Abroad*（Wilmington, DE, 2000）, 26–27 及び Paul Rich, "Alfred Zimmern's Cautious Internationalism: The League of Nations, International Education, and the Commonwealth," in *Thinkers of the Twenty Years' Crisis,* 79–100.

＊39. John Henry II and William Espinosa, "The Tragedy of Dean Rusk," *Foreign Policy* 8（autumn 1972）: 166–89.

＊40. A. Zimmern による論文と著作。"Athens and America" 及び *The American Road to World Peace*（New York, 1953）, 241.

＊41. J. Morefield, *Covenants without Swords,* 225. に引用されている。彼女の次の論文も参照。"Empire, Tragedy, and the Liberal State in the Writings of Niall Ferguson and Michael Ignatieff," *Theory and Event* 11: 3（2008）.

＊42. Anne-Marie Slaughter, "America's Edge: Power in the Networked Century," *Foreign Affairs*（Jan-Feb. 2009）.

第３章　民族、難民、領土　ユダヤ人とナチス新体制の教訓

＊1. Mark Levene による論文と著作。"Nationalism and its Alternatives in the International Arena: The Jewish Question at Paris, 1919," *Journal of Contemporary History* 28（1993）: 511–31 及び *War, Jews, and the New Europe: The Diplomacy of Lucien Wolf,* 1914–1919（Oxford, 1992）. 古典的な著作として Inis Claude, *National Minorities: An International Problem*（Cambridge, MA, 1955）がある。

＊2. Louise W. Holborn, "The Legal Status of Political Refugees, 1920–1938," *Ameri-*

can Journal of International Law 32: 4（Oct. 1938）: 680–703. 及び Claudena Skran, *Refugees in Interwar Europe: The Emergence of a Regime*（Oxford, 1995）

＊3. 戦時中陽の当たらぬ存在であった政府間委員会（IGC）であったが、戦後の国際難民機関〔IRO、1946 年創設の国連の専門機関で、1951 年に UNHCR（国連難民高等弁務官事務所）に機能が継承された〕の創設に一役買うことになる。"Intergovernmental Committee on Refugees," *International Organization* 1: 1（Feb. 1947）: 144–45.

＊4. Neil Smith, *American Empire: Roosevelt's Geographer and the Prelude to Globalization*（California, 2004）, 295–56. 及び Rafael Medoff, *Zionism and the Arabs: An American Jewish Dilemma, 1898–1948*（London, 1997）, 85. 次も参照。Alison Bashford, "Population, Geopolitics and International Organizations in the Mid Twentieth Century," *Journal of World History* 19: 3（Sept. 2008）: 327–48.

＊5. Henry Field, *"M" Project for FDR: Studies in Migration and Settlement*（Ann Arbor, 1962）, 1–3. 及び R. Medoff, *Zionism and the Arabs,* 86.

＊6. R. Medoff, *Zionism and the Arabs,* 127–39.

＊7. 簡潔な伝記としては次を参照。"Eugene Kulischer," *Population Index* 22: 2（Apr. 1956）: 100.

＊8. Eugene Kulischer, *Europe on the Move,* 25, 242–46, 324–25. 及び E. Kulischer and A. J. Jaffe, "Notes on the Population Theory of Eugene M. Kulischer," *Milbank Memorial Fund Quarterly* 40: 2（Apr. 1962）: 187–206. また、E. Kulischer, *Jewish Migration-Past Experience and Postwar Prospects*（New York, 1943）も参照。

＊9. シェクトマンのそれ以前の出版物には次のようなテーマの研究書が含まれていた。ユダヤ人自治、ロシア内戦期の反ユダヤ人暴力、中東における彼呼ぶところの「ユダヤ人のイレデンタ」。〔イレデンタは、「未回収のイタリア」（Italia irredenta）に倣った表現である〕。

＊10. Joseph Schechtman, *European Population Transfers, 1939–1945*（New York, 1946）, 451–52, 454. プリンストン大学の人口統計学者 Irene Taeuber の「反移送」の主張である "Population Displacements in Europe," *Annals of the American Academy of Political and Social Science* 234（July 1944）: 1–12. も参照のこと。

＊11. J. Schechtman and Y. Benari, *History of the Revisionist Movement,* vol. 1（1925–30）（Tel Aviv, 1970）.〔vol.1 は、1930 年代に入るまでを扱っているが、vol. 2 以降は出版されなかった。シェクトマンは 1970 年に没した〕。

＊12. Laurence Weinbaum, *A Marriage of Convenience: The New Zionist Organization and the Polish Government, 1936–1939*（Boulder, CO, 1993）, chap. 8, 178.

＊13. Howard Rosenblum, "Promoting an International Conference to Solve the Jewish Problem: The New Zionist Organization's Alliance with Poland, 1938–1939," *Slavonic and East European Review* 69: 3（July 1991）: 478–501. 及び J. Schechtman, *Fighter and Prophet: The Vladimir Jabotinsky Story,* vol. 2, *The Last Years*（New York, 1961）, esp. 337.

＊14. V. Jabotinsky, *The Jewish War Front*（London, 1940）, 28, 87, 187, 212.

＊15. J. Schechtman, *Fighter and Prophet,* 2: 352–53.

＊16. Dvora Hacohen, "Ben Gurion and the Second World War: Plans for Mass Immigration to Palestine," *Studies in Contemporary Jewry* 7（1991）: 247–68. 及び W. Roger Louis, *Imperialism at Bay: The United States and the Decolonization of the British Empire,* 1941–45（New York, 1978）, 58–59.

＊17. R. Medoff, *Zionism and the Arabs.* シオニストの考えを広汎に変容させたことについては次を参照。Yechiam Weitz, "Jewish Refugees and Zionist Policy during the Holocaust," *Middle Eastern Studies* 30: 2（Apr. 1994）, 351–68.〔Yechiam Weitz は註の「第3章＊34」に出てくる「ユダヤ民族基金」の土地部門の長であるジョゼフ・ワイツの孫にあたる〕。

＊18. Hans Morgenthau, review of "Were the Minorities Treaties a Failure?" *Journal of Modern History*（1944）: 236–37. ハンス・モーゲンソーについては次を参照。N. Guilhot, "The Realist Gambit: Postwar American Political Science and the Birth of IR Theory," *International Political Sociology* 2: 4（Dec. 2008）: 281–304.

＊19. Wolfgang Friedmann, "The Disintegration of European Civilization and the Future of International Law," *Modern Law Review*（Dec. 1938）: 194–214.

＊20. "International Law in Development: Discussion on the Redrafted Report of the Committee," *Transactions of the Grotius Society* 27（Problems of Peace and War）（1941）: 252–88.

＊21. Lemkin papers, unpublished memoir draft, New York Public Library.

＊22. Arieh Kochavi, *Prelude to Nuremberg: Allied War Crimes Policy and the Question of Punishment*（Chapel Hill, 1998）, 165–70, 222–30.

＊23. J. Cooper, *Raphael Lemkin and the Struggle for the Genocide Convention*（New York, 2008）.〔ちなみに、日本が批准していないことについては次を参照。Brian Greenhill and Michael Strausz, "Explaining Nonratification of the Genocide Convention: A Nested Analysis," *Foreign Policy Analysis*, Vol. 10（4),（October 2014）: 371–391.〕

＊24. Ibid., 158–59.

＊25. Hersch Lauterpacht, *International Law and Human Rights*（New York, 1950）, 35–36. また、Mégalos A. Caloyanni による次の2編の論文〔発表誌はフランスのものだが、前者は英文。同じ号に "La Guerre-Crime et Les Criminels de Guerre" も発表している〕。"Memorandum on International Criminal Legislation and Peace," *Revue Internationale de Droit Penal* 17（1946）: 305–32. 及び "Le proces de Nuremberg et l'avenir de la Justice penale international," *Revue de Droit International, de Sciences Diplomatiques et Politiques* 24（Oct.-Dec. 1946）: 174–82.

＊26. Mira Siegelberg, "Contending with the Ghosts of the Past: Raphael Lemkin and the Origins of the Genocide Convention," *Columbia Undergraduate Journal of History* 1: 1（January 2006）: 30–48.

＊27. Nur Masalha, *Expulsion of the Palestinians: The Concept of "Transfer" in Zionist Political Thought,* 1882–1948（Washington, DC, 1992）及び Benny Morris, *The Birth of the Palestinian Refugee Problem Revisited*（Cambridge, 2004）, 39–65.

＊28. R. Medoff, *Zionism and the Arabs,* 79–80. 及び B. Morris, *Birth of the Palestinian Refugee Problem,* 43. 及　び Rashid Khalidi, *The Iron Cage: The Story of the Palestinian Struggle for Statehood*（Boston, 2006）.

＊29. R. Medoff, *Zionism and the Arabs,* 104–5, 119–20. 及び C. Weizmann, "Palestine's Role in the Solution of the Jewish Problem," *Foreign Affairs* 20: 2（1942）: 324–38. 及び B. Morris, *Birth of the Palestinian Refugee Problem,* 54–55.

＊30. R. Medoff, *Zionism and the Arabs,* 81–82, 115–17, 119–20.

＊31. J. Schechtman, *Fighter and Prophet,* 2: 324–25. 及び N. Masalha, *Expulsion of the Palestinian,* 29.

＊32. R. Medoff, *Zionism and the Arabs,* 125–26. 及び E. Borgwardt, *A New Deal for the World.*

＊33. R. Medoff, *Militant Zionism in America: The Rise and Impact of the Jabotinsky Movement in the United States, 1926–1948*（Tuscaloosa, AL, 2002）, 214–15.

＊34. B. Morris, "Yosef Weitz and the Transfer Committee, 1948–49," *Middle East Studies* 22:4: 522–61, 530, 547. 及び R. Medoff, *Zionism and the Arabs,* 149–51.

＊35. I. Claude, *National Minorities,* chap. 12.

＊36. J. Schechtman, *Population Transfers in Asia*（New York, 1949）, 84–142, 84, 86, 131, 134. 及 び J. Schechtman, "Decline of the International Protection of Minority Rights," *Western Political Quarterly* 4: 1（March 1951）: 1–11.

＊37. David Armitage, *The Declaration of Independence: A Global History*（Cambridge, MA, 2007）, 137. 承認は国際法の下での集団的決定事項になりつつあるという Hersch Lauterpacht らのような学者の主張にもかかわらず、実際には国連より 1919 年以降の国際連盟の方がずっと直接的に新しい国家の承認に関わったのだった。1940 年代終わりのこの点についての議論と、Lauterpacht の「新グロチウス派」的な研究手法（neo-Grotian approach）の破綻については次を参照。Thomas Grant, *The Recognition of States: Law and Practice in Debate and Evolution*（New York, 1999）, 123–28.〔大きな影響力を誇った国際法学者のハーシュ・ローターパクトは、1897 年に当時はハプスブルク帝国領のルヴォフ近郊に生まれ、1923 年に渡英した。1938 年にケンブリッジ大学の国際法教授。1952 年に国連国際法委員会委員に、また 1955 年に国際司法裁判所裁判官に就任。「承認」について著したものとして、"Recognition of States in International Law," *The Yale Law Journal,* Vol. 53, No. 3（Jun., 1944）, pp. 385–458. や *Recognition in International Law*（Cambridge, 1947）などがある。著作 *International Law and Human Rights*（New York, 1950）が註の「第 3 章＊25」「第 3 章＊40」に紹介されている〕。

＊38. 独立した後に汎アフリカ主義が政治的に弱体化したことについては、

D. E. Apter and J. S. Coleman, “Pan-Africanism or Nationalism in Africa,” in *Pan-Africanism Reconsidered,* ed. S. Allen（Berkeley, 1962）, 81–116. において取り上げられている。中東の変容については次を参照。Bruce Maddy-Weitzman, *The Crystallization of the Arab State System, 1945–1954*（Syracuse, 1993）.

＊39. Mary L. Dudziak, *Cold War, Civil Rights: Race and the Image of American Democracy*（Princeton, 2000）, 44–45.

＊40. H. Lauterpacht, *International Law and Human Rights*（New York, 1950）, 279.

第４章　ジャワハルラール・ネルーとグローバルな国際連合の誕生

＊1. Lerand Goodrich, “From League of Nations to United Nations,” *International Organization* 1: 1（Feb. 1947）, 3–17. 及び Josef Kunz, “The Secretary-General on the Role of the United Nations,” *American Journal of International Law* 52: 2（April 1958）: 302.

＊2. E. A. Korovin, “The Second World War and International Law,” *American Journal of International Law* 40: 4（Oct. 1946）: 742–55.

＊3. R. B. Russell, *A History of the United Nations Charter: The Role of the United States, 1940–1945*（Washington, DC, 1958）, 823–24. 信託統治制度については次を参照。L. Goodrich, E. Hambro, and A. P. Simons, *Charter of the United Nations: Commentary and Documents*（New York, 1969）, chap. 12. 人口については次を参照。R. J. Kozicki, “The UN and Colonialism,” in *The Idea of Colonialism,* eds. R. Strausz-Hope and Harry Hazard（New York, 1958）, 383–430.

＊4. Katherine Courney〔本文中にこの人物名は出てこないが「国際連盟の支持者だったある者がサンフランシスコでこう記している」人物であろう。Donald Birn の著書においては Katherine Courtney が６ヶ所に出てくる。Cathy Hartley, *A Historical Dictionary of British Women* によれば、Kathline［sic］Courtney は 1878 年生、1974 年没の婦人活動家、平和活動家であって、後に United Nations Association イギリス支部の長にまでなるが、1945 年の国連憲章が起草されたサンフランシスコ会議に出席したことが明記されている〕の発言は Donald Birn, *League of Nations Union,* 223. に引用されている。Geroges Bidault の発言は M. L. Dockrill, ed., *British Documents on Foreign Affairs*（以降 *BDFA* と略記）, Part IV: series M［International Organizations, Commonwealth Affairs and General］, vol. 1（University Publications of America）, 233. に引用されている。より広範に知るには次を参照。E. J. Hughes, “Winston Churchill and the Formation of the United Nations Organization,” *Journal of Contemporary History* 9: 4（Oct. 1974）: 177–94, 188.

＊5. Sumner Welles の発言は N. Smith, *American Empire: Roosevelt's Geographer and the Prelude to Globalization*（California, 2004）, 356. に引用されている。

＊6. Peter Henshaw, “South African Territorial Expansion and the International Reaction to South African Racial Policies, 1939–1948,” *South African Historical Journal* 50（May 2004）, 69–70. アフリカ系アメリカ人の反応については P.

M. von Eschen, *Race against Empire: Black Americans and Anticolonialism, 1937–1957*（Ithaca, NY, 1997）, 61. を参照のこと。

＊7. M. L. Dockrill , ed. *BDFA,* IV, M v. 1, 247–49.

＊8. Michael Crowder, "Tshekedi Khama, Smuts, and South-West Africa," *Journal of Modern African Studies* 25: 1（1987）, 25–42. 及び P. Henshaw, "South African Territorial Expansion."

＊9. Lorna Lloyd, "'A Family Quarrel': The Development of the Dispute over Indians in South Africa," *Historical Journal* 34: 3（Sept. 1991）: 703–25, 706. 及び Bridglal Pachai, *The International Aspects of the South African Indian Question, 1860–1971*（Cape Town, 1971）, 26. ライオネル・カーチスについては Daniel Gorman, "Lionel Curtis, Imperial Citizenship, and the Quest for Unity," *The Historian* 66（2004）: 83. を参照のこと。

＊10. L. Lloyd, "'A Family Quarrel,'" 703–25.

＊11. B. Pachai, *International Aspects of the South African Indian Question,* 170–72.

＊12. *Collected Works of Mahatma Gandhi*（以降 *CWMG* と略記）, 79: 16 July 1940 –27 December 1940, 289.

＊13. *Harijan* 1940 年 10 月 13 日号に見られる。*CWMG,* 79, 288–90. に引用されている。〔訳者の卒論テーマはビームラーオ・アンベードカルであったが、彼はガンジーのハリジャン（神の子）という言葉を偽善的として糾弾し、激しく対立した。ガンジーが創刊した週刊紙としては、南アフリカで 1903 年に創刊した *Indian Opinion*、1919 年創刊の *Young India*、1932 年に実質改称した *Harijan* などがある。どれも英語版に限られなかったし、マウスピースとして重要な役割を果たした〕。

＊14.『ボンベイ・クロニクル』紙の記事は、Christopher Thorne, *The Issue of War: States, Societies, and the Far Eastern Conflict of 1941–1945*（London, 1985）, 163. に引用されている。次も参照。Marilyn Lake and Henry Reynolds, *Drawing the Global Colour Line: White Men's Countries and the International Challenge of Racial Equality*（Cambridge, 2008）, chap. 14.

＊15. Erez Manela, *The Wilsonian Moment: Self-Determination and the International Origins of Anticolonial Nationalism*（Oxford, 2007）及び Cemil Aydin, *The Politics of Anti-Westernism in Asia: Visions of World Order in Pan-Islamic and Pan-Asian Thought*（New York, 2007）及び C. Thorne, *The Issue of War,* 178–79.

＊16. 記録文書は T. R. Sareen, ed., *Subhas Chandra Bose and Nazi Germany*（New Delhi, 1996）, 311–17. 所収。

＊17. T. R. Sareen, "Subhas Chandra Bose, Japan, and British Imperialism," *European Journal of East Asian Studies* 3: 1（2004）: 69–97.

＊18. "International Contacts" と "India and the World"［1936］は、それぞれ *The Essential Writings of Jawaharlal Nehru,* eds. S. Gopal and Uma Iyengouri（Oxford, 2003）の p. 200 と p. 206.〔II. India and Beyond の 3 章と 5 章〕。

＊19. ネルーのインターナショナルな考え方を異なった視点で解釈するものとして次を参照。M. Bhagavan, "A New Hope: India, the United Nations,

and the Making of the Universal Declaration of Human Rights," *Modern Asian Studies* (2008): 1–37. ネルーのナショナリズムの内政面での意向を探るものとしては次を参照。Partha Chatterjee, *Nationalist Thought and the Colonial World: A Derivative Discourse* (London,1986) の 第 5 章 "The Moment of Arrival: Nehru and the Passive Revolution" (pp. 131–67).

＊20. "A World Federation" [1939], "A Real Commonwealth" は、それぞれ *The Essential Writings of Jawaharlal Nehru* の pp. 216–17 と pp. 218–19.〔II. India and Beyond の 8 章と 9 章〕また、Gopal, ed., *Selected Works of Jawaharlal Nehru,* 1: 443–44. も参照。

＊21. "Colonialism Must Go"〔1946 年 3 月 3 日〕は、*The Essential Writings of Jawaharlal Nehru,* 222–25.〔II. India and Beyond の 11 章〕。

＊22. S. Gopal and U. Iyengouri, eds., *Selected Works of Jawaharlal Nehru,* 1: 438–40, 450–51, 503.

＊23. L. Lloyd, "'A Family Quarrel,'" 718.

＊24. N. Mansergh, ed., *The Transfer of Power,* 1942–47, 12 vols. (London, 1970–1983), 8: 21–22, 91, 139–41, 194.

＊25. John Darwin, "'A Third British Empire'? The Dominion Idea in Imperial Politics," *Oxford History of the British Empire* (Oxford, 1998), 66–86. 次の 2 編の論文も参照。L. Lloyd, "Britain and the Transformation from Empire to Commonwealth: The Significance of the Immediate Postwar Years," *Round Table* 343 (July 1997): 333–60. 及び Lloyd with A. James, "The External Representation of the Dominions, 1919–1948: Its Role in the Unraveling of the British Empire," *British Year Book of International Law* (Oxford, 1997), 479–501.

＊26. N. Mansergh, ed., *Transfer of Power,* 8: 400–401, 714–15, 849–52, 858–61.

＊27. L. Lloyd, "'A Family Quarrel,'" 719.

＊28. Ibid., 719–21.

＊29. N. Mansergh, ed., *Transfer of Power,* 7: 771–772.

＊30. B. Pachai, *International Aspects of the South African Indian Question,* 191–92.

＊31. R. B. Russell, *A History of the United Nations Charter,* 908.

＊32. R. J. Moore, *Escape from Empire: The Attlee Government and the Indian Problem* (Oxford, 1983), 188–99.「国内管轄権内にある事項についての制限条項」が国連総会メンバーの過半のために目論まれたよりもすでに明らかに緩和されているのは、フランコ政権下のスペインを加盟させるかどうかの議論に見て取れた。体制の性格によって加盟を妨げられたかどうかについては次を参照。L. Goodrich, "The United Nations and Domestic Jurisdiction," *International Organization,* 3: 1 (Feb. 1949): 14–28. 及び B. Pachai, *International Aspects of the South African Indian Question,* 192.

＊33. S. Gopal and U. Iyengouri, eds., *Selected Works of Jawaharlal Nehru,* 1: 437.

＊34. M. L. Dockrill, *BDFA* のそれぞれ、series IV, M, vol. 2 (2002): 281–87. と series IV, M, vol. 4 (2001): 115–17, 211. また、R. Wilson, "Some Question of Legal Relations between Commonwealth Members," *American Journal of Interna-*

tional Law 51: 3 (July 1957): 611–17.

＊35. L. Lloyd の次の 2 編の論文。"'A Family Quarrel'," 724. 及び "'A Most Auspicious Beginning': The 1946 United Nations General Assembly and the Question of the Treatment of Indians in South Africa," *Review of International Studies* 16: 2 (April 1990): 153.

＊36. S. Gopal and U.Iyengouri, eds., *Selected Works of J Nehru,* 1: 468.

＊37. W. K. Hancock and J. van der Poel, eds., *Selections from the Smuts Papers* (Cambridge, 1973), 6: 16, 20, 33.

＊38. Ibid., 46–47 [3/46], 80.

＊39. Ibid., 101, 111–13 [27/10.46] 12/46, 120–30.

＊40. Government of India, Ministry of External Affairs, *Question of the Treatment of Indians of South Africa before the United Nations: Verbatim Record of 106th to 112th Meetings of the First Committee held in November 1947* (New Delhi, 1948), 25–28, 45–47, 75–76.

＊41. Ibid., 13–19, 120–21.

＊42. M. L. Dockrill, ed., *BDFA,* series IV, M, vol. 5 (2002), 237.

＊43. Tomas Hovet, *Africa in the United Nations* (Evanston, IL, 1963), 8.

＊44. B. Pachai, *International Aspects of the South African Indian Question,* 259.

＊45. G. Deshingkar, "Construction of Asia in India," 176–78. 及び G. Krishna, "India and the International Order: Retreat from Idealism," in *The Expansion of International Society,* eds. H. Bull and A. Watson (Oxford, 1984), 269–89.

＊46. 国際反植民地主義の大きく変容を被った役割の啓発的なケーススタディーとして次を参照。M. Mathew Connelly, *A Diplomatic Revolution: Algeria's Fight for Independence and the Origins of the Post-Cold War Era* (Oxford, 2002).

終 章

＊1. Sakai Tetsuya, "The Political Discourse of International Order in Modern Japan, 1868–1945," *Japanese Journal of Political Science* 9: 2 (2009), 233–49, 239.

＊2. W. Roger Louis, *Imperialism at Bay* (Oxford, 1978), 247.

＊3. Bevin の発言は M. Dockrill, ed., *BDFA,* series IV: M, 2, 214–15, 237–42. に引用されている。

＊4. G. Kennan, *Memoirs* (*1925–1950*) (New York, 1969), 229–32. 国連を利用しようとするアメリカ合衆国の試みへの批判を知るためには次を参照。H. Morgenthau, "The New United Nations and the Revision of the Charter," *Review of Politics* 16: 1 (Jan. 1954): 3–21.

＊5. 非難や警告の発言は次に引用されている。Thomas Knock, To *End All Wars: Woodrow Wilson and the Quest for a New World Order* (Princeton, 1992), 272–74. ラスクについては次を参照。〔息子 Richard に語った自伝である〕Dean Rusk, *As I Saw It* (New York, 1990).

＊6. この辺りの早い時期の研究書としては次がある。Louis B. Sohn, "Expul-

sion or Forced Withdrawal from an International Organization," *Harvard Law Review* 77: 8 (Jun. 1964): 1381–1425.〔本文中のスペインの加盟は 1955 年。アルゼンチンは原加盟国の一つ〕。

＊7. Alfred J. Hotz, "The United Nations since 1945: An Appraisal," *Annals of the American Academy of Political and Social Science* 336 (July 1961): 134.

＊8. Hedley Bull, "What Is the Commonwealth?" *World Politics*: 577–87, 579.